著

我的《论语》

WODE LUNYU

浙江大学出版社
ZHEJIANG UNIVERSITY PRESS

序

我没有资格写这本书，但我喜欢《论语》。

我平时喜欢翻一翻《论语》，翻着翻着便动笔写一写，不知不觉之中，便有了眼前这本书。

《论语》是中国人的《论语》，每个读《论语》的人心中会有自己的《论语》。

眼前这本书就是我心目中的《论语》。

希望您能拥有它，并且时常翻一翻，形成自己心中的《论语》。

是为序。

目　录

学而第一

我认为,《学而第一》是课堂实录。

老师:孔子。

学生:有子、曾子、子夏、子禽、子贡……

上课方式:讨论式。老师和学生辩论,老师和学生都可以提出问题,老师与学生之间,学生与学生之间进行全方位的对话。

他们围坐在一起,似教非教,亦师亦友;多一分自然、自由,少些许害怕。这是真正的讨论式教学。

讨论式教学在中国已经存在 2500 多年,今天还鲜有会用的人。

子曰:“学而时习之,不亦说乎? 有朋自远方来,不亦乐乎? 人不知而不愠,不亦君子乎?”

上课伊始,孔子提出问题:如何对待学习? 如何对待同学? 如何对待社会的评价?

这三个问题是很有针对性的。

有的学生读死书,不能学以致用;学生与学生之间有时会发生冲突,特别是互相瞧不起;孔子在当时的社会地位并不高,学生们可能会到孔子面前发些牢骚话,埋怨社会不公平,埋怨人们不尊重老师,不尊重知识。

此处的“习”,并不止于复习,当有“习作”之意,也就是有“应用”之意。孔子强调学以致用。唯有学以致用,才能越学越明白,越学越有兴趣。

"同师曰朋"[1]。同学之间应该如何相处？孔子的学生来自不同的诸侯国家，学生之间难免会产生矛盾，甚至会产生一些不愉快的行为。以学论友，互相尊重，就能和睦相处，快乐共进。

孔子说："读书人就要会学以致用，要热情地对待客人，要乐于接纳同学，要尊重提不同意见的人。别人不认识你，不知道你有什么学问，这不是很正常的？你们天天说要学做君子，君子就是要'人不知而不愠'嘛。"

有子曰："其为人也孝悌，而好犯上者，鲜矣；不好犯上，而好作乱者，未之有也。君子务本，本立而道生。孝悌也者，其为仁之本与！"

有子[2]首先发言。

有子是孔子晚年的学生，无论在相貌上，还是在言行上，都与孔子生前十分相似，深得孔子的器重，但有信口开河的习惯。

有子说，老师，您是在批评我们吗？我们同学之间那点小事，值得如此小题大做吗？您不是这样教导我们的吗？一个人只要孝顺父母，顺从兄长，就很少会去触犯上层统治者，更不会喜好造反。君子专心致力于根本的事务，根本建立了，治国做人的原则也就有了。孝顺父母、顺从兄长，这才是仁的根本！

有子对孔子的观点提出质疑。

子曰："巧言令色，鲜矣仁！"

---

[1] 《康熙字典》，辰集上，月部。

[2] 《史记》有如下记载："有若少孔子四十三岁。……孔子既没，弟子思慕，有若状似孔子，弟子相与共立为师，师之如夫子时也。他日，弟子进问曰：'昔夫子常行，使弟子持雨具，已而果雨。弟子问曰'夫子何以知之？'夫子曰：'《诗》不云乎？月离于毕，俾滂沱矣。昨暮月不宿毕乎？'他日，月宿毕，竟不雨。商瞿年长无子，其母为取室。孔子使之齐，瞿母请之。孔子曰：'无忧，瞿年四十后当有五丈夫子。'已而果然。敢问夫子何以知此？有若默然无以就。弟子起曰：'有子避之，此非子之座也！'"

仁是孔子思想的核心，有子却偏偏拿仁来说事。

孔子可能有点生气，他说：像你这样巧言令色❶，还有多少仁义道德！

有子挨这一顿批，伸伸舌头，做出调皮状，坐在一旁不再出声。

曾子曰："吾日三省吾身：为人谋而不忠乎？与朋友交而不信乎？传不习乎？"

曾子❷看到老师生气，知道有子的批评不合老师的原意，便回到老师原初的问题上，询问老师是不是可以这样做。

曾子说，我不会说大道理，我每天就做这么三件事，不知道老师觉得如何？第一，替人家做事，是不是对事对人有不尽心的态度？教书是否误人子弟？第二，与朋友交往是不是言而有信？与学生交往是否讲信用？讲了的话是否都兑现？第三，老师教我如何读书、作人和做事，我真正去实践了没有？

李泽厚说："最后一句今天无妨释作：自己所讲授所写作的东西，认真思索过、研究过或实践过吗？很好的自警语，今日之'谬种流传，误人子弟'，特别是言行不一，品学分离者，盖亦多矣。"❸

对于教师，就是是否忠于教育事业？是否尽心教育每一位学生？是否像朋友一样与学生交往？对学生的承诺是否都兑现？是否讲信用？是否认真温习要教给学生的知识？是否教育学生要学以致用？

子曰："道千乘之国：敬事而信，节用而爱人，使民以时。"

孔子没有回答曾子的问题，而是继续就有子的问题进行分析。

---

❶ "巧言令色"已成为成语，意思是：花言巧语，虚伪讨好。

❷ 曾参，南武城人，字子舆。少孔子四十六岁。孔子以为能通孝道，故授之业。作《孝经》。死于鲁。

❸ 李泽厚著，《论语今读》，生活读者新知三联书店，2004 年第 1 版，第 31 页。

有子指出社会问题的根源是老百姓，是兄弟和睦，人民团结。孝悌是仁的根本。

孔子却指出统治者的行为才是社会问题的根源。在这里，孔子指出统治者必须做好的五件事：敬事、信用、节俭、爱人和把握时机。

孔子说，要治理好一个国家，政府官员要诚心诚意的为老百姓办事；不要失信于民；要节约开支，防止社会资源的浪费；要爱护民众，保护人民生命财产的安全；要把握发展的时机，不要瞎折腾。

这是治国安邦的基本点。"孝悌也者"是夸夸其谈。

管理一所学校，带好一个班级，上好一门功课也是如此，那就是：认真工作，说话算数，勤俭节约，爱护学生，及时教育。

子曰："弟子，入则孝，出则弟，谨而信，泛爱众，而亲仁。行有余力，则以学文。"

这是孔子对学生的要求，是孔子"德育为先"的教育观，也是孔子对自己提出的三个问题的一种结论。

孔子说："同学们，在家要孝敬父母，在外要敬重兄长，为人处世要谨慎，要有信用；同学之间要互相尊重，要博爱，做人处事要符合伦理道德，讲究仁义。在此基础上，如果还有多余的精力，就要认真读书，学习如何做文章了。"

孔子要求他的弟子立言要先立德，立德就是要做到孝顺、尊敬、谨慎、诚信、博爱和德行，形成习惯。只有做到这些，才能做文章，为民众立言。

教育以德为先，今日已成幌子，重智轻德的教育要不得，是时候大力倡导孝顺、尊敬、谨慎、诚信、博爱和仁义的教育了。

子夏曰："贤贤易色；事父母，能竭其力；事君，能致其身；与朋友交，言而有信。虽曰未学，吾必谓之学矣。"

孔子说，同学们，我说得怎么样呢？你们还有什么补充吗？

孔子说，子夏[1]，你来说一说。

子夏说："见到有学问、有修养的人能肃然起敬；对父母能尽心尽力；对社会、对国家能尽忠职守；和朋友交往能信守承诺。这样的人，虽然他自己可能没有读什么书，我却说他很有学问。"

在这里，"贤贤易色"的第一个"贤"作动词，第二个"贤"作名词；"色"不是色情形的色，不是美色的色，而是指态度或神色。"事君"的"君"不是指"帝王"，在日本至今仍尊称成年男子为君。李仪子的词："我住长江头，君住长江尾，日日思君不见君，共饮长江水。"其中的"君"并不是指帝王。最后一句第一个"学"作"读书"，第二个"学"作"学问"。

子曰："君子不重则不威，学则不固。主忠信。无友不如己者。过则勿惮改。"

子夏的回答，虽然强调以德为先，强调如何进行品德修养，但也有轻视学习，有以实践代替读书学习的倾向。

孔子说，你不能只顾道德的外在形式。如果你不重视研究学问，你的威信将丧失，你的自尊心也将丧失，读书学习也将犯下浅尝辄止、囫囵吞枣的毛病。做人做事要以忠信为主，每个人都有自己的长处，没有人比你差，不要看不起任何人，也就是说要尊重别人。如果你有什么过失，要正视它，要不怕改正它。

孔子这句话有三层意思：一是自重，要重视自身学问的积累提高，提高自己的威信；二是尊重，要尊重他人，每一个人都有值得自己借鉴的地方；三是自新，及时发现自己的不足和过失，及时改过自新。

品味孔子的这句话，实际也是对曾子"吾日三省吾身"的回答。孔子当时没有回应曾子的问题，因为在孔子看来，曾子"吾日三省吾

[1] 子夏，姓卜名商，卫国温人，出生于公元前507年，15岁入孔门，跟随孔子周游列国，直至孔子逝世。他是孔子晚年的得意弟子，"孔门十哲之一"。他晚年到魏国西河一带教学，开创了"西河学派"。

身”是远远不够的。

李泽厚对“君子不重则不威学则不固”标点为：“君子不重，则不威；学则不固。”并翻译为“君子不严肃、自重，就没有权威，所学习的东西就不稳固。”对此，他加注说：“‘不重则不威’，为什么？因为此‘学’乃指实践，如果不严肃认真，那么他的行为、实践便不会真正牢固，便不能‘一步一个脚印’扎实前进，而别人也不会信任、尊敬他。所以这里的‘威’不作外表容颜的庄重威严解。后世好些人装出一副威严面目，道貌岸然，煞有介事，其实内心猥琐，行为卑劣，所谓‘假道学’是也。君不见，彼官场傀儡、左派先生，不皆如是？”❶

我的理解部分受此启发，但我不把“重”作“严肃”解。因为严肃与做学问、读书学习没有必然联系。特别是，作为老师，更不应该如李泽厚先生批评的那样，对学生“装出一副威严面目，道貌岸然，煞有介事”的样子。

我认为孔子的这句话，是针对子夏对问题的理解，针对子夏的特点，换一个角度对自己一开始提出的三个问题的解释。从学生回答问题中发现学生存在的问题，具体问题具体回答，这是孔子教学方法的鲜明特点。

曾子曰：“慎终追远❷，民德归厚矣。”

我们可以想象这样的情节：孔子回答完子夏的问题之后，心想自己已经间接回答了曾子的问题，就转向曾子，问曾子明不明白？还有什么想法？

曾子还真不客气地抛出一句：“慎终追远，民德归厚矣。”

作为一堂课，孔子和他的学生至此讨论的问题，无非是如何待人接物？如何读书做学问？讨论到人，无论是父母、朋友、国君都是还

❶ 李泽厚著，《论语今读》，生活读者新知三联书店，2004 年第 1 版，第 35—36 页。

❷ 慎终追远已成成语，终：人死；远：指祖先。旧指慎重地办理父母丧事，虔诚地祭祀远代祖先。后也指谨慎从事，追念前贤。

活着的人。如何对待逝去的人呢？曾子终于抓到一个老师和同学都还没有提出的问题，直接作出结论，把如何对待逝去的人与社会风气直接挂钩。孔子的学生真是不简单，一个个都是思考大问题的能手。

这句话非常美，无需翻译，翻译就没有韵味了。朱熹注："慎终者，丧尽其礼。追远者，祭尽其诚。民德归厚，谓下民化之，其德亦归于厚。盖终者，人之所易忽也，而能谨之；远者，人之年易忘也，而能追之，厚德也。故以此自为，则己之德厚，下民化之，则其德亦于厚也。"❶

南怀瑾先生不同意朱熹的解释，他认为"'终'就是结果，'远'就是很远的远因。用现在观念的一句话来讲就解决了，'一个人要想好的结果，不如有好的开始'。"❷

南怀瑾先生的解释不足取，因为：

第一，与《论语》的上下文不相符，容稍后再说。

第二，孔子时代，"慎终"与治丧是有关联。荀子（与曾子差不多年代）说："礼者，谨于治生死者也。生，人之始也；死，人之终也。终始俱善，人道毕矣。故君子敬始而慎终，终始如一，是君子之道，礼义之文也。夫厚其生而薄其死，是敬其有知而慢其无知也，是奸人之道而倍叛之心也。"❸

第三，"丧礼极为重要，是远古先民氏族的共同特征。征之于世界人类学文献，俱然。"❹

当然，如果我们顺着南怀瑾先生的思路，把曾子的话作西方式的解读，问题可能也好理解。也就是说，我们把"慎终追远"当作追求理性生活、敬畏因果循环来理解，也是行得通的。

---

❶ 朱熹，《四书集注》，岳麓书社，1987年第1版，第69页。

❷ 南怀瑾，《南怀瑾选集》第一卷：《论语别裁》，上海复旦大学出版社，2003年9月第1版，第57页。

❸ 《荀子·礼论》。

❹ 李泽厚著，《论语今读》，生活读者新知三联书店，2004年第1版，第36页。

子禽[1]问子贡曰："夫子至于是邦也，必闻其政，求之与？抑与之与？"

子贡[2]曰："夫子温、良、恭、俭、让以得之。夫子之求之也，其诸异乎人之求之与？"

子禽没有认真听课。他悄悄拉住子贡的衣角，打听老师的私事。

子禽说，子贡，我们老师每到一个国家，都要打听人家官场的事，是老师想谋一官半职呢？还是想给人家出出主意？

子贡显然有些恼怒，子贡说，夫子以温和、善良、恭敬、俭朴和谦让而得到他应得的东西。你不觉得夫子要求的东西与别人要求的东西不相同吗？

从子贡的回答来看，子贡并不否认子禽所提问题确实存在，也即孔子确实想"有所作为"，这与一个"温良恭俭让"的人有些许矛盾的。然而子贡为了维护老师的形象，还是用"温良恭俭让"来形容自己的老师，表明老师的所有所得都是实至名归的。

"温良恭俭让"是孔子的教学目标之一，子贡将其作为对老师的评价。

子曰："父在，观其志；父没，观其行；三年无改于父之道，可谓孝矣。"

这是孔子对"慎终追远，民德归厚矣"的解释。

从孔子的话来看，他对曾子的说法是肯定的。首先，孔子把曾子的说法理解为"孝"，如果人人都能行孝道，民风自然会变得纯朴，社会风气自然会变得清明。其次，孔子显然认为曾子没有把问题说清

---

[1] 子禽，即陈亢，字子禽，少孔子四十岁。《史记·仲尼弟子列传》没有介绍他，但郑玄注《礼记·檀弓》说他是孔子学生，或说即"仲尼弟子列传"的原亢禽。朱熹对子禽还有如下说法："或曰'亢，子贡弟子'。未知孰也。""亢以私意窥圣人，疑必阴厚其子。"

[2] 子贡，姓端木，名赐（前520—前456）。子贡是孔门七十二贤之一，孔子的得意门生。

楚，令人费解，或者故弄玄虚，不能深入浅出。

作为老师，孔子既要启发学生思考，提高思维水平，还要训练学生的语言表达能力，提高应用语言的技巧。于是，我们可以想象到一个非常有趣的场面：

孔子：子舆，你说的“慎终追远”是什么意思呢？

曾子：就是说对逝去的人也要守孝吧？

孔子：你能不能表达得清楚一点呢？

曾子：嗯？！

孔子：是不是可以这样说，父在，观其志：父没，观其行：三年无改于父之道。因为一个人如果能做到这样，就可以说尽孝了。

曾子：是的，是的。老师说得对。

做孔子的学生还真不容易。试想想，曾子说“吾日三省吾身：为人谋而不忠乎？与朋友交而不信乎？传不习乎？”孔子不认可，因为只是知的层面，还不能行，知行不能统一。而说“慎终追远”，又太玄，华而不实。当然，这也可以看出孔子对学生的要求是非常严格的。

对于孔子的这句话，有很多不同的理解。我比较倾向于李泽厚先生的解读：“所谓‘不改’，是承继父业，不轻易改动，这是氏族传统的要求，即使改动，也得慢慢来，所以要‘三年’即多年之后才能动。……保持本氏族的生存经验的重要性，才是‘三年无改于父之道’这一传统的真正原因，这才是关键。”❶

有子曰：“礼之用，和为贵。先王之道斯为美，小大由之。有所不行，知和而和，不以礼节之，亦不可行也。”

有子曰：“信近于义，言可复也；恭近于礼，远耻辱也；因不失其亲，亦可宗也。”

有子第一个发言便受到老师的批评，他只好乖乖听老师和其他

❶ 李泽厚著，《论语今读》，生活读者新知三联书店，2004年第1版，第39页。

同学的讨论。但他没有停止自己的思考，也没有人去亦云。

他在等待机会。机会终于来了。孔子问完曾子，又转向有子。

孔子："若，你现在觉得怎么样呢？"

有子："不怎么样。老师，我还是不同意你的观点？"

有子这次是有备而来。他用"礼"来论证自己的观点，礼是中国传统文化最重要的元素，在古代，"知礼"、"用礼"是日常生活的必需品。以"礼"为据，可以使老师找不到批评自己的借口。有了前车之鉴，有子这次还真下了工夫，不再泛泛而谈。

有子说，礼的作用，和为贵，什么是"和"？"和"就是一个度，列祖列宗的礼数，讲求"度"最美，大事小事，都要把握礼数这个度。为求一团和气，为礼而礼，不讲原则，而忘记礼数的度是不可取的。

对待朋友，不能因朋友的远近而有亲疏；对待社会也是这样。有朋自远方来，尽礼数就是了，乐什么乐？被社会误解，生气也很正常。

至于读书学习，也是要讲究原则的。有子说，符合道义的书，才可以去实践。就如讲恭敬要符合礼节，礼节不可太过或不及，才能恰到好处而远离耻辱。

兄弟不和，交友何益？因此，只要能处理好家庭、亲戚关系的人，也是值得尊敬的。

子曰："君子食无求饱，居无求安，敏于事而慎于言。就有道而正焉，可谓好学也已。"

孔子听完有子的发言，可能还是觉得有子的话有些言过其实。

孔子说，君子不应该追求饮食的饱足，不应该追求居处的安逸；君子要勤于做事，慎于言语，事可多做，话不可乱说。要向社会贤达学习，以匡正自己的行为，只有这样，才能称得上为好学，也只有这样读书才有好的效果。

一节课两次提到有子，一次严厉批评，"巧言令色鲜矣仁"，一次却循循善诱之。

孔子的教育是有批评的教育。没有批评的教育是不完整的教育。

子贡曰:“贫而无谄,富而无骄,何如?”

子曰:“可也。未若贫而乐,富而好礼者也。”

子贡曰:“诗云:‘如切如磋,如琢如磨[1]。’其斯之谓与?”

子曰:“赐也,始可与言诗已矣!告诸往而知来者。”

孔子与子贡的对话。

子贡针对孔子的话,提出两个问题。

“君子食无求饱,居无求安,敏于事而慎于言”吗?君子就一定要追求贫困吗?

子贡问孔子,贫而无谄,富而不骄,敏于事而慎于言,怎么样?

孔子说,能做到这样也可以了,当然如果能做到这样更好:贫而乐,富而好礼,敏于事而慎于言。

“就有道而正焉,可谓好学也已”吗?

子贡问,老师,《诗经》上说“如切如磋,如琢如磨。”这与您说的“就有道而正焉”是否不一致呢?

孔子说,子贡啊,你开始把诗读懂了,读诗和读书做学问一样,就是要能旁征博引,触类旁通。

子曰:“不患人之不己知,患不知人也。”

孔子提出的三个问题,前面两个已进行充分的讨论。

关于读书做学问,要“如切如磋,如琢如磨”;“告诸往而知来者”。

关于如何对待同学,要“谨而信,泛爱众,而亲仁”;“食无求饱,居无求安,敏于事而慎于言”;“贫而乐,富而好礼”;“与朋友交,言而有信”;“无友不如己者。过则勿惮改”。

第三个问题,除了有子发了一点牢骚之外,没有人提出来开展讨

[1] 这句诗来自《诗经·卫风·淇奥》。

论，为什么？

“人不知，而不愠，不亦君子乎”太难做到，你做了大量的创造性工作，名利却都落在别人头上，然后告诉你“人不知，而不愠，不亦君子乎！”你能做到吗？

孔子不愧为一名好老师，他看到没有人对这个问题发表意见，便只好自己修正自己的观点，后退一步：“不患人之不己知，患不知人也。”

孔子说，不要总想到别人不了解你，要想想你是否了解别人；不要总埋怨自己命不好，要看到别人的处境也艰难；不要担心没有官做，要担心有没有能力做官。

至此，完成本节课的教学。

为政第二

这是一堂什么课呢？

标题是“为政”，似乎是讲政治的问题。其实，这堂课不讲政治。朱熹注：“政之为言正也，所以正人之不正也。”[1]纵观全章，我以为，这是一堂关于道德教育的讨论课，讨论的话题很开放，包括德育的内容、方法和作用。

老师：孔子。

学生：樊迟、孟武伯、子游、子夏、子贡、子张、子路……

还有几位当官的，孟懿子、哀公、季康子，都属于客串进来的角色，就像现在学校上课，学生家长到课室来，向老师提个问题，然后就走人；有巧遇的，随便提个问题，也有专门参加听课的。

这堂课的教学方式比较特别。孔子在课室里向学生说明这堂课要讨论的内容，突然孟武伯的父亲孟懿子闯进教室，问孔子什么是“孝”？上课思路被打断，孔子干脆带领学生，由樊迟驾车，一边郊游一边上课，优哉游哉，其乐无穷。

子曰：为政以德，譬如北辰，居其所，而众星共之。

子曰：诗三百篇，一言以蔽之，曰：“思无邪[2]。”

子曰：道之以政，齐之以刑，民免而无耻。道之以德，齐之以礼，有耻且格。

---

[1] 朱熹，《四书集注》，岳麓书社，1987 年第 1 版，第 78 页。

[2] 取自《诗经·鲁颂·駉》。

子曰：吾十有五而志于学，三十而立，四十而不惑，五十而知天命，六十而耳顺，七十而从心所欲不逾矩。

开始上课了。孔子开门见山地给出德育的一种目标、内容、方法和例子，作为学生讨论的话题。

孔子说，同学们，我们平时观察天象，看到北斗星安居其所，而群星却都围绕着它旋转。人也一样，品德能够规范行为。

那么，人需要什么品德呢？从哪里获得这种品德呢？孔子告诉弟子，其中一种品德叫做"思无邪"，《诗经》里说的就是"思无邪"。

什么是"思无邪"呢？

"思无邪"就是"思虑不移的品德"。因为，"思无邪"来自《诗经·鲁颂·駉》，《诗经·鲁颂·駉》借马赞颂僖公的四种品格：广阔的视野、深邃的思维、永不疲倦的精神和坚定不移的品德修养。

那么，怎样使人获得某种品德行为呢？孔子给出两种答案。

第一种："道之以政，齐之以刑，民免而无耻。"

要把人导向正途，若以刑罚来推行官方的道德规范，虽然也能起到一定的作用，但并不能使人因为做了不道德行为而感到羞耻。

人因为害怕惩罚才遵守道德规范。

第二种："道之以德，齐之以礼，有耻且格。"

通过礼来约束人的行为，导人从善，能使人知善恶，弃恶从善。

两种方法，正如老子所言："法令滋章，盗贼多有。"[1]

我以为，"道之以德，齐之以礼，有耻且格"应当成为义务教育阶段学生德育必须坚持的原则和方法。今日之校园已不再是一片净土，所谓德育并不尽如人意，孔子两千多年前所说的"民免而无耻"的现象并不鲜见。民免而无耻，就是学生会变得油滑，并使尽各种办法来规避纪律，逃脱惩罚。在这样的过程中，学校的道德系统会逐渐崩坏。用道和礼来引导，不仅能让学生遵从，并且也能建构道德价值体系。学生的规矩应该建立在"礼"之上。

---

[1] 《道德经·第五十七章》.

接下来，作为品德教育目标的例子，孔子为自己做了一个人生规划.

孔子说，吾十有五而志于学，三十而立，四十而不惑，五十而知天命，六十而耳顺，七十而从心所欲，不逾矩。

这是千古名句，解释纯属多余。

细品之，我感觉，孔子非常注重自我修养。这是德育的第三条路，是一条更加艰难的道路。古往今来，只有如老子、孔子、耶稣、亚伯拉罕、释迦牟尼等圣哲能够做到。这条道路强调品德修养从做学问开始，不断追求，一个目标实现了，又有新的目标，新的方向，直至"从心所欲不逾矩。"

孟懿子❶问孝。

子曰："无违。"

孟懿子闯进教室，问孔子什么是孝。孔子说："无违。"

孟懿子何许人也？何以闯进教室问孝？

这关系到另一个人，孟武伯❷。孟武伯名声并不好，据说他骄奢淫逸，有声色犬马诸多切身之疾。"据记载：孟武伯为孟孙氏之后，孟懿子之子。孟武伯曾与辖地成邑有怨，孟懿子死后，孟武伯竟拒成邑之人奔其父丧，其为人之不孝，为人之傲不知礼，可见一斑。"❸

孟武伯不是一个孝子，孟懿子气不过，跑到儿子上课的地方，当着儿子的面，责问老师什么是孝。

试想一想，一位中央高官，亲自到教室，当着儿子的面，指着老师的鼻子问："你说说，什么是孝？你这老师怎么当的？"

你怎么回答？

孔子平静地说："无违。"

---

❶ 孟懿子，鲁大夫仲孙氏，名何忌，懿乃其谥号。

❷ 孟武伯，懿子之子，名彘(zhi)；孔子的学生。

❸ 参见萧民元，《论语辩惑》，云南人民出版社出版。

我常为这个回答拍案叫绝。它既照顾了作为父亲的威严，又保护了作为学生的儿子的自尊，还批评了为官者对老师的不敬。

孔子不愧是一位有高超教学艺术的老师。

樊迟[1]御，子告之曰："孟孙问孝于我，我对曰'无违'。"

樊迟曰："何谓也？"

子曰："生，事之以礼，死，葬之以礼，祭之以礼。"

孟懿子这么一闹，上课的进程被打断。孔子干脆把课搬到室外去上。他让樊迟驾马车，优哉游哉，一边郊游一边上课。

既然孟懿子问孝，那就先讨论有关孝的问题，于是有了接下来一段关于"孝"的讨论。

孔子说，樊迟，刚才孟孙问我什么是孝，我说"无违"。你知道为什么吗？

樊迟说，我不知道。您说，'无违'是什么意思呢？

孔子说："生，事之以礼，死，葬之以礼，祭之以礼。"

无违，就是不要违背常理。

父母健在，如何做才是"事之以礼"？父母逝世，如何做才是"葬之以礼"？随后逢年过节如何做才是"祭之以礼"？这些都不是容易说清楚的。

孟武伯问孝。

子曰："父母唯其疾之忧。"

孟武伯是这一插曲的主角，他先发言。老师，不好意思，我父亲给您添麻烦了，正如您所看到的，好像我这样，怎么做才算是孝敬父母呢？

孔子说："你父母只担心自己的身体健康。"

---

[1] 樊迟，名须，字子迟。鲁国人，孔子学生，从小贫穷，但读书刻苦，还懂种田。

这是孔子式的典型回答："告诸往而知来者"。孔子告诉孟武伯，你父亲什么也不缺，他只担心死后你能不能接好他的班，所以他担心自己的身体健康。既然如此，如何做才是行孝你就应该知道了。

在这里，我把"父母唯其疾之忧"理解为"父母唯忧其疾"。我认为，这是比较符合孟懿子与孟武子父子关系的解读。

子游❶问孝。

子曰："今之孝者，是谓能养。至于犬马，皆能有养；不敬，何以别乎？"

对于其他学生而言，孔子与孟武伯关于孝的对话犹如打哑谜，局外人难以明白。子游出来说话了。老师，你们说什么呢，我都听不明白，您说怎样做才是孝呢？

孔子说，今天人们认为所谓孝就是能养活父母。但是，犬马也能为养活人而出力，如果人对父母没有敬爱之心，那么人与禽兽有什么区别？

子游问孝，何以引来孔子如此大的感叹？

子游出身平民，面临供养父母的问题。与孟武伯的情况不同。

孔子说："小人皆能养其亲，君子不敬，何以辨？"❷

朱熹注："世俗事亲，能养足矣。狎恩恃爱，而不知其渐流于不敬，则非小失也。子游圣门高弟，未必至此，圣人直恐其爱踰于敬，故以是深警发之也。"❸

孔子把不尊敬父母的所谓"孝"比作禽兽。

对父母，养而不敬，禽兽不如。

---

❶ 子游，言偃，吴人，字子游，少孔子四十五岁。孔子学生，孔门十哲之一，曾为（山东）武城宰（县令）。

❷ 见《礼记·坊记》。

❸ 朱熹，《四书集注》，岳麓书社，1987年第1版，第78页。

子夏问孝。

子曰:“色难。有事,弟子服其劳,有酒食,先生馔,曾是以为孝乎?”

孔子回答子游说孝敬父母重在尊敬,然而如何做才算尊敬呢?

孔子没有说。

子夏接着问孔子:先生,您说对父母不但要供养,而且更重要的是要尊敬,这样才算是孝。那么,怎样做才算是尊敬呢?

孔子说,尊敬,就是无论什么时候,对父母都要做到和颜悦色。这是很难做到的。帮父母做事,有好吃的东西就送给父母吃,你认为这就是孝吗?

经子夏这么一问,孔子与弟子们关于孝的讨论就暂时到一段落,这一插曲也可以暂时结束了。这一段关于孝的讨论,总结起来,大致可以用孔子的话来表达。

子曰:“孝子之事亲也,居则致其敬,养则致其乐,病则致其忧,丧则致其哀,祭则致其严,五者备矣,然后能事亲。”[1]

子曰:“吾与回言终日,不违如愚。退而省其私,亦足以发。回也不愚。”

子曰:“视其所以,观其所由,察其所安。人焉廋哉?人焉廋哉?”

孔子重新组织教学,把学生引导回这堂课原先的主题上。那么,教育,特别是道德教育要培养怎么样的人呢?怎样评价一个人的教育效果呢?孔子这一次用学生作为例子:

孔子说:你们都看到的,我每次与颜回说话,他都没有反驳,没有提出不同意见,看样子颜回有些迟钝。但我观察他与你们的讨论,以及他日常的言行,他也能够发挥所学的内容。颜回并不迟钝。

[1] 《孝经·纪孝行章第十》。

孔子为什么选择颜回[1]作为例子？

首先，孔子强调品德修养要从做学问开始。颜回可以为其他学生提供一种如何学习如何做学问的榜样，“君子之学也，入乎耳，著乎心，布乎四体，形乎动静；端而言，蝡而动，一可以为法则。”[2]

其次，作为将要讨论的如何评价学习效果的一个引子。这里孔子为下面的讨论准备了一个例子。

那么如何评价一个人呢？

孔子说，评价一个学生不外乎看三个方面：他学了什么？他如何学以致用？他学而后如何安身立命？

当前之洋思、杜郎口，还有所谓“跨越式教育”，结果只能留下令人难以跨越的后遗症。

因材施教，前提就是教师要全面了解学生。在这里，孔子给出了全面评价学生学习效果的方法。“学者有四失，教者必知之。人之学也，或失则多，或失则寡，或失则易，或失则止。此四者，心之莫同也。知其心，然后能救其失也，教之者，长善而救其失者也。”[3]

孔子评价学生的方法，似乎比现在更全面，更科学。

子曰：“温故而知新，可以为师矣。”

自从朱熹注四书以来，孔子的这句话都被解读为：“温习旧的知识，进而懂得新的知识，这样的人可以做老师了。”这个解读已经成为我们的标准解读。

这个解读有不妥之处。首先，如果如此解读，这句话放在这里，难以和上下文衔接。其次，《礼记·学记》曰：“君子既知教之所由兴，又知教之所由废，然后可以为人师也。”“为人师”是孔子表达“可以成为老师”的说法。“为师”和“为人师”并不相同。也即是说，“可以为

[1] 颜回，字子渊，鲁国人，少孔子三十岁。

[2] 见《荀子·劝学》。

[3] 见《礼记·学记》。

人师"并不是指"可以成为老师"。

那么如何解读这句话呢?

从这句话的上下文来看,这句话应该是指学习方法,或做学问的方法,道德修养的方法,或者是修身的方法。

对于读书做学问,对于道德养成而言,指出一条途径是重要的。课堂上,老师需要不失时机地向学生传授方法。"温故而知新"就是孔子向学生传授的方法。学习上,通过新旧知识之间的联系,达到理解新知识的目的。学问上,没有不依赖于其知识前史的学问。个人的道德修养更离不开历史文化积淀。

子曰:"君子不器。"

孔子又回到教育要培养什么人的问题。作为教育家,这是孔子最关心的问题。孔子是启发式教育的艺术家,面对学生,他没有直接说出教育要培养什么人,而是用比喻,从反面把问题提出来。

在这里,"君子"泛指读书人,狭义上也却是现在的学生。"君子不器"就是说教育不要使学生成为某种定形的东西,不要使学生成为某种工具,不要使学生成为书呆子。现在我们在高中就把学生分成文科和理科,早早就给学生定形,就是"君子成器"。

孔子的教育是通才教育。

另外,我读孔子的这几句话,隐约感觉还有一些弦外之音。孔子当着学生说这些话的时候,颜回并不在其中。"我每次与颜回说话,他总是唯唯诺诺,好像什么都不懂。可私下里他却滔滔不绝,颜回不笨!同学们,看人不要只看表面。我们要从这个人所处的环境出发,观察他的所作所为,体验他的所思所想。我们要从历史事实中吸取教训,不要钻牛角尖,不要走进死胡同。"

子贡问君子。

子曰:"先行其言而后从之。"

孔子说"君子不器",但是君子应该怎么做呢?

孔子没有说。这是上课时老师留下一个悬念，让学生思考，让学生提问。

这是启发式教学的技巧，这是孔子课堂教学的常态。

子贡知道老师的意图，便问：老师，那您说君子（学生）应该怎么做呢？

孔子说，先照老师说的去做，通过做来判断老师说的对不对，对的再遵从。

也就是说，学习不是盲目信任老师说的东西。

教育家的情怀。

“子贡问君子”这句话，历来都理解为“子贡问什么是君子”。如果把《论语》当作政治哲学，或当作励志小册子，这样解读可以接受。然而，如果把《论语》当做一本教育学著作，这样的解读便大谬了。“先行其言而后从之”也即“先行，其言，而后从之”。意思是：学习知识，要先做，再用自己的话说，最后再决定是否值得吸收。也即是说，先行后知。

子曰：“君子周而不比，小人比而不周。”

很不好理解的说法。尤其是放在课堂里。

李泽厚解读：“君子普遍厚待人们，而不偏袒阿私；小人偏袒阿私，而不普遍厚待。”❶

钱穆解读：“君子待人以忠信，但不阿私。小人以阿私相结，但不忠信。”❷

放在课堂上，按照常理，孔子的话不可能如此解读。我以为，孔子要表达的，是另外的观点，是关于读书做学问的观点。

“比”字古文写作“夶”，两个人肩并肩在一起，相比较，目的在于

---

❶ 《论语今读》，生活·读书·新知三联书店，2004年第1版。

❷ 《论语新解》，生活·读书·新知三联书店，2005年第2版。

求同。❶

"周"是周全,完备的意思。

孔子说,君子(学生)读书做学问,要敢于对老师的思想发表不同的意见,不要一味迎合老师的思想。

在这里,君子和小人只是一种比喻。

子曰:"学而不思则罔,思而不学则殆。"

孔子告诉学生,做到"君子不器"的第三个办法是:"学而不思则罔,思而不学则殆。"

这是教育界的千古名言,言简意赅,意蕴深刻,通俗易懂,任何译成白话文的意图都是多余的。

这是孔子针对当时教育实际而提出的一个学习原则。当时的情况是:"今之教者,呻其占毕,多其讯言,及于数,进而不顾其安,使人不由其诚,教人不尽其才;其施之也悖,其求之也佛。夫然,故隐其学而疾其师,苦其难而不知其益也。虽终其业,其去之必速。教之不刑,其此之由乎!"❷

这段话的意思大致是,老师只知道要学生念诵书本,一味进行知识灌输,急于追求快速进步,不顾学生能否适应。学生只能死记硬背,学完就忘记,忘记知识也忘记老师。

我每次读到这段话就非常感慨,古人好像是在说今天的事,古今教育何其相似。可见教育之难,并非全由教而生,人性贪、嗔、痴、慢、疑才是教育问题的根源。

子曰:"攻乎异端,斯害也已。"

众说纷纭,不一而足,我只信如下之说:

"端,头也。凡事有两头,谓之异端。言业精于专,兼攻两头,则

---

❶ 见《康熙字典》。

❷ 见《礼记·学记》。

为害耳。”[1]

孔子说，同学们，做学问不要钻牛角尖，否则危害无穷。

这句话是孔子对“学而不思则罔，思而不学则殆”的补充，也即是“学而不思”和“思而不学”都属于钻牛角尖的行为，都是不可取的。

深一层的思考，这里实在已有“凡是能够言说的事情，都能够说清楚，而对于不能谈论的事情，就必须保持沉默”的思想。[2]

子曰：“由，诲女知之乎！知之为知之，不知为不知，是知也。”

这句话很有意思。它充分展现孔子的课堂教育艺术。

由，即子路[3]。孔子曾说“子路好勇，闻过则喜”、“自吾得由，恶言不闻于耳”。

子路是敢于批评孔子的学生，也是一个敢于在课堂上捣乱的学生，可能在课堂上有时也会信口开河。所以，孔子讲课讲到这里，可能想活跃一下气氛，便拿子路开涮。

孔子说，子路，我上面说的东西你明白了吗？我告诉你，对待学问，懂了就说懂，不懂就说不懂，不要不懂装懂，这才是对待学问的正确态度。

子张[4]学干禄。

子曰：“多闻阙疑，慎言其余，则寡尤。多见阙殆，慎行其余，则寡悔。言寡尤，行寡悔，禄在其中。”

---

[1] 陈大齐著，《论语辑释》，华夏出版社，2010 年 1 月第 1 版。

[2] 路德维希·维特根斯坦著，《逻辑哲学论》，中国社会科学出版社，2009 年 12 月第 1 版。

[3] 仲由，字子路，卞人也，少孔子九岁。性鄙，好勇力，志伉直，冠雄鸡，佩猳豚，陵暴孔子。孔子设礼稍诱子路，子路后儒服委质，因门人请为弟子。

[4] 颛孙师，陈人，字子张。少孔子四十八岁。

据说，子张属平民子弟，肚子问题是首要问题。

教育有什么用？

子张不是问如何做官。孔子时代读书都是为了做官的，教学也都围绕当官而展开，子张没有必要问这样的问题。况且，孔子自己的仕途并不顺利，也没有多少做官的经验，问孔子如何“求仕”，显然问错了对象。

“干”，作“求”也即“立”、“建立”；“禄”，作“福”、“善”解[1]。

子张学干禄，即子张问孔子，教育何以使人获得幸福？

孔子说，教育能使人“言寡尤，行寡悔”，人因此能获得幸福。

那么如何能做到“言寡尤，行寡悔”呢？

孔子说，多闻阙疑，慎言其余，则寡尤。多见阙殆，慎行其余，则寡悔。

“‘多闻阙疑’，疑，疑惑之事也。言人居世间必多有所闻，所闻之事必有疑者有解者，解者则心录之，若疑者则废阙而莫存录，故云多闻阙疑。‘慎言其余’，其余谓所心解不疑者也，已阙废可疑者，而所余不疑者，虽存录在心，亦何必中理，故又宜口慎言之也。‘则寡尤’，寡，少也。尤，过也。既阙可疑，又慎言所不疑，能如此者则生平之言少有过失也。‘多见阙殆’，殆，危也。言人若眼多所见，阙废其危殆者，不存录之也。‘慎行其余’，其余谓自所录非危殆之事也，虽已废危殆者，而所余不殆者，亦何必并中其理，故又宜慎行之也。‘则寡悔’，悔，恨也。既阙于危殆者，又慎行所不殆，能如此者则平生所行少悔恨也。”[2]

这是我见到的最好的解读。

哀公[3]问曰：“何为则民服？”

---

[1] 见《康熙字典》。

[2] 皇侃，《论语义疏》。

[3] 鲁国第二十六代君主，在位 27 年。

孔子对曰:“举直错诸枉,则民服。举枉错诸直,则民不服。”

哀公是鲁国国君。他关心权力,关心如何加强统治的问题。

上面说到,孔子和学生驾车出游,正在车上上课。他们“巧遇”哀公。

哀公问孔子,教育的目的是什么?教育应该怎么使民众易于统治(何为则民服)?

孔子回答说:教育就是要使人能够实事求是地辨别事物的是非曲直,这样的人就容易统治;如果人都是非颠倒,就不容易统治了。

“直”,作“正见”;“枉”,作“违背”;“歪曲”。[1] 通俗说,就是弘扬正气,摒弃邪气,则民服;反之,则民不服。

季康子[2]问:“使民敬,忠以劝,如之何?”

子曰:“临之以庄则敬,孝慈则忠,举善而教,不能则劝。”

季康子陪着哀公。他也向孔子提出一个问题。

季康子说,教育如何使百姓敬畏、忠诚和勤勉?

孔子从三个方面回答季康子的提问。

孔子说,首先,要教育百姓正确对待阴间的事情,庄严的祭祀能使人产生敬畏之心;其次,要教育百姓正确处理家庭关系,子孝父慈的家庭关系能使人养成忠诚的品格;第三,要教育百姓正确看待社会问题,推举德才兼备的人,去教育其他人,办真正的教育,就能使百姓勤勉。举贤任能,大众自然勤勉。

或谓孔子曰:“子奚不为政?”

子曰:“《书》云:‘孝乎惟孝,友于兄弟,施于有政。’是亦

---

[1] 见《康熙字典》。

[2] 季康子,春秋时期鲁国的正卿,事鲁哀公,鲁国“三桓”之首,位高权重,是当时鲁国的权臣。

为政，奚其为为政？”

这时不知是谁问一句，先生为什么不当官呢？

道理一套套，何以不为政？这可能是哀公或季康子问的话。

孔子不是不想做官，而是不愿同流合污。

孔子的回答很有意思。他说，《尚书》上说，“孝乎惟孝，友于兄弟，施于有政。”维持好和睦的家庭，就是为政了，何必当官呢？

孔子引用《尚书》的话，说自己有家人，有学生，管理好这一大家子人已经不容易了，家庭和谐已是最大的政治了，已经很幸福了，又何必当官呢？

子曰：“人而无信，不知其可也。大车无輗，小车无軏，其何以行之哉？”

孔子没有受到影响，继续说明他的教育目的。

孔子说，教育的目的，就是坚定信念、树立信心和培养信用，人而无信，那就不知道他是否值得为人了。就像大车没有輗，小车没有軏，这样的车如何能行走呢？

子张[1]问：“十世可知也？”

子曰：“殷因于夏礼，所损益，可知也；周因于殷礼，所损益，可知也；其或继周者，虽百世可知也。”

子张可能没有认真听课，走神了。他突然问孔子，老师，您相信未来三百年的事能预测吗？

古时说一世是三十年，十世便是三百年。

孔子看着子张，你小子怎么问这样的问题呢？

孔子说，从夏朝到殷朝几百年，社会文化变化并不大，通过研究文化变迁的内容，便能知晓夏朝。而从殷朝到西周也是几百年，通过

[1] 颛孙师，字子张，孔子弟子，比孔子小四十八岁，是儒学发展的重要人物。

研究其文化变迁同样能知晓周朝。将来社会如果继承周朝的文化遗产，就是再过三千年，我们依然能够通过研究其文化变迁而知晓它。

孔子以历史为例，启发引导子张思考。

结论是，从社会文化的变与不变的角度看，社会是可以预测的。

子曰："非其鬼而祭之，谄也。见义不为，无勇也[1]。"

孔子把这节课的内容总结为两点。

第一，孔子说，拜祭不是自己列祖列宗的鬼是一种谄媚行为。

为什么？

"非其所祭而祭之，名曰淫祀，淫祀无福。"[2]人因为敬而祭，非敬而祭必有所求，非分之求必谄。

孔子反对没有人格的行为。

第二，孔子说，见义不为的人，没有勇气。人要见义勇为。

孔子的结论是：道德教育要培养诚实、忠勇的人。

---

[1] "见义勇为"已成成语。

[2] 《礼记·曲礼》。

八佾第三

“佾”，“舞行列也。行数，人数，纵横皆同，故曰佾。”❶

“八佾”就是由六十四人排成一个方队，八行八列，一起跳舞。据载，周礼规定，大型典礼活动，天子用八佾，诸侯用六佾，卿大夫用四佾，士用二佾。僭越被视为不敬。

这是一次关于礼的公开论坛。参加论坛的有官员、学者和学生。

论坛主持人：孔子。

参加论坛的嘉宾：定公、哀公、仪封人、王孙贾、大师乐和林放。

参加论坛的学生：子夏、子贡、宰我、冉有……

背景：大约在鲁定公十三年（公元前 497 年），孔子 55 岁。这一年春天，齐国送 80 名美女到鲁国。季桓子接受了女乐，君臣迷恋歌舞，多日不理朝政。孔子与季氏出现不和。❷

这是一种非常现代的教学方式。

孔子谓季氏：“八佾舞于庭，是可忍也，孰不可忍也？”

孔子由两个例子引出论坛的主题，例子直指当时权盖天子的“三桓”家族。

第一个例子。

孔子说，季孙氏在他家庙的庭中使用了天子八八六十四人的舞蹈行列，这种事情，他忍心做，而我们是否能容忍呢？

---

❶ 见《康熙字典》。

❷ 据《史记·孔子世家》。

我把“是可忍也”的“忍”当作“忍心”，主语是季氏。“孰不可忍也”的“忍”当作“容忍”，“孰”即“谁”，作主语，即是参加论坛的人，也即“我们”。

孔子对季氏僭越之“乐”提出质问。

三家[1]者以《雍》彻。

子曰：“‘相维辟公，天子穆穆’，奚取于三家之堂？”

第二个例子。

《雍》是周朝的国乐，用于国家大型活动结束时演奏，演奏此曲时，各类不同等级的人的行为有一定的规矩，“天子穆穆，诸侯皇皇，大夫济济，士跄跄，庶人僬僬。”[2]《雍》在家庭活动中是不许使用的。鲁大夫孟孙、叔孙、季孙三家僭越国礼，在家庭活动中擅自使用国宾乐曲，既不尊敬也不严肃。

孔子说，“相维辟公，天子穆穆”，这是国家庆典用的国乐，“三家”为什么要将国乐拿到家里演奏呢？

孔子敢于直面权贵专权，够勇气。

子曰：“人而不仁，如礼何？人而不仁，如乐何？”

孟孙、叔孙、季孙三家的僭行为，是为官不仁、为富不仁的表现。

孔子质问道，人而不仁，如礼何？人而不仁，如乐何？”

人如果没有了仁义，还讲什么礼乐？

论坛便以仁、义、礼、乐为主线。

林放[3]问礼之本。

子曰：“大哉问！礼，与其奢也，宁俭。丧，与其易也，

---

[1] 孟孙、叔孙、季孙三家。

[2] 见《礼记·曲礼》。

[3] 中国林氏宗亲网认为：“林放，字子丘，春秋时期鲁国清河（今属山东）人，为比干27世孙，传为孔子弟子中的七十二贤人之一，为孔子得意门生。”《史记》却没有相关记载。

宁戚。”

子曰:“夷狄之有君,不如诸夏之亡也。”

首先提问题的是林放。

林放是陪同季孙氏参加这次论坛的[1]。林放是护主吗?

林放问,礼的本质是什么呢?

孔子说,问得好,这是一个大问题。

大问题便不容易讲清楚,孔子的教育艺术,用例子来说明。

孔子说,礼,与其奢侈,不如节俭。例如,办丧事,与其大肆操办,不如真正悲戚。

孔子似乎更加重视礼的实质,“礼从宜,使从俗。”[2]可以表达孔子对礼的态度。

人的处事,古今是一脉相承的。这样的事并不鲜见:子女对待父母,活着百般刁难,死后却大办丧事;活着不给吃喝,死后却百般拜祭。孔子好像在说今天的事情。

孔子说,那些蛮族落后地区的人,虽然也有君主,但没有文化,就不如夏朝、殷商,虽然国家亡了,但文化还在。[3]

孔子把礼提高到国家生死存亡的角度来认识。文化的核心是礼,“鹦鹉能言,不离飞鸟。猩猩能言,不离禽兽。今人而无礼,不亦禽兽之心乎?夫唯禽兽无礼,故父子聚麀(yōu)(聚麀,指父子共一母麀。比喻乱伦秽行)。是故圣人作,为礼以教人,使人以有礼,知自别于禽兽。”[4]

季氏旅于泰山。

---

[1] 陈大齐著《论语辑释》:“林放,季氏的世臣也。”

[2] 见《礼记·曲礼》。

[3] 南怀瑾,《论语别裁》,第123页。

[4] 见《礼记·曲礼》。

子谓冉有[1]曰:“女弗能救与?”

对曰:“不能。”

有人报告一件事,说季氏到泰山祭天。

“旅”之祭,是大型的活动。

孔子听到这件事,当面质问冉有。

孔子说,冉有,你知道这件事吗?你不能制止[2]他们的行动吗?

冉有说:我制止不了。

这里有两个问题:

孔子为什么想要制止季氏家族的活动?

孔子为什么要质问冉有?

第一个问题是涉及谁能到泰山祭天?中国古代只有有成就的天子(皇帝)才能到泰山祭天,“每世之隆,则封禅答焉,及衰而息”(《史记·封禅书》),即所谓“泰山封禅”。季氏何德何能,也想到泰山封禅,分明是想谋反,因此,孔子想制止他。

第二个问题,冉有是孔子的学生,昔日有管仲谏阻齐桓公泰山封禅[3],冉有作为季氏宰何以不能?孔子质问冉有,是对学生的严厉批评。

子曰:“呜呼!曾谓泰山不如林放乎?”

季氏旅泰山,孔子无能为力。

孔子只好感叹说,唉,难道说泰山还不如一个林放吗?!

林放尚且知道问礼的本质,你泰山秉性何在?竟然能接受季氏的祭拜?

孔子之感叹,不仅是对自己无力回天的叹息,也是对泰山的责问,对季氏的诅咒,对冉有明哲保身的不满。

---

[1] 冉有,即冉求,字子有,孔子的学生,少孔子二十九岁。为季氏宰。

[2] 我认为把“救”解读为“制止”妥当,见《康熙字典》。

[3] 见《史记·齐太公世家》。

子曰:“君子无所争,必也射乎!揖让而升,下而饮,其争也君子。”

孔子由冉有的无所作为而引发出对学生死读书、教条主义现象的批评。

孔子说,我们说君子与世无争,那是就一般情况来说的。我们不是也有射箭的课吗?那情形怎么样呢?那就是竞争呀。射箭前大家拱手相让,上场就要争个高低,射箭后大家又在一起歇息。竞争,也是君子的行为嘛。君子不是不要争论,而是要看因什么而争论。

孔子鼓励学生读书做学问要敢于争论,他反对死读书,反对学生把他的话当教条的。“学而不思则罔,思而不学则殆。”“知之为知之,不知为不知,是知也。”表达的都是这个意思。

看来,孔子也属性情中人。

子夏问曰:“‘巧笑倩兮,美目盼兮❶,素以为绚兮❷。’何谓也?”

子曰:“绘事后素。”

曰:“礼后乎?”

子曰:“起予者商也!始可与言《诗》已矣。”

子夏的问题有些调皮,他可能想活跃一下气氛,或者听厌了上面的讨论。谈那么多国家大事干什么?人家在家里跳舞用多少人,奏什么曲子与你何干?与百姓何干?人家有钱到泰山旅游关你们什么事?

子夏问,老师,我有几句诗搞不清楚,“巧笑倩兮,美目盼兮,素以为绚兮。”这是什么意思呢?

---

❶ 见《诗经·卫风·硕人》。

❷ 朱熹认为是逸诗。见《四书集注》。

说子夏有些调皮，是因为“素以为绚兮”。通常认为这句诗是逸诗，其实也可认为它是子夏即兴之作，随口之语。

更有意思的是，孔子偏偏只回答子夏这一句被认为是“逸诗”的句子。

孔子回答，绘事后素。

师徒两人在唱双簧。

那么，“素以为绚兮”和“绘事后素”是什么意思呢？

子夏问，女人无论如何装模作样，巧笑也好，美目也罢，如果没有天生丽质，都不足为美。是这样吗？

孔子说，是的，绘画也是同样的道理。

子夏追问，老师，您是说，礼是表层的东西，其后面还有更本质的因素吗？

孔子说：子夏的话启发了我。子夏有了这样的认识，就可以与他谈诗经了。

孔子师生两人的双簧唱得真妙。显然，鲁大夫孟孙、叔孙、季孙三家并非不懂礼，他们也很讲礼仪的，他们所缺乏的是蕴含在礼背后的东西，即仁义道德。

这一段对话充分展现了孔子启发式教学法的特点。整个活动一直在谈论事例，很少下结论。学生不问，孔子不说；学生问诗歌，孔子用绘画来说明；直到学生悟出道理来，孔子就毫不吝啬表扬学生，夸奖学生的发现。

子曰：“夏礼吾能言之，杞不足征也。殷礼吾能言之，宋不足征也。文献不足故也，足，则吾能征之矣。”

由讲礼到讲祭。为什么？

“凡治人之道，莫急于礼。礼有五经，莫重于祭。大祭者，非物自外至者也，自中出，生于心也。心怵而奉之以礼，是故唯贤者能尽祭之义。”[1]

祭是大事。礼的背后有仁义道德，而礼又表现在各种日常行为之中，如祭祀。

孔子不说鲁国，而拿杞国和宋国来做例子。

孔子说，我能给各位讲夏礼，但不会用杞国的礼为例证；同样，我也能给各位讲殷礼，但也不会用宋国的礼为例证。杞国和宋国的礼仪都已遭到破坏，不能佐证我的观点。

“杞”，杞国，夏代到战国初年的一个诸侯国，国祚延绵1500多年，杞国亡于楚国。史上认为杞国沿袭了夏朝的礼制。

“宋”，宋国，周朝一个诸侯国，史上认为宋国沿袭殷朝的礼制。

有人认为，孔子曾为考察夏朝之礼而到访杞国，发现杞国文献也多散失。宋国是孔子的故国，孔子也曾到过宋国，但不受欢迎。此处，孔子认为杞、宋两国没有很好继承夏、殷的礼仪，借此批评当时诸侯国对周礼的破坏。

子曰："禘，自既灌而往者，吾不欲观之矣。"

对周礼的破坏，祭祀方面表现比较突出。

禘，类似于国王对其列祖列宗的大型公祭活动[2]。

“灌”是古代祭祀的一种仪式。斟酒浇地以求神降临。古人以天为阳，以地为阴。周人先求于阴，因此在祭祀开始时先行灌礼。这种仪式在现在的电视剧里还能经常见到。

初始的“禘”是有定例的，不得僭越。到孔子时，“禘”的定例已遭破坏，在“灌”之后就不分尊卑地把无德无能之辈的牌位也与功勋卓著的君王牌位放在一起。

孔子说：“我考察禘的活动，对禘礼，只待香酒初献灌之后，便不

---

[1] 见《礼记·祭统》。

[2] 见《礼记·大传》。

想再看下去了。”[1]

孔子发出一代不如一代，没眼看下去之叹。

或问禘之说。子曰：“不知也。知其说者之于天下也，其如示诸斯乎！”指其掌。

听孔子这么一说，可能有人不服，质问孔子：“您知道什么是‘禘’吗？”

“我不知道。知道禘礼的人，用它来观察天下事就易如反掌了。”孔子边说边指自己的手掌。

这个问答很有意思，孔子的回答显得有些不诚实。非不知也，实为不敢说也。

孔子有“看不下去”之叹的另一个原因是，孔子看到众人拜祭的随意性。拜祭的随意性现在非常典型。现代人过节祭祖祭神，只为履行一下形式，真实的目的是为活着的人营造一个沟通的平台。孝也敬也，其实已属奢望。

祭如在，祭神如神在。子曰：“吾不与祭，如不祭。”

这时，不知道谁出来将孔子一军：“先生，祭祖先就如祖先在我们面前，拜神也如神明在我们面前，你这样做不是有些不孝不敬吗？”

孔子说：“我没有拜祭的意愿，祭如不祭。”

我心里没有祭的念头，拜了也跟没有拜一个样。就如你站在那里，热热闹闹，但你只是看热闹的，即使你也跟着跪、跟着走，但你意不在祭，即使拜祭了，那也不是拜祭。

把这句话作如下断句：祭如在，祭神如神在。子曰：“吾不与，祭如不祭。”

似乎更优美。

---

[1] 李泽厚，《论语今读》。

孔子主张祭拜的可选择性。在《论语·为政第二》,孔子已说过:“非其鬼而祭之,谄也。”也就是说,有些当祭,有些不当祭。

王孙贾[1]问曰:“‘与其媚于奥,宁媚于灶’,何谓也?”

子曰:“不然,获罪于天,无所祷也。”

王孙贾问道:“先生,俗话说‘与其跪拜厝公,不如跪拜灶公’,这是什么意思呢?”

这里,“媚”作“跪拜”,与古时行为是相符的;“奥”指室的西南隅,是掌管房屋的神,民间也叫做“厝公”;“灶”指灶神,民间也叫做灶公。

孔子的回答明显有些答非所问。孔子很少回答“是什么”的问题,他总是想给人以启发,让人去思考。

孔子说:“这不是跪拜谁的问题。如果我们获罪于天,可能连祷告的地方都没有了。”

拜神也好,求人也罢,顺从天理才是最重要的。

子曰:“周监于二代,郁郁乎文哉!吾从周。”

孔子谈到夏、殷的礼,宣称杞国和宋国都没有继承夏和殷的礼,也就是说杞和宋不足以作为夏和殷的礼的继承者,更不是夏殷文化的继承者。那么,谁是夏商文化的继承者呢?

孔子说:“周文化源于夏商,又得到蓬勃发展,我主张遵从周朝的文化。”

“监”,通“鉴”,即“借鉴”。

“吾从周”也可能理解为“我的学说来自周文化。”也即是,孔子宣称自己代表当时最先进的文化。

子入太庙,每事问。或曰:“孰谓鄹人之子知礼乎?入

---

[1] 王孙贾,卫国大夫。

太庙，每事问。”

子闻之，曰：“是礼也。”

子曰：“射不主皮，为力不同科，古之道也。”

我设想有人站起来，挑战似的向孔子提问，此事与孔子有关。

先生，听说当初你到太庙的时候，看到什么事都要询问一番。当时有人不以为然，质问你，“不是说那位邹国人很知礼吗？怎么到庙里来什么事情都要过问？是不相信人吗？”

孔子听后说：“这正是礼呀。”

孔子应该是一位好问的人，在《论语·学而第一》，子禽就问过子贡：“夫子至于是邦也，必问其政，求之与？抑与之与？”孔子也曾告诫自己的学生：“知之为知之，不知为不知，是知也。”

谦虚过度遭人误解也是有的。

孔子说：“射箭比赛主要不是为了穿透皮，比赛的目的是为了选拔不同的人才。自古都是如此。”

“古者天子之以射选诸侯、卿、大夫、士。射者，男子之事也，因而饰之以礼乐也。”[1]

入太庙，每事问，也是同样的道理，目的是考察，通过考察，找到适合自己的工作。

子贡欲去告朔之饩羊。

子曰：“赐也，尔爱其羊，我爱其礼。”

子曰：“事君尽礼，人以为谄也。”

“饩羊”即“生羊”。“告朔”，指诸侯于每月朔日行告庙听政的祭拜活动。[2]

子贡告诉孔子，想把每月告朔活动的饩羊取消。

---

[1] 《礼记·射义》。

[2] 见《康熙字典》。

这无疑符合孔子“礼，与其奢也，宁俭”的主张。但却遭到孔子的责备。

孔子说：“子贡啊，你爱那羊，我却爱那礼。”

子贡碰了一鼻子灰。

孔子接着说：“你事君尽到礼数，别人说你谄谀。”

就像子贡刚才说的，就是怕别人说用饩羊献媚。真难办呵。

定公问：“君使臣，臣事君，如之何？”

孔子对曰：“君使臣以礼，臣事君以忠。”

定公是鲁国国君，他向孔子咨询有关领导艺术的问题，这有些莫名其妙。

定公问孔子：“一个国君如何驾驭他的臣属？一个臣属如何侍奉他的君主？”

孔子回答说：“君主使用臣属要合乎礼仪，臣属事奉君主要讲究忠诚。”

哀公问社于宰我[1]。宰我对曰：“夏后氏以松，殷人以柏，周人以栗，曰使民战栗。”

子闻之，曰：“成事不说，遂事不谏，既往不咎[2]。”

论坛到这时有些乱。定公和宰我在私自交谈。

哀公问宰我，过去各国、各诸侯是如何开设社稷坛的？

“社”就是社稷坛，如现在北京的天坛、世纪坛。社稷坛是国家或各诸侯用来举行大型庆典活动的地方。

宰我深得孔子的真传，能抓住要点回答问题。

宰我说：“夏朝在社稷坛上栽松树，商朝在社稷上栽柏树，周朝在社稷坛上栽栗树，树是国家的象征，周朝栽栗树，栗就是战栗，就是要

---

[1] 宰我，字子我，鲁国人，孔子的学生，《史记·仲尼弟子列传》说他“利口辩辞。”

[2] 既往不咎，已成为成语。

使人民面对国君而战栗。”

孔子听了宰我的回答，不高兴了，立刻批评宰我：“你小子别嚼舌头了，过去的事情就让它过去吧，说来干什么？过去的事也别再提了，既往不咎嘛。”

子曰：“管仲[1]之器小哉！”

或曰：“管仲俭乎？”

曰：“管氏有三归，官事不摄，焉得俭？”

“然管仲知礼乎？”

曰：“邦君树塞门，管氏也树塞门。邦君为两君好，有反坫，管氏亦有反坫。管氏而知礼，孰不知礼？”

孔子说：“管仲器量太小了。”

有人反驳说：“不是说管仲节俭吗？”

孔子说：“管仲家有三处府第，每处府第都设专人管理，你说他节俭吗？”

又有人问：“那么，您觉得管仲知礼吗？”

孔子说：“国君家设有屏风，管仲家里也有屏风；国君在家接待外国来使，管仲也在家里接待外国来使。如果管仲的所作所为都叫做知礼，哪还有谁不知礼？”

这是对“君使臣以礼，臣事君以忠”的补充。以管仲为例，说明“忠”是臣事君的核心，其他可以既往不咎。

仪封人[2]请见。曰：“君子之至于斯也，吾未尝不得见也。”从者见之。出，曰：“二三子何患于丧乎？天下之无道也久矣，天将以夫子为木铎。”

---

[1] 管仲，春秋时期的大政治家，齐桓公的宰相。

[2] 仪封人，仪这个地方的地方官员。

仪封人到论坛要求见孔子。

国君参加的论坛，一般人可能难以进去，门卫把仪封人挡在了门口，双方吵了起来。

仪封人大声叫道："我还不信邪，凡是贤君到我们这里的，我没有不见的。"

门卫只好放他进去。进去多久？有没有与孔子交谈？谈了些什么话？没有交代，从来没有人说起过。只有他出来之后兴高采烈地说了几句话被记录下来。

仪封人说："这些读书人对社会道德的沦丧有什么可担忧的？整天喋喋不休的。天下无道已经很久了，总会有人来改变这种现状的，孔子就是上天选择来改变这种现状的人物。"

不知道这一个故事是如何被安排在这里的？往好里说，是对孔子的高度评价，说孔子将成为开创文化盛世的先锋。往不好方面看，却是说你孔子只有教书的命，也就是说，孔子跟他谈的东西可能都是些大而不当的东西，这才会引来他如此大的反应。就一个地方官员而言，评价孔子的文化还嫌不够格。大致上，后一种带有嘲讽的说法更可信。

这是本次论坛的一个小插曲。

子曰："《关雎》，乐而不淫，哀而不伤。"

子语鲁大师乐❶。曰："乐其可知也：始作，翕如也；从之，纯如也，缴如也，绎如也，以成。"

子谓《韶》："尽美矣，又尽善也。"谓《武》："尽美矣，未尽善也。"❷

子曰："居上不宽，为礼不敬，临丧不哀，吾何以观

---

❶ 鲁大师乐，鲁国首席音乐家。

❷ 《韶》、《武》都是舜乐。

之哉?”

孔子转向鲁国的首席音乐家,与他讨论“乐”的问题。

孔子首先说:“关于《诗经》中的‘《关雎》’,我的评价是:乐而不淫,哀而不伤。”

《关雎》是关于男女青年谈情说爱,谈婚论嫁的诗。或许,有人认为《关雎》是艳词淫诗,不宜吟诵。孔子表示不同意。

人性的表现,喜、怒、哀、乐,尽在情理之中,不可匮缺。

其次,孔子对鲁国首席音乐家说:“音乐是能够理解的。一首曲子,从开始轻轻地舒展,慢慢地发声;随之,很纯美地铺陈开来,逐渐进入高潮,或激昂慷慨,或庄严肃穆;最后完成乐曲的演奏。[1]这样的乐曲才是成功的。”

孔子与音乐大师讨论什么音乐是成功的音乐。音乐的成功与否并没有严格的评价标准。孔子只是提出了自己的观点。

接下来孔子举例说明。

孔子说:“《韶》这首乐曲是尽善尽美的。《武》这首乐曲尽美,即不尽善。”

孔子最后的结论是非常勇敢的,有些义无反顾的意味。孔子无疑是为他的学生及参加论坛的树立了一个榜样。

孔子说:“当官的不能宽待下属,对人没有礼貌,行礼也不能敬,临丧事没有哀戚,我还能把他们当什么看呢?”

联系论坛开始时孔子举的例子,他最后的批评无疑是针对当时鲁大夫孟孙、叔孙和季孙而作出的。

---

[1] 南怀瑾,《论语别裁》。

里仁第四

这堂课，孔子从头讲到尾，期间只有曾子和游子各插一句话。这样上课，现在叫做“满堂灌”。

采用什么教学方式与教学内容息息相关，孔子是深谙此道的。《里仁》讲什么呢？“仁”是孔子思想的核心，讲“仁”自有其艰难之处，本课没有记载孔子说过什么是仁，而对一种理论没有多少把握的时候，最保险的讲课方式就是自己讲，避免讨论。

在这里，“里”是双关语，做邻居、社区、社会均可。“里”也可作里面、内部和自我解。这种不同的理解可能是由于两千多年的不同解读造成的。孔子在本课中说过一句话：“德不孤，必有邻。”孔子为什么不说“德不孤，必有里”呢？这是否暗示，孔子用“里”来表达“仁”得以安放的地方？我将从教学的角度，并从学生（人）的道德修炼视角来解读孔子的这堂课。

子曰：“里仁为美。择不处仁，焉得知？”

孔子开门见山地亮出自己的观点。

孔子说：“一个人内心有仁，自然就美。”

品德教育，都强调要培养学生的内在美。“美”不是美丽的美，而是一种气质。那么，内在美的内容是什么呢？我们常说“内有诗书气自华”，就是这个意思。孔子认为内在美的内容是仁。

孔子说：“一个人不选择归于仁，是明智吗？”

也即是说，一个学生不选择向仁修炼，那是不明智的，社会上的人也一样。

子曰："不仁者不可以久处约，不可以长处乐。仁者安仁，知者利仁。"

为什么不归于"仁"便不明智呢？孔子接下来从几个方面加以说明。

首先，孔子说："不仁的人不可能久居简约的生活，不可能有长期的快乐。因为仁者依仁行事，智者却利用仁作为手段以谋利。"

不仁的人看什么都不顺眼，什么都拿来跟别人比，"小人比而不周"，如何能过上简单、舒适、幸福的生活呢？如何能够快乐呢？

"约"作"简约"解，取简约而不简单，没有理由认为孔子是一个苦行僧，他不可能要求他的学生归仁而过贫穷的生活。

智者会利用仁作为手段欺世盗名，有时满口仁义道德，却干出男盗女娼的勾当。中国民间所谓"智叟"就是这类智者。现代社会正是智者横行的社会。

关于这句话，孔子还有更完整的表述："仁者安仁，知者利仁，畏罪者强仁。"❶

子曰："唯仁者能好人，能恶人。"

子曰："苟志于仁矣，无恶也。"

其次，孔子说："只有仁者能辨别好人与恶人。"

仁者因为依仁行事，不受利益左右，不以貌取人，因此能辨别好人与恶人。

再次，孔子说："假如你有志于仁，你就不会产生厌恶情绪。"

一个人有志于仁，他既能辨别善恶，也能容忍世上的各种事情，无论是好事坏事，好人坏人，也即是说，仁能够使人产生宽容之心。

此处，"苟"不作"诚"解，而作"假如"解。孔子的这两句话，前句

❶ 见《礼记·表记》。

说已成为“仁者”的人，后句说有志于成为“仁者”的人，这两者是不同的。

从佛教的角度来看，恰如“所有一切众生之类，若卵生、若胎生、若湿生、若化生、若有色、若无色、若有想、若无想、若非有想、若非无想，我皆令人无余涅槃而灭度之。”[1]

子曰：“富与贵，是人之所欲也。不以其道得之，不处也。贫与贱，是人之所恶也，不以其道得之，不去也。君子去仁，恶乎成名。君子无终食之间违仁，造次必于是，颠沛必于是。”

第四，孔子举例说：“人都想富贵，但来路不明的富贵是守不住的。同样，人都不想贫贱，但靠歪门邪道是无法摆脱贫贱的。”

谁也无法靠巧智最终改变自己的命运。

孔子说：“一个人除了仁之外的成名都是令人厌恶的。”

君子不仁而成名，因此遭人厌恶。

孔子说：“君子时刻也不能违背仁，无论处于顺境，还是处于逆境，君子都不能违背仁。”

用“无终食之间”来表达“无时无刻”真有些莫名其妙，古汉语不是有个叫“须臾”的词吗？我只能理解为老师给学生上课，课堂上用一些口语表达，以达到活跃课堂气氛的目的。否则，只能理解为故弄玄虚。

如果用课堂语言来表达孔子的这句话，还可以有更加形象的说法：“同学们，我们在吃饭的时候不能违背仁，大家吵闹的时候不能违背仁，我们游学路上颠沛流离的时候也不能违背仁。”

子曰：“我未见好仁者恶不仁者。好仁者，无以尚之；恶

[1] 见《金刚经·大乘正宗分》。

不仁者，其为仁矣，不使不仁者加乎其身。有能一日用其力于仁矣乎？我未见力不足者。盖有之矣，我未见也。”

第五，孔子说：“我还没有看见过好仁的人厌恶不仁的人。”

这是对“苟志于仁矣，无恶也”的进一步发挥，一个人要不厌恶不仁的人，甚至不厌恶自己的敌人。这是正面的表达。孔子不用正面表达，一方面说明他是一个谨慎的人，另一方面也说明他自己对仁还没有准确地把握。

为什么好仁的人不会厌恶不仁的人呢？孔子解释说：“好仁者的道德品格已经非常完善，他之所以不厌恶不仁的人，是因为仁，他不想因为不仁的人影响自己对仁的追求。”

“好仁者”与“仁者”仍然有所区别，好仁者之所以不厌恶人，目的仍然是自己，是自私的。此处，两个“其”字都代表“好仁者”。

我把这“有能一日用其力于仁矣乎？我未见力不足者。盖有之矣，我未见也”重新标点为：“有能一日用其力于仁矣乎？我未见。力不足者盖有之矣，我未见也。”

孔子深知追求仁的艰难，他说：“有人能一天到晚倾尽全力于仁了吗？我没有见过。有时致力于仁的人大概有吧，但我也没有见过。”

“中心安人者，天下一人而已矣。”[1]

社会上“好仁者”非常稀有。正因为稀有，才要致力于办教育。孔子指出这种现象，目的是鼓励他的学生去追求仁。

子曰：“人之过也，各于其党。观过，斯知仁矣。”

为什么人不好仁呢？我们又从哪些方面观察人是否好仁呢？

孔子说：“人的过失，源于他偏私。观察一个人的过失，就能知道他是否好仁。”

---

[1] 见《礼记·表记》。

人的自私本性使得人难以时刻按仁的要求行事，甚至做出不仁的行为，过失便因此而产生。观别人的过失，就能认识一个人，也才能提高自身仁的修养。子曰："仁者有三，与仁同功而异情。与仁同功，其仁未可知也；与仁同过，然后其仁可知也。"❶

至此，孔子完成他关于"里仁为美。择不处仁，焉得知？"的论证。这个认证的全过程简要表达如下：

论点：里仁为美。择不处仁，焉得知？

论据：

第一，不仁者不可以久处约，不可以长处乐。仁者安仁，知者利仁。

第二，唯仁者能好人，能恶人。

第三，苟志于仁矣，无恶也。

第四，富与贵，是人之所欲也。不以其道得之，不处也。贫与贱，是人之所恶也，不以其道得之，不去也。君子去仁，恶乎成名。

第五.我未见好仁者恶不仁者。好仁者，无以尚之；恶不仁者，其为仁矣，不使不仁者加乎其身。

通过认证，孔子指出要做到"里仁为美"的难度。有能一日用其力于仁矣乎？我未见；力不足者盖有之矣，我未见也。

人之过也，各于其党。观过，斯知仁矣。

关于仁，孔子只是指出："仁者能……。""不仁者将会……。""志于仁者会……。""好仁者会……。"也就是说，孔子指出哪些行为是仁的行为，哪些行为是不仁的，仁的行为有哪些结果，不仁又有哪些结果？

子曰："朝闻道，夕死可矣。"

我们可以想一想孔子上课到这里的情景。孔子松了口气，看着表情沉重的学生，嘴角露出诡异的微笑。"同学们，我刚才讲仁，其中提到一个'道'字，那么，'道'是什么呢？"孔子边说边环视面面相觑的

❶ 见《礼记·表记》。

学生,突然提高声调说:“关于‘道’,我只能告诉大家我的感受:朝闻道,夕死可矣!”结果引来哄堂大笑。

这句话无须翻译,或者说,谁也没有能力比孔子说得更好。如果不信,请比较下面的三种翻译:

钱穆的解读:“先生说:‘人若在早上得闻道,即便夕间死,也得了。’”[1]

李泽厚的解读:“孔子说:‘早晨体认了真理,当晚死了也值。’”[2]

南怀瑾的解读:“他说,一个人如果真正得了道,早晨得了道,晚上死了都合算,人生就是怕不闻道。”[3]

孔子大讲“仁”,突然转而讲“道”,我百思不得其解。子曰:“仁者右也,道者左也。仁者人也,道者义也。厚于仁者薄于义,亲而不尊;厚于义者薄于仁,尊而不亲。”[4]孔子似乎把“仁”和“道”当作一个人的左右,须臾不分离。

“上士闻道,勤而行之;中士闻道,若存若忘;下士闻道,大笑之,不笑不足以为道。”[5]

子曰:“士志于道,而耻恶衣恶食者,未足与议也。”

为闻道而不惜献出生命,“道”在孔子心目中的地位比生命还重要。

孔子说:“在你们这些有志于道的人当中,如果有不安于现状的,那就没有达到谈论道的条件了。”

“士”不是指一般的人,“天子之元士,诸侯之上士,中士,下士。”[6]孔子这里说的士,系指自己的学生;“恶衣恶食”,用来形象说

---

[1] 见《论语新解》。

[2] 见《论语今读》。

[3] 见《论语别裁》。

[4] 见《礼记·表记》。

[5] 见《道德经·第四十章》。

[6] 见《礼记·王制》。

明孔子与其弟子当时的贫困境况;这也间接说明了孔子的学生对艰难生活多有怨言。"未足与议也"系指志于道者的内在条件。

子曰:"君子之于天下也,无适也,无莫也,义之与比。"

子曰:"君子怀德,小人怀土。君子怀刑,小人怀惠。"

那么有志于"道"的学生应该怎么做呢?孔子用对比的方法,指出三个方面。

首先,孔子说:有志于道的学生,"对于天下苍生,他应该是一种榜样;他应该能适应一切生活环境,随遇而安;他做事一心一意,有所为有所不为。他把'道'作为自己行动的准则。"

其次,孔子说:"有志于道的学生要光明正大,常怀敬畏之心;不要自以为是,斤斤计较。"

子曰:"放于利而行,多怨。"

我怀疑这句话故意省略了一些重要的信息。孔子在上面曾经说过,"富与贵,是人之所欲也。不以其道得之,不处也。"也就是说,以道得之的富贵,便可得之。那么,何谓"不以其道"呢?孔子在此进一步作出解释:为自己追逐利益的行为,不是一种道德行为,必然会招致更多怨恨。这是有志于道的人务必克服的行为。孔子从反面指出有志于道者的第三个条件,也是最难做到的条件。

孔子说:"不要以追逐利益作为志于道的目的,否则会多生怨恨。"

君子不与他人谋利,担忧遭到怨恨,这样的君子有何用?

孔子并不反对求利,而且,如果没有利益关系,孔子的学说也不可能有如此深入人心而成为中华文化的核心文化。我觉得,理解《论语》无需抛弃利益观点。

子曰:"能以礼让为国乎?何有?不能以礼让为国,如礼何？”

“能以礼让为国乎？何有？不能以礼为国，如礼何？”似乎可以这样断句：“能以礼让为国乎？有何不能。以礼让为国，如礼何？”也就是说，可以进一步转换成为：“为（了）国（家）（你）能礼让乎？有何不能。为国礼让，如何礼（让）？”

孔子说：“有志于道的人，要能礼让为国。那么，如何做到礼让为国呢？”

我以为，“礼让为国”并非“用礼让来治理国家”，而是有更加广泛的涵义。“为国”可以理解为“为了国家的利益”，孔子这里指的是个人利益要服从国家的利益。

子曰：“不患无位，患所以立，不患莫己知，求为可知也。”

孔子对学生说：“礼让为国，就是要做到，不要担忧自己有没有官做，而是考虑自己是否有能力做这个官；不要担忧自己在社会上有没有地位，而是考虑自己是否值得获得这个地位。有志于道者，不要担忧自己是否得道，只要用心探索就能获得道的真谛。”

读《论语》不考虑上下文的关系，孤立地就一句话而展开解读，这样的解读，只能增加现代人对《论语》产生零碎感。

此处，“莫己知”不可能是担心“没有人知道自己”，或“自己不出名”，因为这与本课的宗旨是不相符的。联系上文，我把“不患莫己知”这句话理解为“不要担忧自己是否得道”，这样一来，“求为可知也”也就清楚了。孔子下一个幽默举动，是我如此解读这句话的直接导引。

子曰：“参乎！吾道一以贯之。”

曾子曰：“唯。”

子出。门人问曰：“何谓也？”

曾子曰："夫子之道，忠恕而已矣。"

这是上课过程的一个小插曲。通过小插曲，我们可以体会孔子教学的艺术。这节课用的教学方法，用现在的语言说，叫做演讲法，俗称"满堂灌"。这样上课学生容易产生疲劳。有经验的老师会在上课过程中，设计一些幽默的小插曲，以活跃课堂气氛，集中学生精神，提高上课效率。孔子是这方面的艺术家。

课上到这里，孔子突然对着曾参说："曾参啊，我说一以贯之。"

曾参说："我知道。"

孔子说完就走出课室，可能是口渴出去喝口水吧，或者临时做别的什么事，总之是留下曾参暂时看管课堂。这时有学生问曾参："曾参，老师说的是什么意思呢？"

曾参回答说："老师说的只是忠恕而已。"

孔子的潇洒，孔子与曾参师生间的默契，曾子敷衍了事的神情跃然纸上。

对这句话的解读，可用众说纷纭来概括。此处，"吾道"当作"我说"而不作为"我所说的道"，最简单的理由是孔子不会把"道"据为己有，他所说的道是天下大道。另外，古人引用别人的话，常用"某某曰"，引用自己说的话，不说"吾曰"，或"我说"，而是说"吾道"。"一以贯之"作为一个观念，表达孔子对道、仁的态度，我认为无须拆分解读；"忠恕"当作一个词，孔子曾说："忠恕违道不远，施诸己而不愿，亦勿施于人。"❶

子曰："君子喻于义，小人喻于利。"

子曰："见贤思齐❷焉。见不贤而内自省也。"

孔子不在教室时，学生们可能不服曾参的解释，"一以贯之"与"忠恕"？课堂里议论纷纷，谁也说服不了谁。孔子回来看到这种情

❶ 见《礼记·中庸》。

❷ "见贤思齐"已成为成语。

况，他对学生们说：同学们，别争吵了。我只是作个比喻，就像我“把君子比喻为仁义，把小人比喻为私利”一样。曾参能够用‘忠恕’来解释我的说法，是值得大家学习的。同学们要互相学习，“见贤思齐，见不贤则自我反省”，这样才能成为一个有志于道的人。

此处，“喻”作比喻。孔子用这个字，多用作“比喻”，“君子既知教之所由兴，又知教之所由废，然后可以为人师也。故君子之教喻也，道而弗牵，强而弗抑，开而弗达，道而弗牵则和，强而弗抑则易，开而弗达则思。和易以思，可谓善喻矣。”❶

我们注意到，把“君子”与“小人”比较的句式已出现过三次：

“君子周而不比，小人比而不周。”

“君子怀德，小人怀土；君子怀刑，小人怀惠。”

“君子喻于义，小人喻于利。”

我以为，“君子”与“小人”只是对社会上不同人群的称谓而已。这也是我把“喻”解读作“比喻”的原因之一。

子曰：“事父母几谏。见志不从，又敬不违，劳而不怨。”

这节课，孔子从仁讲到道，现在又开始转到孝的话题上来。在《学而第一》和《为政第二》里，孔子都讲到孝。这似乎可以看出孔子对孝的重视。

孔子在上面讲过“人之过也，各于其党，观过，斯知仁矣。”然而，父母有过，怎么办？

孔子说：“孝不是一味地迎合父母的想法，当父母有过错的时候，要指出来，即使父母不听劝告，也要不怕辛劳反复劝说，只要态度上尊敬父母就可以了。”

孔子下面两句话说得更具体：

子云：“从命不忿，微谏不倦，劳而不怨，可谓孝矣。”❷

---

❶ 见《礼记·学记》。

❷ 见《礼记·坊记》。

"为人臣之礼,不显谏,三谏而不听,则逃之。子之事亲也,三谏而不听,则号泣随之。"[1]三谏而不听,哭也要劝你听。

子曰:"父母在,不远游。游必有方。"

孔子曾说,"夫为人子者,出必告,反必面,所游必有常,所习必有业。"[2]两句话对比来解读,可能比较自然。

为什么父母在不远游?如果远游是父母所要求的呢?我以为,在这里,孔子是借"远游"来表达父母与子女之间的感情联系,即为人子女,不要游手好闲,不要随意就杳无音信。孔子周游列国,不远游是不可能的,也即是孔子不可能要求自己的学生"父母在不远游"。因此,孔子这句话强调的是"游必有方"。也就是,父母在的时候,如果有必要远游,那么要把游的事情告知父母,包括游的目的、方式、方法等等。其实,无论是古代还是现代,能远游的人并不多,而恰恰是"读书人"远游的机会最多,孔子在课堂上把这个问题提出来,无疑是告诫学生,读书不能忘本,不能一面读圣贤书,一面抛弃父母。

子曰:"三年无改于父之道,可谓孝矣。"

在《学而第一》里,孔子说过:"父在,观其志;父没,观其行;三年无改于父之道,可谓孝矣。"此处又重复一次,为什么?难道这个观点很重要吗?表面看来,这个观点是有问题的。例如,父亲当小偷,死后儿子要当三年小偷才可谓孝子。孔子是这个意思吗?

这许多问题我也搞不清楚。但从课堂教学方面看,由于教学过程中常会发生一些偶然事件,根据事件的性质,重复一两句话也是常有的事。这其实也可以看成教师的教学风格。孔子重视孝道,而且孝道的主体是子女与父母,因此,"三年无改于父之道,可谓孝矣"可视为孔子的口头禅。也就是说,这句话并无太确切的含义,勉强可以理解为父亲死后,保持三年对父亲在世时的言行和遗留问题的尊重,

---

[1][2] 见《礼记·曲礼》。

就可以称为孝子了。

这句话，其实也蕴含着孔子重视传统文化的思想。也许孔子时代就如同现在一样，好标新立异，把保持传统视为守旧。在教学过程中，孔子重复这个观点，也有告诫学生注意尊重和保持传统文化的意思。

子曰："父母之年，不可不知也。一则以喜，一则以惧。"

在《为政第二》里，子游问孝，孔子曰："今之孝者，是谓能养。至于犬马，皆能有养；不敬，何以别乎？"

那么如何尊敬父母呢？孔子借助孝的话题，告诉学生尊敬父母的一种方法，那就是，"为人子女，要记住父母的年龄，记住父母的生日。子女为父母举办生日活动，一为庆祝，二为反思。"

"喜"作"庆祝"之喜，为父母的健在而庆祝，所以全家高兴。"惧"作"反思"之惧，反思自己是否对父母尽孝，所以惧；一年又一年，反思自己是否实现父母的心愿，所以惧。为人子女，借助父母的生日"三省吾身"，所以又喜又惧。

子曰："古者言之不出，耻躬之不逮也。"

这节课孔子讲了许多大道理。我猜想，孔子可能突然想起自己曾经说过"巧言令色，鲜矣仁"的话，马上转移话题，谈起知易行难的问题来。

孔子这句话是对学生说的，目的指向非常明确。一般而言，一个人说过的话不一定是非做不可，就事论事或点评时事，都不是言之必行的问题；而对于市井之徒，说出去的话泼出去的水，谁也不会当真。"君子有五耻：居其位，无其言，君子耻之；有其言，无其行，君子耻之；既得之而又失之，君子耻之；地有余而民不足，君子耻之；众寡均而倍焉，君子耻之。"[1]也就是说，孔子这句话中的"古者"是指他上课时说

---

[1] 见《礼记·杂记》。

过的"志于仁"者或"志于道"者，而古者之言，即是指诺言。因此，这句话的意思是："古时候有修养的人不轻易做出承诺，因为他们对无法实现的诺言感到羞耻。"

子曰："以约失之者鲜矣。"

"约"，作约束解❶。

子云："故君子约言，小人先言。"❷又，子云："小人贫斯约，富斯骄；约斯盗，骄斯乱。……故圣人之制富贵也，使民富不足以骄，贫不至于约，贵不慊于上，故乱益亡。"❸又"敖不可长，欲不可从，志不可满，乐不可极。"❹

也即是，此处的"约"当指对言行的约束。"失"当指失去颜面，也即是"受辱"。孔子说："君子因约束自己的言行而受辱的情况是很少见的。"

子曰："君子欲讷于言而敏于行。"

在《学而第一》里，孔子说过："君子食无求饱，居无求安，敏于事而慎于言，就有道而正焉，可谓好学也已。"对比下面三个句子：

君子敏于事而慎于言。

君子欲讷于言而敏于行。

君子敏于行而讷于言。

"讷"，《康熙字典》注："【说文】言难也。【玉篇】迟钝也。""慎"的本义是"小心"、"当心"，常用词有"慎重"、"谨慎"，等等。也即是说，"君子敏于事而慎于言"和"君子敏于行而讷于言"是不一样的。前者是能言而不畅所欲言，慎重选择言说的内容和方式；后者即可能自身就是缺乏言说能力的人。

---

❶ 见《康熙字典》。

❷❸ 见《礼记·坊记》。

❹ 见《礼记·曲礼》。

于是，问题就在“欲”字上。“欲”，《康熙字典》注：“【说文】贪欲也。……又【增韻】爱也。”现代汉语作“欲望”、“想要”、“需要”解。总之，“欲”就是一种主动的行为，有“装聋作哑”的嫌疑。也可以《道德经》的“知者不言，言者不知”理解。

孔子说：“为人处世不要锋芒毕露，不要信口开河，要善于隐藏自己的想法，但技术上要精益求精。”

子曰：“德不孤，必有邻。”

君子讷于言，则不容易为人所知，不容易被社会所承认，当今社会连 82 岁老人救人都自己要求找媒体报道(2010 年 8 月 1 日《京华时报》)，何况有志于道者。

课堂上可能有学生不同意孔子的说法，提出不同意见，于是，孔子补充说：“只要你行的是正道，你的思想不是邪说，不是歪门邪道，就必定有人跟随你。”

我猜想，孔子可能还用现身说法，以消除学生们的疑虑。

此处，“孤”作“孤立”、作“偏离”，也即是思想方面的邪说。“邻”作“聚”，也作“跟随”解。朱熹注：“德不孤立，必有类应。”[1]

子游曰：“事君数，斯辱矣；朋友数，斯疏矣。”

在现在学校的课堂教学中，老师们总是要留出一些时间，让学生自己总结听课后的收获，并将此一教学环节称之为新课程改革的新教学模式。其实，在孔子时代，这样的教学模式就已经存在，它是极具中国传统的教学方式。

这节课，孔子就采用这样的教学模式。我们设想，临近课的结尾，孔子问学生：“同学们，听了这节课，你们有什么收获呢?”孔子环视课堂，说：“子游，你来说一说。”

可能是子游分心，在做别的小动作，孔子专门提问他，想教训一

[1] 见《四书集注》。

下不认真听课的学生。果不其然，子游站起来，可能还挠着后脑勺，嘿嘿地傻笑。子游说："如果下属经常与上司持不同意见，那是自取其辱；如果你经常批评你的朋友，那你的朋友就会疏远你。"

我们看到，子游是针对"君子欲讷于言而敏于行"的前半句回答孔子的提问的。从现在的观点来看，子游的回答是贴切的。孔子是如何评价子游的回答，是否获得如"起予者商也，始可与言《诗》已矣"的高度评价，我辈不得而知。

这节课到此结束。

公冶长第五

这一章类似于现在的班会课。

老师：孔子。

学生：公冶长、南容、子贱、子贡、雍也、孟武伯、子路、颜渊、……。

内容：集中讨论如何评价人，讨论制定评价指标。

子谓公冶长[1]："可妻也。虽在缧绁(léixiè，绑犯人的绳索)之中，非其罪也。"以其子妻之。

子谓南容[2]："邦有道不废，邦无道免于刑戮(lù)。"以其兄之子妻之。

上课一开始，孔子宣布两则喜事：孔子把自己的女儿许配给公冶长，把侄女许配给南容。

孔子说："公冶长就要结婚了，虽然他坐过牢，但那不是他的错。我决定把女儿许配给他。"

孔子又说："由于南容的特殊地位，国家有道时他有官做，国家无道时他也能免受刑罚，我决定把侄女许配给南容。"

这显得在些匪夷所思。把家庭私事拿到课堂上来讲，似乎不妥。现在学校老师也时常会有这种情况，学生非常反感。

孔子把女儿嫁给坐过牢的穷学生公冶长，却把侄女嫁给南容。

---

❶ 公冶长，公冶氏，名长，字子长、子芝。春秋时齐国人，亦说鲁国人，为孔子弟子，七十二贤之一。自幼家贫，勤俭节约，聪颖好学，博通书礼，德才兼备，终生治学不仕禄。

❷ 南容，名缘，又名适，字子容，谥敬叔。孔子弟子。

南容是贵族。南怀瑾先生说："南容虽然善于自处，但公冶长在学问修养上，有更深的功夫，所以遭遇困厄还能够不怨不尤，涵养得平平淡淡。事实上比起来，他认为公冶长比南容更了不起。"❶或者孔子的女儿与公冶长自由恋爱，已经到了非公冶长不嫁的地步，孔子是不得已而为之。但无论是哪种情况，孔子也难免有"近水楼台先得月"的嫌疑。

孔子对把女儿嫁给公冶长没有做太多解释，似乎有些无可奈何，而对把侄女嫁给南容则说出了冠冕堂皇的理由，就是能保证安定的生活。

当然，孔子也可能是试图为社会树立榜样，"仁者，天下之表也。"❷不论出身、贵贱，不论曾经做过什么，只要有志于道，孔子都能容纳。

子谓子贱："君子哉若人！鲁无君子者，斯焉取斯。"

孔子把子贱作为这节课的第三个例子。

孔子说："像子贱这样的人就是真君子。人都说鲁国无君子，如若这样，那怎么会有如子贱这样的人呢？"

子贱为什么是真君子？孔子上课时一定会解释，可惜没有记录下来，我们不知道他如何解释。关于子贱，"宓不齐，鲁人，字子贱，少孔子四十九岁。为单父宰，有才知，仁爱百姓，不忍欺之，故孔子大之也。"❸

孔子教学，总是从实例出发，引导讨论，由浅入深，结论常常隐藏于过程之中，或者隐藏于实例之中。这堂课，孔子沿袭他惯用的方法，他先对三名学生作出简单评价，评价的语言虽然不多，但很准确。

公冶长因错判而坐牢；无论是盛世还是乱世，南容都能如鱼得

---

❶ 见《论语别裁》。

❷ 见《礼记·表记》。

❸ 见《孔子家语·七十二弟子解》。

水；子贱则被当作证明鲁国有贤能之人的例子。

除此之外，关于这三个人为什么是君子，孔子没有再作解释。为什么这三个人是君子？孔子的学生恐怕会有不服气的。你是君子吗？我是君子吗？他是君子吗？课堂上可能早已出现互相玩笑的场面。而这种情况，可能正是孔子所希望的，孔子的目的就是引起学生的思考，“学而不思则罔，思而不学则殆。”

子贡问曰：“赐也何如？”

子曰：“女器也。”

曰：“何器也？”

曰：“瑚琏也。”

果不其然，子贡第一个不服气。他们三人是君子，哪我子贡算什么呢？我就不是君子吗？

子贡问孔子：“老师，那么您觉得我怎么样？我算是什么呢？”

孔子说：“你器度不凡。”

子贡追问：“我是什么器啊？”

孔子回答说：“像琏瑚般贵重的器。”

子贡是孔子最器重的弟子之一，以口才好而著称。从孔子对子贡如此高的评价来看，子贡不服气是情理中的事。此处，我以为“女器也”的“器”当指子贡的品质，即“器度”，因此解读为“器度不凡”。而子贡追问的“何器也”的“器”当指“东西”。“瑚琏”，瑚琏是孔子时代“宗庙中盛黍稷之器，竹制，以玉饰之，言其既贵重，又华美，如后世言廊庙之材[1]”。

子贡和孔子师生的这个对话是很幽默的，用现代口语解读就是：

子贡：“老师，那我算什么？”

孔子：“你是东西。”

---

[1] 钱穆，《论语新解》。

子贡:"我是什么东西?"

孔子:"你是像琏瑚一样的东西。"

或曰:"雍也[1],仁而不佞。"

子曰:"焉用佞。御人以口给,屡憎于人。不知其仁。焉用佞?"

不只是子贡一人有意见,还有其他学生有意见,这里用一个"或"字来表达某位有不同意见的学生,而不特指是那一位学生。

有位学生问:"老师,仲弓有仁德,但不善辩,又当如何?"

孔子答道:"仲弓何需善辩!善辩者除了让人觉得他口齿伶俐之外,还经常惹人讨厌。你都不知道仲弓之仁在何处,他哪里需要善辩?"

此处,"佞"作"善辩"、"口才好"解。"给"作"口齿伶俐"解,子曰:"敬而不中礼谓之野,恭而不中礼谓之给,勇而不中礼谓之逆。"[2]

这位提问的学生还没有懂得老师的意思,至少他没有记住老师说过"君子讷于言而敏于行"的话。因此,我们看到孔子的回答其实是对提问者的批评,而不是对冉雍作出评价,孔子既没有肯定冉雍的口才,也没有肯定冉雍的仁德。

子使漆雕开[3]仕。对曰:"吾斯之未能信。"子说。

孔子讲第四个例子,就是漆雕开。

孔子说:"我推荐漆雕开去当官,漆雕开对我说:'我对于当官还缺乏自信。'我为漆雕开感到高兴。"

孔子为什么高兴?他好心推荐漆雕开去当官,却遭到拒绝,这说明孔子并不了解这位学生。"知之为知之,不知为不知,是知也。"孔

[1] 冉雍,字仲弓,伯牛之宗族,生于不肖之父,以德行著名。

[2] 《礼记·仲尼燕居》。

[3] 漆雕开,蔡人,字子若,孔子学生,少孔子十一岁,习尚书,不乐仕。

子把这件事报告出来，因此而高兴。

老师为学生的成熟而高兴。

孔子为老师树立了榜样。

子曰："道不行，乘桴浮于海，从我者，其由与！"子路闻之喜。

子曰："由也好勇过我，无所取材。"

可能是由于漆雕开不愿当官引出的感叹吧。孔子办教育的主要目标就是为国家培养官员，而像漆雕开这样有品行的人都不想当官，可见官场是何等黑暗、何等糟糕。这对孔子无疑是一个打击。而且，孔子对于学生的不同选择，还得表现出高兴的样子。于是，孔子在此表示有退隐江湖想法。

孔子说："现在社会风气不好，教书也艰难，我真想退隐山林，游山玩水算了。如若这样，我就只带子路与我同行了。"

子路听了很高兴。可能当时就信以为真，对孔子说，就是嘛，我们现在就走，我可以保证老师的安全，等等。

看到子路的样子，孔子乐了。于是，孔子说："子路啊，你是勇气过人，慎思不足呵。我只是说说而已，难道我就没有办法了吗？"

孟武伯问："子路仁乎？"子曰："不知也。"又问。子曰："由也，千乘之国，可使治其赋也。不知其仁也。""求也何如？"子曰："求也，千室之邑，百乘之家，可使为之宰也。不知其仁也。""赤[1]也何如？"子曰："赤也，束带立于朝，可使与宾客言也。不知其仁也。"

孟武伯很会抓住机会提问。孔子刚说子路勇敢，孟武伯马上就问："老师，那您说子路仁吗？"

---

[1] 公西赤，鲁人，字子华，孔子学生，少孔子四十二岁。束带立朝，显宾主之仪。

孔子回答得很干脆:"我不知道。"

孟武伯不依,追问道:您不是说他很能干吗?怎么会不知道他是否仁呢?

孔子说:"子路嘛,他可以当一个诸侯国的国防部长,但我不知道他是否仁。"

孟武伯问:"老师,那你说冉求怎么样?他仁吗?"

孔子说:"冉求嘛,他可以当一个诸侯国的办公厅主任,但我不知道他是否仁。"

孟武伯又问:"老师,那公西赤又如何?他仁吗?"

孔子说:"公西赤嘛,他可以当一个诸侯国的外交部长,但我不知道他是否仁。"

此处,"赋"指"军队","赋,兵也。古者以田赋出兵,故谓兵为赋。"❶

借孟武伯的提问,孔子一连评价了三位学生,一个可以当国防部长,一个可以当办公厅主任,一个可以当外交部长,这样的高官,在孔子眼里,依然没有达到仁的境界。

仁是什么?可能只有孔子才能说清楚。我们在这里出可以看到孔子教育的一个特点,那就明确指出学生的优点和缺点,不隐瞒学生的长处或短处。

子谓子贡曰:"女与回也孰愈?"

对曰:"赐也何敢望回。回也闻一以知十,赐也闻一以知二。"

子曰:"弗如也。吾与汝弗如也。"

看来孔子有时也会说大话的。他曾说过:"君子周而不比,小人比而不周。"现在却要子贡和颜回比,还拿自己与两个学生比。为什

---

❶ 见《四书集注》。

么呢？其实，有比较才有鉴别，要看你比的是什么，比的目的是什么？

颜回有亚圣之称。课上到这里，孔子有意拿子贡与颜回比较，我以为是想借机对子贡进行教育。

孔子问子贡："你和颜回比哪个好？"

子贡回答说："我怎么敢和颜回比呀！我岂敢望其项背！颜回能闻一知十，我只能闻一知二。"

孔子说："不如呀！我不如你，更不如颜回呀！"

子贡的骨子里是骄傲的，他承认不如颜回，又不忘自我吹嘘。孔子只好讽刺一下，对他提出严厉的批评："不如呀！我不如你，更不如颜回呀！"我们似乎可以看到当时课堂的情景：全班同学哄堂大笑，子贡低下因失言而羞红的脸。

读《论语》，我时常惊叹于孔子捕捉教育机会的智慧！"弗如也！吾弗如也！！我永远弗如也！！！"

宰予旦寝，子曰："朽木不可雕也，粪土之墙不可圬也。于予与何诛？"

子曰："始吾于人也，听其言而信其行，今吾于人也，听其言而观其行。于予与改是。"

宰予即宰我，我们第一次认识宰予是在《论语·八佾第三》，当时他信口开河，说"周人以栗，曰使民战栗"而遭到孔子的批评。

这天，宰予没有来上课，有人报告孔子说宰予还在睡觉。孔子说："朽木不可雕也，粪土之墙不可圬也。对于宰予，何必指责呢？过去我看人是听其言而信其行，现在不同了，我要听其言而观其行，而后才能信其言。对于宰予，让他改正就是了。"

这几句很有意思。是谁发现宰予没有来上课？为什么刚上课的时候没有人发现？是孔子发现宰予没有来上课，让学生去找宰予？我倾向于是孔子事先已经知道宰予的事，没有说明，某一位学生发现宰予没有来上课，偷偷溜出去找宰予？回来之后对孔子说："老师，宰予没有来上课，他还在睡觉呢！”孔子有些生气，一语双关地说出这几句话。在我看来，这几句话批评的对象，更像是溜出去找宰予的学生。

中国人有午睡的习惯，这个习惯从什么时候开始形成，至今没有看到有说服力的资料，但我想它不是一时半会就能够形成的。以孔子的仁德，不至于不能容忍一个学生的“旦寝”吧？

子曰：“吾未见刚者。”或对曰：“申枨[1](chāng)。”子曰：“枨也欲。焉得刚！”

可能是受宰予事件的影响，孔子公开表露对自己教育生涯的不满，当然也是对学生的不满。孔子感叹说：“我还没有看到一个刚正不阿的学生。”

一位学生不服气，说：“老师，申枨就刚正不阿。”

孔子说：“申枨有贪欲，怎能够得上是刚正不阿！”

在《里仁第四》里，孔子曾经说过：“富与贵，是人之所欲也。不以其道得之，不处也。”孔子并不反对正常的欲望。

子贡曰：“我不欲人之加诸我也，吾亦欲无加诸人。”

子曰：“赐也，非尔所及也。”

读子贡这句话，总感觉子贡的气还没有消。孔子就是不说子贡是否仁。于是，子贡只好自己表白：“我不愿意别人强加给我的东西，我也不会强加给别人。”

孔子毫不客气地说：“子贡呀！这不是你所能做到的！”

看来，孔子对子贡也是够严厉的。孔子不但不给子贡面子，还尽泼冷水。然而孔子对公冶长、宰予等却是相当宽容。孔子教学的过程无不表现其因材施教的思想。

---

[1] 据说申枨是孔子的学生，没有见到更详细的介绍。

子贡说的这句话，已被人重复说了两千多年，无论君子小人，只要需要就会拿来说说。而孔子点评的话，却被人忘到了九霄云外了。也难怪，伪君子多，真小人少呵。

子贡曰："夫子之文章，可得而闻也，夫子之言性与天道，不可得而闻也。"

子路有闻，未之能行，唯恐有闻。

子贡为什么在这里说这句话？我想了很久都没有想通。因为这节课是讨论如何评价学生的。子贡吹捧孔子吗？大可不必吧？在这节课中，子贡说别人、说自己都没有获得孔子的好评。那就说老师吧！或许能达到一箭双雕的作用，既可以让老师高兴，又能在同学面前表现自己是老师的真传弟子。我们注意到，"文章"的古义是"衣服"。

子贡说："老师穿什么衣服，我能看得见、说得清；而老师说的人性与天道，我就不得而知了。"

这时，不知是谁，也附和一句牢骚："就是嘛，子路知道老师说的人性与天道的真意，但他无法做到老师的要求，所以他害怕再听到人性与天道的问题。"

子贡问曰："孔文子[1]何以谓之文也？"

子曰："敏而好学，不耻下问，是以谓之文也。"

子贡又给孔子出难题。

据载，孔文子逼太叔疾休妻再取自己的女儿，太叔疾则变相将孔圉之女变成二奶，孔圉因此想发动战争。[2] 子贡挑此人来问孔子，确有找茬之嫌。

子贡问孔子："老师，像孔圉那样的人为什么也能谥为'文'呢？"

---

[1] 孔文子，卫国大夫，名圉(yǔ)，"文"为其谥。

[2] 见《孔子家语·正论解》。

孔子回答说："孔圉敏而好学，不耻下问，所以封号叫'文'。"

孔子的回答非常机智，避其锋芒，抓住要害，文辞华美。"敏而好学，不耻下问"已成为熟语，无须翻译。

老师经常会遇到一些学生提出刁钻的问题，孔子与学生对话所表现出来的智慧，值得我们深思。但从现代的角度看，我以为孔子的这个回答却略嫌单薄，"敏而好学，不耻下问"的人恐怕不在少数，"文"谥不会是地摊价吧？

子谓子产："有君子之道四焉：其行己也恭，其事上也敬，其养民也惠，其使民也义。"

子贡打开的话题。孔子顺势把课转入对当时高官和社会名流的评价上，讨论现实问题。把社会现实问题作为教学内容，这样的教育是很先进的，甚至目前的教育都难以做到。

孔子说子产有为官的四种品德："他行为谦恭，事君尊敬，养民有恩惠，役民有法度。"

子产何许人也？"声公五年，郑相子产卒，郑人皆哭泣，悲之如亡亲戚。子产者，郑成公少子也。为人仁爱人，事君忠厚。孔子尝过郑，与子产如兄弟云。及闻子产死，孔子为泣曰：'古之遗爱也！'"[1]

这是当官的榜样，是做人的榜样。

子曰："晏平仲[2]善与人交，久而敬之。"

孔子说："晏平仲善于与人交朋友，朋友跟他相处得越久越会敬重他。"

晏平仲何许人也？孔子为什么对晏平仲有这样的评价呢？

一则故事，从中能理解孔子的评价，"越石父贤，在缧绁中。晏子出，遭之涂，解左骖赎之，载归。弗谢，入闺。久之，越石父请绝。晏

---

[1] 见《史记・郑世家》。

[2] 晏平仲，齐大夫，名婴。

子懼然，摄衣冠谢曰：'婴虽不仁，免子于厄，何子求绝之速也？'石父曰：'不然。吾闻君子诎于不知己而信于知己者。方吾在缧绁中，彼不知我也。夫子既已感寤而赎我，是知己；知己而无礼，固不如在缧绁之中。'晏子于是延入为上客。"[1]

这是交朋友的榜样。

关于交朋友，孔子已说过的话有：

有朋自远方来不亦乐乎？（《学而第一》）

无友不如己者。过则勿惮改。（《学而第一》）

朋友数，斯疏矣。（《里仁第四》）

现在，孔子通过评价晏子，向学生说明朋友相处之道。

此外，有《晏子春秋》传世。现在小学语文课本里有一篇课文，叫《晏子使楚》。晏子的故事可谓家喻户晓。

子曰："臧文仲[2]居蔡，山节藻棁，何如其知也？"

臧文仲是鲁国重臣，颇有行政才能。他深受国人的尊敬，被认为是一个很有智慧的人，死后封号为"文"。像这样一个重要人物，养只乌龟算得了什么？即使用乌龟来占卜，在当时也是很流行很平常的事。现代成功人士都养宠物，不但不被认为是玩物丧志，还得到关心动物的美誉。孔子能容忍坐过牢的公冶长，却对养只乌龟的大夫吹毛求疵？

我怀疑这样的说法。

那么，又是什么原因导致孔子批评臧文仲不智呢？"山节藻棁，复庙重檐，刮楹达乡，反坫出尊，崇坫康圭，疏屏。天子之庙饰也。"[3]也就是说，"山节藻棁"是天子庙的专用装饰。问题就在这里。在《八佾第三》里，孔子公开批评季氏："八佾舞于庭，是可忍也，孰不可忍

---

❶ 见《史记·管晏列传》。

❷ 臧文仲，鲁大夫臧孙氏，名辰。

❸ 见《礼记·明堂位》。

也。”批评“三家者以《雍》彻”。孔子对礼的僭越是不能容忍的。如此一来,这句话就明白了。

孔子说:“臧文仲养只乌龟,居然为乌龟盖了间像天子庙一般的屋子,这是多么不明智呀。”

孔子对礼的重视是一贯的。他举这个例子的目的,是告诫学生,无论一个人的地位有多高,能力有多大,成就有多突出,都不能僭越礼。

子张问曰:“令尹子文三仕为令尹,无喜色。三已之,无愠色。旧令尹之政,必以告新令尹。何如?”子曰:“忠矣!”曰:“仁矣乎?”子曰:“未知。焉得仁?”

我总是感觉到,孔子上课,与弟子的讨论就像是一场斗智斗勇的游戏。子张又提到一个名相。此人三仕三已,必有过人之处。有一个关于他的故事:“初,若敖娶于䢵,生斗伯比。若敖卒,以其母畜于䢵,淫于䢵子之女,生子文焉。䢵夫人使弃诸梦中。虎乳之。䢵子田,见之,惧而归。夫人以告,遂使收之。楚人谓乳谷,谓虎于菟,故命之曰斗谷于菟。以其女妻伯比。实为令尹子文。”[1]此人来历即非一般。朱熹注:“其为人也,喜怒不形,物我无间,知有其国而不知有其身,其忠盛矣,故子张疑其仁。然其所以三仕三已而告新令尹者,未知其皆出于天理而无人欲之私也,是以夫子但许其忠,而未许其仁也。”[2]

三进三出,古今何其相似!

子张问:“老师,斗文子三次升官做宰相,他没有喜形于色;三次被罢黜,他也不露愠色,每次离岗,他都与新任者进行交割。这样的人如何评价?”

孔子回答说:“忠呀!”

---

[1] 见《春秋左传·宣公四年》。

[2] 见《四书集注》。

子张追问："不仁吗？"

孔子说："我不知道。他这样就能算仁吗？"

孔子仿子张的方法反问子张，让子张自己去思考。

孔子心中忠的榜样。

"崔子弑齐君，陈文子有马十乘，弃而违之。至于他邦，则曰：'犹吾大夫崔子也。'违之，至一邦，则又曰：'犹吾大夫崔子也。'违之。何如？"子曰："清矣。"曰："仁矣乎？"曰："未知。焉得仁？"

子张继续问孔子："老师，崔杼谋杀齐庄公，大夫陈文子宁可放弃庞大家财也不顺从崔子，逃到别国。可是，陈文子到这个国家一看，觉得它的大夫也如崔子一般。陈文子又离开到另一个国家。可是天下乌鸦一般黑，陈子文继续逃离。这样的人又如何评价呢？"

孔子回答说："清高呀！"

子张追问："不仁吗？"

孔子说："我不知道！你觉得他这样做算得上仁吗？"

子张的眼光确实不怎么样。他问孔子的这两个人，放到现在的社会也不能算仁，甚至于忠也不是，清高也不是。三次被撵下台，再重新启用的人，正是因为不忠的缘故。而国家有难却逃之夭夭的人，怎么能算是清高呢？

孔子两次"焉得仁"的回答，可能就是看出子张的目光比较短浅，因材而教吧？

孔子心中清白的榜样。

季文子三思而后行。子闻之，曰："再，斯可矣！"

不知是谁稍稍说，季文子三思而后行，又如何评价呢？

孔子听到后，也不理是谁说的，便脱口而出说："何必三思，再思就可以了！"

这有点不像孔子的性格。

先来了解季文子。季文子是春秋时鲁国正卿，谥曰文子。他执掌着鲁国朝政和财富，大权在握，一心安社稷。忠贞守节，克勤于邦，克俭于家。“家无衣帛之妾，厩无食粟之马，府无金玉。”[1]季文子行事以谨小慎微著名，凡事总要做到有备无患，三思而后行。据《春秋左传·文公六年》记载：“秋，季文子将聘于晋，使求遭丧之礼以行。其人曰：‘将焉用之？’文子曰：‘备豫不虞，古之善教也。求而无之，实难，过求何害？’”

原来孔子是针对一个行事小心翼翼的大夫说的，在孔子眼中，这样的人应该行事果敢，雷厉风行，“讷于言而敏于行”。

子曰：“宁武子[2]，邦有道则知，邦无道则愚。其知可及也，其愚不可及也[3]。”

孔子上课之幽默和睿智，此句可见一斑。

为什么？因为这句话中的“其愚不可及也”是一句反话。朱熹的注可以帮助理解：“宁武子，卫大夫，名俞。按春秋传，武子仕卫，当文公、成公之时。文公有道，而武子无事可见，此其知之可及也。成公无道，至于失国，而武子周旋其间，尽心竭力，不避艰险。凡其所处，皆智巧之士所深避而不肯为者，而能卒保其身以济其君，此其愚之不可及也。”[4]也即是说，宁武子的“愚”，是大智若愚的“愚”。

孔子说：“在国家安定祥和的时候，宁武子表现得很有智慧；在国家动荡不安的时候，宁武子表现得很愚笨。他的智慧有人可以达到，他的愚笨却无人能够达到。”

在国家无道之时，为了国家利益，不计较个人得失，甚至不顾个

---

[1] 见《史记·鲁世家》。

[2] 宁武子，卫大夫，名俞。

[3] “愚不可及”已成为成语。

[4] 见《四书集注》。

人尊严，难得糊涂，这样的愚笨，是极少有人能做到的。

孔子心中为国尽大孝的榜样。

子在陈，曰："归与，归与！吾党之小子狂简，斐然成章[1]，不知所以裁之。"

这句放在这里，上下无法衔接，似乎有些唐突。

然而，这也是课堂常常发生的事，由于发生意外事故，老师中断上课，说些与本课无关的话题，以便处理突发事件。这是课堂复杂性的体现。我想，由于孔子用了一句"其愚不可及"的话，引起学生的狂喜，课堂秩序受到影响，孔子才借在陈国的回忆，发出这句感叹。

孔子说："当年我在陈国时，多想尽快回鲁国呀！就因为你们这帮学生，胸怀大志，指点江山，激扬文字，但却脱离实际，弄得我无所适从。就像你们现在这个样子。"

"狂简"也却孟子所说的"狂狷"，"狂者进取，狷者有所不为也"（《孟子·尽心下》）"斐然成章"，现代汉语作"形容文章富有文采，很值得看。"但古时也作"忘作穿凿，以成文章"解，这里从古。朱熹注：孔子"以为狂士志意高远，犹或可与进于道也。但恐其过中失正，而或陷于异端耳，故欲归而裁之也。"[2]

子曰："伯夷、叔齐不念旧恶，怨是用希。"

孔子继续点评社会达官。

孔子说："因为伯夷、叔齐不念旧恶，所以怨恨他们的人就很少。"

伯夷、叔齐为何不念旧恶？有这么一个记载："其传曰：伯夷、叔齐，孤竹君之二子也。父欲立叔齐，及父卒，叔齐让伯夷。伯夷曰：'父命也。'遂逃去。叔齐亦不肯立而逃之。国人立其中子。于是伯夷、叔齐闻西伯昌善养老，盍往归焉。及至，西伯卒，武王载木主，号

[1] "斐然成章"已成为成语。

[2] 见《四书集注》。

为文王，东伐纣。伯夷、叔齐叩马而谏曰：'父死不葬，爰及干戈，可谓孝乎？以臣弑君，可谓仁乎？'左右欲兵之。太公曰：'此义人也。'扶而去之。武王已平殷乱，天下宗周，而伯夷、叔齐耻之，义不食周粟，隐于首阳山，采薇而食之。及饿且死，作歌。其辞曰：'登彼西山兮，采其薇矣。以暴易暴兮，不知其非矣。神农、虞、夏忽焉没兮，我安适归矣？于嗟徂兮，命之衰矣！'遂饿死于首阳山。"❶孟子也有个说法：伯夷、叔齐"不立于恶人之朝，不与恶人言"❷。真实如何，也不得而知。就且当是事实吧。

孔子说伯夷、叔齐是不念旧恶的榜样。

子曰："孰谓微生高直？或乞醯焉，乞诸其邻而与之。"

不知又是谁在议论，说微生高为人爽直、坦率。孔子一听便说："谁说微生高爽直？你们没有听说别人问他要点儿醋，他就向邻居要一点给人家的事吗？"

我倒觉得奇怪，就凭这点事，孔子就说他不直爽？假如他告诉借醋的人，说他自家没有，是向某某家借来给他的，这不是很直爽、很坦率吗？我依然把孔子的这句话看成是课堂上的插曲，就是信口开河之语，不必认真对待。

微生高是什么人？朱熹注："微生姓，高名，鲁人，素有直名者。"❸相传微生高还做了一件很守信的事，把命都送掉了：他跟一个女子在桥下约会，那女的没来，大水却来了，他也不逃走，最后抱着桥柱被淹死了。❹

子曰："巧言、令色、足恭，左丘明❺耻之，丘亦耻之。匿

❶ 见《史记·伯夷列传》。

❷ 见《孟子·公孙丑上》。

❸ 见《四书集注》。

❹ 见《战国策》。

❺ 左丘明，鲁国人，春秋末期史学家。著有《左传》、《国语》，对后世产生重要影响。

怨而友其人，左丘明耻之，丘亦耻之。”

孔子说：“我和左丘明有共同好恶。左丘明以花言巧语、满脸堆笑、点头哈腰的行为为耻辱，我也一样；左丘明以对人隐藏怨恨、又故意与其交友的行为为耻辱，我也一样。”

“足恭”，意为“过度恭敬”，也即点头哈腰的样子。左丘明深得世人尊敬和爱戴，孔子视其为君子，谓之与其共好恶。从“左丘明耻之，丘亦耻之，”足以看到孔子对左丘明的尊敬。

在《礼记·表记》里，孔子说：“君子不失足于人，不失色于人，不失口于人，是故君子貌足畏也，色足惮也，言足信也。”

在《学而第一》里，孔子说：“巧言令色，鲜于仁。”

可见孔子对人的行为举止的重视。端正学生的行为举止是教育的第一课。

颜渊、季路侍，子曰：“盍各言尔志？”

子路曰：“愿车马，衣轻裘，与朋友共，敝之而无憾。”

颜渊曰：“愿无伐善，无施劳。”

子路曰：“愿闻子之志。”

子曰：“老者安之，朋友信之，少者怀之。”

这节课又接近下课，由于整节课都在讨论如何评价人的各种品德和行为，在所有讨论的品德和行为中，哪些是好的，哪些是不好的，都已经一一指出。那么效果如果呢？孔子接下来提问两位学生。

孔子叫颜渊和子路站起来，说：“上面我们讨论了那么多人物，你们两位何不谈一谈你们的志向？”

子路说：“我的志向是有车马，有锦衣玉食，与朋友共享富贵，那样我就死而无憾了。”

颜渊说：“我愿行善成为人的习惯，劳动成为人的自觉行为。”

子路反问孔子：“老师，我们也想听听您的志向。”

孔子说：“我愿老人能安享晚年，朋友能有诚信，小孩能有人关怀。”

此处,“盍”,作“何不”解。“敝”作“弃”解,也即放弃性命。“无伐善”就是不妨碍人行善,不强制人行善,使行善成为人的习惯。“无施劳”就是妨碍人劳动,不强制人劳动,使劳动成为人的自觉行为。

孔子的两个得意门生,一文一武,两人都学到直爽和坦率。教学效果不错。

子曰:“已矣乎!吾未见能见其过而内自讼者也。”

子曰:“十室之邑,必有忠信如丘者焉,不如丘之好学也。”

最后,孔子用两句话结束这堂课。

孔子说:“算了吧!当今天社会,我还没有看到一个能正视自己的过错,并对自己的过错自责的人。”

孔子说:“我算什么呢!在我们周围,必定有像我一样尽忠守信的人,但他们都不如我好学。我只是笨鸟先飞而已!”

真想不到,这节课居然以这样的方式结束。圣人都把自己的情绪带到课堂,何况一般教师。看来,从孔子身上,确实有学不完的东西。这也算是《论语》的一个插曲吧。以古看今,两千多年了,一切事情,好似就发生在今天。

雍也第六

这是上节课内容的继续。

老师:孔子。

学生:雍也、公西赤、颜回、原思、……

几位当官的也来听课,他们是:哀公、子桑伯子、季康子、……

课的内容:讨论学生评定。

子曰:“雍也❶可使南面。”

上课。

孔子开门见山地说:“冉雍有帝王之相,可以做大官。”

这话出自孔子之口,颇有些意外。而这也正是孔子教学艺术之一,集中力量,营造教学氛围,通过意外事件产生吸引学生注意力的效果。

雍也出身不好。“冉雍,字仲弓,伯牛之宗族,生于不肖之父,以德行著名。”❷孔子看人注重品德,不看出身,英雄不论出处。冉雍后来成为大儒,与孔子的评价不无关系。

“南面”,古代以坐北朝南为尊位,故帝王诸侯见群臣,或卿大夫见僚属,皆面向南而坐。故“南面”指居帝王或诸侯、卿大夫之位。

仲弓因道德文章了得,故孔子说他能当大官。

---

❶ 雍也,即冉雍,字仲弓,鲁国人,孔子学生,比孔子小二十九岁。

❷ 见《孔子家语·七十二弟子解》。

仲弓问子桑伯子[1]，子曰："可也简。"

仲弓曰："居敬而行简，以临其民，不亦可乎？居简而行简，无乃大简乎？"

子曰："雍之言然。"

仲雍听到老师说他能做大官，很高兴，为表谦虚，想问老师应该如何当官，又不好直接问，便拿一个人来说事。

仲弓问孔子，子桑伯子做官做得怎么样？

孔子说："他做官还可以，就是有些不修边幅。"

仲弓说："做官要爱岗敬业，轻车简从，不骚扰百姓，不就可以吗？如果为求简单而马虎从事，那不就乱套了吗？"

孔子说："冉雍说的是。"

孔子说的"简"，是"吾党之小子狂简"的"简"，也即有所为有所不为，孔子当指子桑伯子由于不修边幅对人对事显得有些不敬。而这也正是冉雍举这个例子的目的，因为冉雍想表达"敬而简"的为官之道。冉雍说的"简"就是简单的"简"，"无乃大简乎？"就是什么都简单了事，那只能是乱了套。

哀公问："弟子孰为好学？"

孔子对曰："有颜回者好学，不迁怒，不贰过。不幸短命死矣！[2] 今也则亡，未闻好学者也。"

上一次课，孔子称自己好学："十室之邑，必有忠信如丘者焉，不如丘之好学也。"

现在哀公反问孔子："你的弟子中谁好学？"

孔子回答说："有一位叫做颜回的学生好学。他不迁怒，不贰过。可惜他不幸短命死了！在我现在的学生之中，我还没有看到谁好

---

❶ 子桑伯子，据说是鲁国人，有人说他是一个种桑养蚕的人。这不不符合谈话的场合和内容。权当是一位官员吧。

❷ 颜回，三十一岁卒。

学的。”

在孔子眼里，当时除了他和颜回之外，没有什么人是好学的。孔子评价一个人是否好学只有六个字：“不迁怒，不贰过。”这有点让人丈二和尚摸不着脑袋。

那么，“不迁怒，不贰过”反映孔子什么教育教学思想呢？

学有广义和狭义之分，如南怀瑾先生所言“从这段话又证明了我们的一个观念——学问并不专指文学知识。”[1]从广义的学而言，“不迁怒，不贰过”也就是孔子所说的“苟志于仁矣，无恶也。”无恶便无怒，无怒即无所迁；无恶便无所过，无过即无所二。也就是说，广义的学，只有仁者才是好学之人。

狭义的学，可简单理解为在学校读书的学，学习知识的学。学生学习时会遇到各种问题，如知识太难，学不懂；记忆不好，学过就忘；老师不好，听不懂；同学不好，影响学习；等等，有数不尽的问题，数不尽的烦恼。“不迁怒，不贰过”，就是把所有这一切学习方面的问题，其中所产生的原因，统统回到自己身上去找，不找借口怪罪于人，也不自暴自弃，不在同一个问题、同一个地方犯同样的错误。这也就是孔子所说的“知之为知之，不知为不知，是知也。”

为什么哀公总喜欢听孔子上课？他也像现在的领导一样为了表示对教育的重视而到学校听课吗？

子华[2]使于齐，冉子为其母请粟。子曰：“与之釜。”请益。曰：“与之庾。”冉子与之粟五秉。子曰：“赤之适齐也，乘肥马，衣轻裘，吾闻之也。君子周急不继富。”

原思[3]为之宰，与之粟九百，辞。子曰：“毋！以与尔邻里乡党乎！”

---

[1] 见《论语别裁》。

[2] 公西赤，字子华，鲁人，孔子学生，少孔子四十二岁。

[3] 原宪，字子思，宋人，孔子学生，少孔子三十六岁。

孔子跟学生讲两则故事。

其一：

一次，公西赤到齐国出差，冉求提出给子华的母亲发津贴。孔子表示同意，说："给她六斗四升粟。"冉求觉得太少，要求给多一些。孔子说："那就给她十六斗吧。"到具体发津贴时，冉求自作主张，给了她八百斗粟。孔子知道后说："公西赤这次到齐国出差，出行极尽豪华，这我是知道的，他家不穷。冉求的做法不是君子之所为，君子济贫不济富。"

其二：

孔子说，当年自己当官的时候，原思是总管，津贴是九百斗。原思觉得太多，要求减少。孔子说："不能减！如果你觉得太多，你就用来接济你邻居的穷人吧！"

此处，粟，官员的工资。釜（fǔ），六斗四升；庾（yǔ），十六斗；秉，十六斛（hú，十斗一斛）。

孔子把两件事放在一起来讲，便于学生对比评判。评判结果如何？没有记录。我感兴趣的是孔子教育学生的方式方法。孔子批评冉求假公济私，只说"君子周急不继富"，并没有批评他自作主张的行为，也没有强制他改正错误，收回多给的津贴。孔子也批评公西赤，说他不应该接受这份津贴，也是这一句"君子周急不继富"，也没有强制他退还多出的部分。这样大家面子都好过些，比较容易接受批评。因为这里并没有说明公西赤出差多长时间，是一个月还是一年。妙就妙在孔子接下来说的另一个例子，这个例子为冉求和公西赤提供一种解决问题的方法。孔子的潜台词是：你们看着办吧！

为什么孔子在这时公开这件事？首先，孔子要求学生要直爽、坦率；其次，孔子要求学生"过则勿惮改"；再次，孔子感叹自己的学生不好学。贪欲因而不好学，孔子曾经说过："君子食无求饱，居无求安，敏于事而慎于言，就有道而正焉，可谓好学也已。"孔子要求学生要专心于学问，别搞歪门邪道。

子谓仲弓曰："犁牛之子，骍且角，虽欲勿用，山川其舍诸？"

孔子又说仲弓。

孔子上课很开放，很有意思。他提出一个观点，并不是作为绝对的观点，学生可以有不同意见，可以提意见，可以辩论。我们总说"对话"是西方教学的方式，其实，中国古代使用"对话"教学方式并不比西方晚。在两千五百多年前，孔子已经将"对话"作为重要的教学方式，使用得非常娴熟。很可惜，可能记录者故意把提意见的人及其意见大部分省略掉，精彩的对话没有记录下来，所以后人常常感觉孔子突然说一些令人莫名其妙的话。

这里正是这样一种情况。上课一开始，孔子就说仲弓他有帝王相，可以做大官。有些学生不同意孔子的说法，议论说仲弓算什么呢？不就是一个贱人的后代嘛，龙生龙，凤生凤，老鼠的孩子打地洞嘛。

孔子听到学生的议论，只好再做些解释。孔子说，同学们，我们不能这样看人。不能因为仲弓父亲的过错就看不起仲弓，不能因为仲弓父亲的原因就舍才华出众的仲弓而不用，如果我们这样做了，社会也不会答应。

孔子比喻说："好像犁地的老牛，生了一只红色壮实的小牛犊，人们因为老牛低贱的缘故而不用小牛犊，你们认为山川大地能答应吗？"

在这里，孔子再一次以实际行动表达其"英雄不问出处"的思想。孔子的思想和行动，足以使现代人汗颜。

此处，骍(xīng)，赤色的牛。"诸"指"之乎"[1]，"山川其舍诸"即是"山川其舍之乎？"山川其实有国家、社稷之意。

子曰："回也，其心三月不违仁，其余则日月至焉而

[1] 陈大齐，《论语辑释》。

已矣。”

再者，无论是谁，出身高贵也好，出身低贱也罢，道德修养要靠个人的努力，与父辈没有太多关系。

孔子继续谈论刚才的话题，这次用颜回作为例子。孔子说全部弟子中，只有颜回一人可谓好学。即便是这样，孔子说：“像颜回这样的人，也只能做到三个月不违背仁，其他同学便只是三天打鱼四天晒网罢了，高兴的时候装一装仁义道德就是了。”

冉弓的父亲虽然是“贱人”，但冉弓却是一个有志于道的人，我们不应该戴着有色眼镜来看冉弓，“苟志于仁矣，无恶也。”当记取。

这里可以看出孔子对仁的要求是非常高的，颜回是他称为仁的学生，而颜回也只能是“其心三月不违仁”。

天下谁仁？

季康子问：“仲由可使从政也与？”

子曰：“由也果，于从政乎何有？”

曰：“赐也可使从政也与？”

曰：“赐也达，于从政乎何有？”

曰：“求也可使从政也与？”

曰：“求也艺，于从政乎何有？”

季康子来听课，是来选人才的。

这倒是一个办法，值得现代人学习。我们现在选教师，太费劲，一道一道程序，搞得人精疲力竭。像孔子他们这样多好，用人单位来个人，听听课，特别是听一听讨论课，再征求学校老师的意见，大体上就可以把人选出来了。

季康子要选拔当官的人，他不提条件，直接选人。孔子却指出条件，再让季康子自己选。孔子好像换一个似的，季康子提出来的三个人，他都不置可否。为什么？

“于从政乎何有？”如何理解？“于从政乎，何有？”

季康子问："仲由能当官吗？"

孔子答："仲由行事果敢，您觉得他能做官吗？"

季康子问："端木赐能当官吗？"

孔子答："端木赐处事通达，您觉得他能做官吗？"

季康子问："冉求能当官吗？"

孔子答："冉求精通艺术，您觉得他能做官吗？"

孔子似乎觉得他们三人都不宜做官，虽然他们各有一方面的长处。然而，冉弓呢？孔子将其比喻为"犁牛之子骍且角"，这是外表；内容方面，孔子也认同冉弓的意见："居敬而行简，以临其民"。这似乎说明，孔子对于什么人可以做官，有一个综合性的指标系统。

我感觉到孔子对学生的了解是十分深入的。这是作为教师的一项基本功。孔子在这方面也为我们树立了典范。

季氏使闵子骞为费宰。闵子骞[1]曰："善为我辞焉。如有复我者，则吾必在汶上矣。"

季氏听了孔子的话，就不坚持要仲由、端木赐、冉求，转而向孔子要闵子骞到费当行政长官。不知道是否因为听了孔子刚才的话，闵子骞当即表示不同意。

闵子骞说："老师，您也替我说说话，辞掉季氏的好意。如若再提起，我只好出走，咱们汶上见。"

闵子骞的态度够坚决的。闵子骞是孔子弟子，名列七十二贤之首，德与颜渊齐名。《史记·仲尼弟子列传第七》云："闵损字子骞。少孔子十五岁。孔子曰 ：'孝哉闵子骞！人不闲于其父母昆弟之言。'不仕大夫，不食污君之禄。"

季氏有眼光，挑的人都是孔子的精英弟子。古今中外，人才都是稀缺资源，各种统治集团都对人才趋之若骛。

---

[1] 闵损，字子骞，鲁人，孔子学生，以德行著名，孔子称其孝焉。

伯牛[1]有疾，子问之，自牖执其手，曰："亡之，命矣夫！斯人也而有斯疾也！斯人也而有斯疾也！"

这是孔子家访的一个例子。

一名叫伯牛的学生病了，孔子到他家看望他。

这里有点奇怪，为什么孔子到学生家探望生病的学生却不进学生的家门，只是通过窗口跟学生拉拉手？朱熹的解释是"牖，南牖也。礼：病者居北牖下。君视之，则迁于南牖下，使君得以南面视己。时伯牛家以此礼尊孔子，孔子不敢当，故不入其室，而自牖执其手，盖与之永诀也。"[2]这是一个想象力丰富的解释，实际情况恐非如此，依照常识，无论居北牖还是居南牖，探访者仍有东、西两面之一的位置可以选择。孔子不进入学生家里探望病中的学生，应该有另外的原因，只是没有看到相关资料。存疑。

孔子自己倒是很坦白，探病不进家门的事，如实介绍，不隐瞒。如此看来，朱熹倒是小气了，还专门为孔子找了一个冠冕堂皇的理由。

另外一个问题，孔子为什么这个时候说这个事例？

孔子告诉大家，他去伯牛家探望病中的伯牛，通过伯牛家南面的窗口，他拉住伯牛的手，说："完了，这是命啊！你怎么会得这种病呀！你怎么会得这种病呀！"

透过孔子语言，想象当时的情境，我们似乎可以感觉到伯牛患的病不是一般的病，甚至是一种当时人们都不愿接近患者的病。孔子不囿于成见，前往伯牛探病，还同病人手拉手。这样一来，孔子此时报告这个事例的原因就清楚了。孔子想向学生表达的是一个人事仁的行为，从把自己的女儿嫁给坐过牢的公冶长，到推荐"贱人"的儿子做大官，到亲自探望遭人唾弃的患病的学生，无不透露出这样的动机。

---

[1] 冉耕，字伯牛，鲁人，孔子学生，以德行著名。

[2] 见《四书集注》。

子曰："贤哉，回也！一箪食，一瓢饮，在陋巷。人不堪其忧，回也不改其乐。贤哉，回也！"

孔子说话，有时说得很清楚，有时说得很模糊。说自己探望伯牛就说得很模糊。这一回说到颜回，又说得很清楚，那就是"人不堪其忧，回也不改其乐。"

孔子说："贤啊，颜回！住在贫民窟里，有上顿没下顿的，别人都叫苦连天，颜回却怡然自得，不改其乐。贤啊，颜回！"

朱熹注："颜子之贫如此，而处之泰然，不以害其乐，故夫子再言'贤哉回也'以深叹美之。"[1]此言差矣。如果仅仅把孔子的话当作是对颜回"贫而乐"的赞美，那么孔子就不成其为圣人了。关于这个问题，孔子说过两话：

子贡曰："贫而无谄，富而无骄，何如？"子曰："可也。未若贫而乐，富而好礼者也。"(《论语·学而第一》)

子曰："富与贵是人之所欲也，不以其道得之，不处也；贫与贱是人之所恶也，不以其道得之，不去也。"(《论语·里仁第四》)

这两句话合起来，说明孔子不主张贫困，不主张刻意过"贫而乐"的生活，而是主张顺应"天道"，不违背仁。这才是孔子赞美颜回之所在。

我一直认为，颜回的"贫"只是一种体验，可惜颜回命短，否则会是一个不一样的颜回。

冉求曰："非不说子之道，力不足也。"

子曰："力不足者，中道而废。今女画。"

孔子对弟子多有批评，直接的、间接的，都有，而且其中也不乏严厉批评。如这节课就有"回也，其心三月不违仁，其余则日月至焉而

---

[1] 见《四书集注》。

已矣。”冉求，就是孔子弟子中对艺术造诣很高的学生，孔子觉得他不适合做官。从现在的观点来看，孔子是对的，搞艺术的人通常比较偏颇，混淆艺术与真实生活的关系。这类人多数也不能正确对待自己，不能正确接受别人的批评。冉求在这里说的这句话，明显有自嘲、反讽的意思。

冉求说："老师，不是我不理解您的道，不是我不欣赏您的道，不是我不喜欢您的道，而是我能力不足呵。”

孔子一听就来气，说："人的能力是不是足够，要在行道的过程之中去检验。你冉求如今尚未行道，就说自己没有能力，这是作茧自缚。”

“今女画”是孔子对冉求的批评，这个批评很有意思。冉求精于艺术，可能绘画也不弱。孔子因材施教，批评学生也很重视学生的个性。

子谓子夏曰："女为君子儒，无为小人儒。”

我想这句话前面应该还有话，就是子夏或是别人问孔子，“老师，您认为子夏怎么样?”孔子的回答很艺术："子夏应该成为儒中的君子，而不是儒中的小人。”

这既可以看成孔子对子夏的评价，也可以看成孔子对子夏的期望。说者有心，听者也应该有意。子夏的发展也说明孔子教育的效果：子夏是孔子的著名弟子，被认为是继孔子之后系统传授儒家经典的第一人，对儒家文献的流传和学术思想的发展作出了重大的贡献。

孔子在这里对儒进行分类，但没有定义。何为“君子儒”? 何为“小人儒”? 不得而知。

关于“儒”，我理解是春秋战国时期从事文化活动的人。

孔子对儒作出过一系列规定，其要求之高，恐怕很难有人能达到。

“儒有博学而不穷，笃行而不倦，幽居而不淫，上通而不困，礼之以和为贵，忠信之美，优游之法，慕贤而容众，毁方而瓦合，其宽裕有如此者。

“儒有内称不辟亲，外举不辟怨，程功积事，推贤而进达之，不望其报，君得其志，苟利国家，不求富贵，其举贤援能有如此者。

“儒有闻善以相告也，见善以相示也，爵位相先也，患难相死也，久相待也，远相致也，其任举有如此者。

“温良者，仁之本也；敬慎者，仁之地也；宽裕者，仁之作也；孙接者，仁之能也；礼节者，仁之貌也；言谈者，仁之文也；歌乐者，仁之和也；分散者，仁之施也；儒皆兼此而有之，犹且不敢言仁也。其尊让有如此者。”❶

子游❷为武城宰。子曰：“女得人焉尔乎？”曰：“有澹台灭明❸者，行不由径。非公事，未尝至于偃之室也。”

子游到武城当行政长官。武城是鲁国的邑名，在今山东费县西南。子游是孔子的著名弟子，以文学著名。孔子对子游当官有些不放心。

孔子的问话很奇怪，“女得人焉尔乎？”一连用三个助词，焉、尔、乎。孔子是语重心长的谆谆教诲，还是因为对子游当官不放心而表现出来的焦虑？

孔子让子游找能辅助自己的人才。

孔子向学生报告自己与子游谈话的事。这事发生在子游到武城当官之后。

孔子问：“你究竟找到辅助你的人才没有啊？”

子游答：“有个同学叫澹台灭明，他行事光明正大，不是公事就不到我的办公室。”

看起来，子游有些答非所问。子游发现的这个人，也是孔子的学

---

❶ 见《礼记·儒行》。

❷ 言偃，字子游，鲁人，孔子学生，以文学著名。

❸ 澹台灭明，字子羽，武城人，孔子学生，少孔子四十九岁。

生。据说，他相貌丑陋，孔子有“以容取人乎，失之子羽”之叹。是不是孔子重视人才？还是孔子委托子游去寻找子羽，以弥补自己“以容取人”的失误？可能孔子还吩咐子游要给子羽安排工作。如果是后者，那么，这句话就可以有另外的解读。

孔子问：“子游呀！我让你找的人你究竟找到没有呵？”

子游答：“老师，我找到了，他叫澹台灭明。此人行事光明正大，从不走歪门邪道，除了公事之外，他从不来我的办公室。”

如此解读，思路似乎更加清晰。孔子对学生的关注已超出学校教学之外，这是非常难得的，非一般教师所能做到。这也可能是中国教育传统之一。

子曰：“孟之反❶不伐，奔而殿。将入门，策其马，曰：‘非敢后也，马不进也。’”

孔子讲故事。这个故事被后人称作“孟之反不伐”，即孟之反不邀功，有美德。

善于利用故事是孔子教学艺术的特点之一。

“孟之反不伐”：“师及齐师战于郊，齐师自稷曲，师不逾沟。樊迟曰：‘非不能也，不信子也。请三刻而逾之。’如之，众从之。师入齐军，右师奔，齐人从之，陈瓘、陈庄涉泗。孟之侧后入以为殿，抽矢策其马，曰：‘马不进也。’”❷

这个事件牵涉到鲁国“三桓”，还有孔子的两个学生，冉求和樊迟，当时冉求刚到季氏为宰，在冉求的竭力劝说下，季氏才肯出兵。

孔子讲的这个故事，被记录的人浓缩为两句话。在课堂上，这样说话是难以产生教学效果的。可能的情况是，孔子说：“哀公十一年，齐国入侵鲁国，鲁军大败。鲁军退却的时候，孟之反殿后，掩护军队退却，非常勇敢。军队安全返回。当军队即将进入国门时，孟之反策

---

❶ 孟之反，鲁国大夫。

❷ 见《春秋左传·哀公十一年》。

马到前面，告诉国人，不是我孟之反勇敢而殿后，而是我的马跑不快而落在后面。”

孟之反不自夸功，是一个有美德的人。

子曰：“不有祝鮀[1]之佞，而有宋朝[2]之美，难乎！免于今之世矣！”

孔子刚谈到“孟之反不伐”，然而，孟之反的行为颇有些造作，敢做不敢当，还要假借客观，公开表白自己之所以“殿后”并非出于自愿。可见当时社会人与人之间的关系是多么复杂，社会环境是多么险恶，连一名大夫的勇敢行为都不能被容忍！社会崇尚佞人！于是，孔子在讲完“孟之反不伐”后，有感而发：

“难啊！同学们。即使有宋朝之美貌，而没有祝鮀的巧言令色，在今天的社会里，恐怕也难以混出一个名堂来！”

圣人如孔子者，尚且有如此之感叹，况乎常人。孔子的学生真幸运，他们的老师绝不是一个书呆子。

子曰：“谁能出不由戶？何莫由斯道也？”

战乱不断，政治黑暗，文化凋零，人心不古，这样的国家是否还有出路呢？出路在哪里呢？孔子由感叹而带出问题，他问学生：“谁能出屋不经门？社会发展也有一道门，人生修养也有一道门，歪门邪道走不通，为什么不走正道？”

出路就是走正道，就是孔子指出的道。

孔子相信社会发展是有路可走的。

户，《康熙字典》注：“【说文】护也。【释名】所以谨护闭塞也。【六书精薀】室之口也。凡室之口曰户，堂之口曰门。内曰户，外曰门。一扉曰户，两扉曰门。”

---

[1] 祝鮀，卫国大夫，字子鱼，能言善辩。

[2] 宋朝，宋国公子，出奔在卫国，是一个美男子。

子曰："质胜文则野，文胜质则史。文质彬彬[1]，然后君子。"

大体上说，孔子之道就是"中庸"，是形式与内容的和谐统一。

孔子说，"一个人如果质胜文，则表现粗野、桀骜不驯；如果文胜质，则表现虚浮、装腔作势。一个人首先要做到表里如一，文质彬彬，然后才能成为君子。"

这是孔子为他的学生开出的"道"。

此处，"质"，《康熙字典》注："【易·系辞】原始要终，以为质也。【注】质，体也。"也即是人的原始属性。"文"，《康熙字典》注："【疏】发举则有文谋。又【礼·礼器】先王之立礼也，有本有文。忠信，礼之本也。义理，礼之文也。【史记·乐书】礼自外作，故文。【注】文犹动，礼肃人貌。貌在外，故云动。又【礼·乐记】礼减而进，以进为文。乐盈而反，以反为文。【注】文，犹美也，善也。"也即是人的文化属性。"史"，《康熙字典》注："【说文】记事者也。【玉篇】掌书之官也。……，【礼·曲礼】史载笔，士载言。"我理解，"史"指"矫饰"、"虚浮"、"琐碎"、"假正经"等。

子曰："人之生也直，罔之生也幸而免。"

朱熹引注："程子曰：'生理本直。罔，不直也，而亦生者，幸而免尔。'"[2]

陈大齐引注："正义曰：此章明人以正直为德，言人之所以生于世而自寿终不横夭者，以其正直故也。罔，诬罔也。言人有诬罔正直之道而亦生者，是幸而获免也。"[3]

我不知道孔子的原意是否如上面的解读。如果我作如下断句：

---

[1] "文质彬彬"已成为成语。

[2] 见《四书集注》。

[3] 见《论语集解》。

“人之生也，直罔之生也，幸而免。”怎么解读呢？

“直罔”是一对矛盾，诚实或虚伪、直率或委婉、忠诚或狡猾，等等。

孔子说：“人生是一个矛盾的综合体，或诚实或虚伪，或直率或委婉，谁也不能幸免。”

子曰：“知之者不如好之者，好之者不如乐之者。”

这已成为一句教育名言，人们常用它来说明培养学生学习兴趣的重要性。

朱熹对这句话进行扩张性的解读：“张敬夫曰：‘譬之五谷，知者知其可食者也，好者食而嗜之者也，乐者嗜之而饱者也。知而不能好，则是知之未至也；好之而未及于乐，则是好之未至也。此古之学者，所以自强而不息者欤？’”❶

这种解读丰富了我们的教育思想，也即是指出了学习的三个层次：知之、好之、乐之。

孔子的原意是不是指读书学习？知道的东西，不如爱好的东西；爱好的东西，不如快乐的东西。

令人费解。

联系上文，另一种解读则是：孔子告诉学生如何选择人生道路。既然人生是一个矛盾的综合体，每个人便都面临着选择。选择什么呢？孔子的结论是选择“乐之者”，我管这叫“快乐原则”。人生选择无所谓对错，有人追求知(智)，有人享受快乐，而“快乐原则”便是遵循人性。这与“苟志于仁矣，无恶也”是一脉相承的。

这是圣者的胸怀。与说教的教育形成鲜明的对照。

子曰：“中人以上，可以语上也；中人以下，不可以语上也。”

---

❶ 见《四书集注》。

这又是一句教育名言，它被认为是对因材施教的解释。

“言教人者，当随其高下而告语之，则其言易入而无躐等之弊也。张敬夫曰：‘圣人之道，精粗虽无二致，但其施教，则必因其材而笃焉。盖中人以下之质，骤而语之太高，非惟不能以入，且将妄意躐等，而有不切于身之弊，亦终于下而已矣。’”❶

孔子把人分成上、中、下三类，并对不同类人采用不同的教学方法。这在当前被称为分层教学，一般认为这是一种行之有效的教学方法。值得注意的是，孔子的思想核心是把人按智力分类，而不是要把人分成多少类。

孔子说：“中等智力以上的人和中等智力以下的人，应该分开教学。”

这就有点像现在的普通高中招生，以学业成绩按约50%的比例把初中毕业生分成两类，分别进入普高和各类技术学校。

“语上”并非指教授高深知识（道理），而是指超越学生学习能力的内容。

同样，我认为还可以有另一种解读，毕竟孔子的教育目的并不是培养教师。从上句，孔子给出人生选择的“快乐原则”，然而不同层次的人也应该有不同的限制，或称人应有自知之明，以避免乐极生悲。

孔子说：“智力中等以上的人可以向更高层次追求，智力中等以下的人不可以好高骛远。”

孔子是个现实主义者。

樊迟问知。

子曰：“务民之义，敬鬼神而远之，可谓知矣。”

问仁。

曰：“仁者先难而后获，可谓仁矣。”

---

❶ 见《四书集注》。

樊迟可能是个多面手，在《论语·为政第二》里，樊迟一边驾车，一边听孔子讲“孝”，孔子说孝就是“无违”，樊迟不明白，孔子解释说：“生，事之以礼；死，葬之以礼，祭之以礼。”那时的樊迟略显被动，孔子的回答也非常简单，不违背礼就是孝。

现在樊迟主动提问，提的问题也很重要，一问知，二问仁。孔子的回答非常令人费解。“知”有多种解读，知识、智慧、明智，等等。樊迟所问的“知”是指什么？我以为只能从孔子的回答来推测。

前提：务民之义，敬鬼神而远之；

结论：可谓知矣。

“务民之义”，可以简单理解为“服务民众的要义”，进而引申出“欲化民成俗”。

孔子说：“欲化民成俗，就要使民众能敬鬼神而远之，这样的民众就可以算是有智慧了。”也就是说，樊迟所问的“知”，是如何使人生活有智慧的“知”。

樊迟又问仁。

孔子说：“吃苦在前，享受在后的人，就可以称为仁者了。”

子曰：“知者乐水，仁者乐山；知者动，仁者静；知者乐，仁者寿。”

孔子把“知”和“仁”的问题说得太具体，担心樊迟误解，于是作进一步补充，说明“知”与“仁”的区别。

朱熹有一个很简洁的注解：“知者达于事理而周流无滞，有似于水，故乐水；仁者安于义理而厚重不迁，有似于山，故乐山。动静以体言，乐寿以效言也。动而不括故乐，静而有常故寿。程子曰：‘非体仁知之深者，不能如此形容之。’”❶

我特别欣赏“非体仁知之深者，不能如此形容之”的评价。所谓“水、动、乐；山、静、寿”都只是某种比喻，至于它们是什么，可能只有

❶ 见《四书集注》。

孔子才知道。这就如读书，师傅领进门，修行靠个人。

知者乐水，好动，追求快乐。水性变化，随形而变。

仁者乐山，好静，追求真理。

仁者稀有，知者众。

知者，智慧，引申为众人。

孔子通过比较，指出人性的易变性。如何引导人性向善是孔子追求的目标。读书学习是一种办法。“一年视离经辨志，三年视敬业乐群，五年视博习亲师，七年视论学取友，谓之小成；九年知类通达，强立而不反，谓之大成。夫然后足以化民易俗，近者说服，而远者怀之。”❶

子曰：“齐一变，至于鲁；鲁一变，至于道。”

孔子从讲人的问题，话锋一转，谈起社会问题。孔子向学生阐述自己的社会理想。

孔子说：“齐国进行变革，就能像鲁国；鲁国进行变革，就能建成和谐社会。”

孔子心目中的和谐社会是怎么样的社会呢？“孔子曰：‘大道之行也，与三代之英，丘未之逮也。而有志焉，大道之行也，天下为公。选贤与能，讲信修睦，故人不独亲其亲，不独子其子，使老有所终，壮有所用，幼有所长；矜寡孤独废疾者，皆有所养；男有分，女有归；货恶其弃于地也，不必藏于己；力恶其不出于身也，不必为己。是故谋闭而不兴，盗窃乱贼而不作，故外户而不闭，是谓大同。’”❷

子曰：“觚不觚，觚哉！觚哉！”

我们不妨设想孔子当时上课的情形。孔子正在讲自己的社会理想，他举了很多当时社会的消极现象，讲到伤感之处，顺手拿起讲台

❶ 《礼记·学记》。

❷ 《礼记·礼运》。

上的觚，双手把觚高高举起，说："什么都变得不像样了，就像这只觚，已经变得觚不像觚了。可怜的觚啊！可怜的觚。"

"觚，行礼酒器。上圆下方，容二升。"❶据此，我感觉到孔子举起的觚是一个残破的觚，而这也说明孔子上课的地方是简陋的，用具是老旧的。从古至今，教育都是忍辱负重的工作。也可以理解为孔子借破觚的自我调侃。

"觚，寡也。饮当寡少。"❷据此，则可以理解为孔子因对自己无力改变社会现状，而有孤家寡人之叹。

孔子教学，从不矫情，从不隐瞒自己的观点。

宰我问曰："仁者，虽告之曰：'井有仁焉。'其从之也？"子曰："何为其然也？君子可逝也，不可陷也；可欺也，不可罔也。"

这堂课，孔子已是第二次发出感叹。第一次感叹社会任人唯亲，贤能者得不到重用，巧言令色者则横行于世："不有祝鮀之佞，而有宋朝之美，难乎！免于今之世矣！"第二次感叹社会变得礼崩乐坏，不是我不理解，是社会变得太快："觚不觚。觚哉！觚哉！"孔子显得有些无可奈何。樊迟问仁，孔子给出一个莫名其妙的回答："仁者先难而后获，可谓仁矣。"如果孔子的说法成立，那么当今那些醉心于健身，却终日无心于公事的人，其行为都是仁义的行为了。因为健身是非常辛苦的事情，自己辛苦，而后获瘦。

宰我，就是孔子的那位体弱多病的学生，曾因为旷课遭同学揭发，孔子对他有"朽木不可雕也"的评价。正当孔子还沉浸在自我感叹之中的时候，宰我站起来，给老师出了一个两难问题。我们也可以理解为当时课堂很沉闷，宰我开一个玩笑，以便活跃课堂气氛。在此，我们又一次感受到孔子上课的自由与活力。假如宰我生活在今

❶ 见《论语新解》。

❷ 见《康熙字典》。

天，在课堂上问同样的问题，轻则老师会说“坐下，提问要举手。”重则老师会说：“闭嘴。没有人让你说话，说什么乱七八糟的东西，不说话会死吗？”

孔子的学生真幸运。

宰我问：“老师，假如有人告诉一位仁者，说水井里有仁义，您说这位仁者会跳到水井里取仁义吗？”

全班同学为之一笑。孔子也乐了。

孔子说：“你们认为这可能吗？作为君子，我们可以去看一看，但不可能往水井里跳；君子可以被欺骗，不可以被迷惑。”

有意思的是，宰我问的是“仁者”，孔子答的是“君子”。“仁者”和“君子”在孔子思想体系中并不是同一个层次的人。孔子是有意偷换概念吗？

子曰：“君子博学于文，约之以礼，亦可以弗畔矣夫！”

宰我的诘问，其实是对“腐儒”的讽刺。我总感觉，这个对话是孔子师生有意设计的“双簧”，要达到某种教育目的。

孔子说，“君子可欺也，不可罔也。”这可不是太容易做到的事情。人要做到受欺而不罔，很难。时至今日，不时有各类“教主”问世，而与此同时，某些被认为是“君子”的社会名流，也还会自投“教主”门下，成为“教主”的门生。

孔子是深知教育之难的。用现在的话说是“五加一等于零”，就是说五天的学校教育不如一天的社会影响。那么，怎么办呢？孔子的结论是八个字：

“博学于文，约之以礼。”

也就是说，学生要加强文化修养，博览群书，吸收古今中外优秀的文化遗产。只有“博学于文”还是不够的，还要自觉以《礼记》的规范来约束自己的行为。只有这样，才能明辨是非，才能做到“可欺也，不可罔也”。

子见南子，子路不说。

夫子矢之，曰：“予所否者，天厌之！天厌之！”

如果没有背景材料，就不可能读懂这句话。放在课堂背景下，这是孔子的学生举的例子。联系上文，这个例子与宰我的诘问有相同的目的。通俗地说，就是不能读死书，不能教条主义，要灵活处理问题。

孔子也真大度，允许学生在课堂上拿老师开涮。

司马迁在《史记·孔子世家》里有这样的记载：“灵公夫人有南子者，使人谓孔子曰：‘四方之君子不辱欲与寡君为兄弟者，必见寡小君。寡小君原见。’孔子辞谢，不得已而见之。夫人在絺帷中。孔子入门，北面稽首。夫人自帷中再拜，环佩玉声璆然。孔子曰：‘吾乡为弗见，见之礼答焉。’子路不说。孔子矢之曰：‘予所不者，天厌之！天厌之！’”

也就是说，孔子确实见了南子。南子是卫灵公的夫人，一位名声不好的美女。学生在课堂上提起的就是这件事。做课堂实录的人也不加删节，把这件保留了下来，而且把它永久保存有《论语》中。这本身就很有趣，它说明孔子做了一件应该做的事，也为后人阅读《论语》平添了几分乐趣。孔子见一位美女，见了就见了，有什么大不了的。一件平常事，被历代儒家搅成大事。

如果孔子不见南子，那他就不是孔子。孔子曾说：“我未见好仁者恶不仁者。”子路无知，试图阻止孔子去见南子。孔子不从。孔子向子路陈述必须见南子的理由。孔子说：“如果我不见南子，我哪里还有资格传道，我哪里还资格传道！”

这是一件平常事。

现在就没有像孔子这样的人，如果有像孔子这样的人见一见类似马加爵这样的人，现在的很多悲剧都可能避免。

子曰：“中庸之为德也，其至矣乎！民鲜久矣。”

凡事不可以走极端，不能囿于成见，孔子通过亲身经历的两件事为学生作出榜样。

第一件：伯牛有疾，子问之，自牖执其手，曰："亡之，命矣夫！斯人也而有斯疾也！斯人也而有斯疾也！"

第二件：子见南子，子路不说。夫子矢之，曰："予所否者，天厌之！天厌之！"

孔子用"中庸"来表达这类行为。

孔子说："中庸作为一种道德行为，它是至诚的。然而，长久以来，世人就缺少中庸。"

"德"作"道德行为"解，探望伯牛和会见南子都被孔子认为是道德行为。"其"指"中庸"。"至"做"至诚"。我以为，在这里，孔子所说的中庸，只是就上述两个事例而引出的，其目的是教育学生如何处理社会和个人问题，特别是针对子路这样脾气暴躁的学生的教育，并因此把它作为仁义行为的一种表达。

子贡曰："如有博施于民而能济众，何如？可谓仁乎？"

子曰："何事于仁，必也圣乎！尧舜其犹病诸！夫仁者，己欲立而立人，己欲达而达人。能近取譬，可谓仁之方也已。"

作为这节课的结尾，孔子提问子贡，让子贡谈听课的收获。

孔子上课，从课的引入，到课的结束，都作了精心的安排，课的结构性和层次性都非常清晰。子贡深知老师的偏好，问的问题也正合孔子的心意。

子贡说："如果有人能博施济众，老师觉得这个人怎么样？这个人称得上仁吗？"

孔子说："这样的人何止称为仁，那必定是圣人了，这可是连尧舜都做不到的事啊！所谓仁者，就是自己爱好成功而后才能帮别人成功，自己喜爱发达而后才能帮别人发达。能将心比心，推己及人，就是仁义行为了。"

细心读这句话，我感觉到孔子是在给子贡泼冷水，语气也颇有调侃之味。孔子所指的仁义其实很简单，如颜回，“一箪食，一瓢饮，在陋巷。人不堪其忧，回也不改其乐。”如孔子自己探望伯牛，会见南子。也就是说，仁义行为并不需要“博施济众”。如果要做到“博施济众”才算是仁义，那么穷人都成不仁不义之人了。

所以孔子调侃说:“何事于仁，必也圣乎！尧舜其犹病诸!”。

孔子告诉子贡，只要能做到“能将心比心，推己及人”就是仁义行为了。这其实也可以看做孔子批评学生的艺术。

述而第七

一部《论语》,凡二十篇,每一篇都以第一句涉及的人名或事件名为标题。为什么这样命名?也许有特殊意义,但我至今搞不清楚。

这是一次讲座。

主讲人:孔子。

参加人员:孔子的学生。

讲座期间有孔子与学生之间的互动,有学生私下的议论。

会议记录人很有水平,令人感叹,就像会场内装有录音设备。

子曰:"述而不作,信而好古,窃比我于老彭。"

这是一句开场白,现在很常见,没想到古时就有。

中国文化,源远流长。

孔子很谦虚,一上台就自谦一番。

孔子说:"同学们,我没有什么著作,只是由于爱好并笃信古代文化,对古代文化做一些整理工作。私底下,我以老子和彭祖作为自己学习的榜样。"

"述",著述,作"终人之事,纂人之言"解。[1]

"老彭","老彭是两个人。老,是老子;彭,是彭祖,名彭籛。"[2]

用现在眼光来看孔子,当时孔子删诗书、定礼乐、释易辞、作春秋,影响很大,备受称赞,因此应邀到处作报告。因而就有每场报告

---

[1] 见《康熙字典》。

[2] 南怀瑾,《论语别裁》。

的开场白:“述而不作,信而好古,窃比我于老彭。”

“述而不作”应该是老师的基本功,“信而好古”应该成为老师的基本品格,特别是中小学老师。

子曰:“默而识之,学而不厌,诲人不倦,何有于我哉!”

孔子的学问从哪里来的呢?学习是否有什么诀窍?这是人们关心的问题,特别是孔子的学生,他们更加关心孔子读书做学问的方法和态度。学生们或公开或私下议论这些问题。可以认为,这句话就是孔子对这些问题的回应。

孔子说:“同学们,我读书学习没有什么诀窍,和你们的学习没有什么两样,静观事物的变化,沉思观察的结果,反思自己的言行,做到学而不厌,诲人不倦。”

当代关于知识分类有“默会知识”一说,所谓“默会知识”,是指一种只可意会不可言传的知识,一种经常使用却又不能通过语言文字符号予以清晰表达或直接传递的知识。[1]“默而识之”即是通过静观、沉思、反思而获得的知识,这样得来的知识既有显性的知识,更有默会的知识。孔子之所以能做到“学而不厌,诲人不倦”,便是因为他能够“默而识之”的缘故。

学有所得而不厌,教有所得而不倦,默而识之,教学相长。孔子的人生观和教育观是合二为一的。

子曰:“德之不修,学之不讲,闻义不能徙,不善不能改,是吾忧也。”

曾子之忧是“为人谋而不忠乎?与朋友交而不信乎?传不习乎?”故每日三省。

孔子之忧有四:“德之不修,学之不讲,闻义不能徙,不善不

---

[1] 波兰尼著,许泽民译,《个人知识》,贵州人民出版社,2000年11月版。

能改。”

孔子为什么有此四忧？是忧国？还是忧自己？

朱熹认为孔子忧自己，担心自己修炼不够。[1]

我不同意。孔子说完自己的学习经验之后，话锋一转，转到社会现象上来，当代“学者”作报告，也还沿用同样的模式。

孔子说：“当今社会，礼崩乐坏，人不修德行，国不讲教育；有正道不能走，有不善不能改，真令我担忧呀！”

孔子之忧，是忧国忧民，“德不修，学不讲，义不从，善不改”，国将不国，孔子于是担忧。

古代有孔子之忧，今天有谁为此而忧？

子之燕居，申申如也，夭夭如也。

孔子经常也有愤世嫉俗的表现。

孔子谓季氏，“八佾舞于庭，是可忍也，孰不可忍也！”

季氏旅于泰山。子曰：“呜呼！曾谓泰山不如林放乎！”

伯牛有疾，子问之，自牖执其手，曰：“亡之，命矣夫！斯人也而有斯疾也！斯人也而有斯疾也！”

这与子贡心目中“温良恭俭让”的孔子似乎不同。孔子讲自己对社会“德不修，学不讲，义不从，善不改”的担忧时，可能有些激动。此举又引来学生们私底下的议论。

学生们议论说，闲暇无事之时，老师非常爽朗，非常活泼愉快，怎么现在又变得如此愤世嫉俗呀！

我读《论语》的体会：孔子是性情中人！南怀瑾先生说：“他乐的是人生的平淡，知足无忧，愁的不是为己，为天下苍生。”[2]

子曰：“甚矣吾衰也！久矣吾不复梦见周公。”

---

[1] 见《四书集注》。

[2] 见《论语别裁》。

这是因疲惫而发出的感叹。这种感叹常发自有理想追求，有雄心壮志的人之口。

孔子说："哎，我老了，不中用了，连梦都不会做了！"

孔子以周公为榜样，致力于发扬周公之道，弘扬文化传统，构建以仁爱为基础的文化，但每每受挫，各诸侯不买账，现在就连弟子也不能理解，孔子只好自叹老朽了。

我们设想孔子听到学生们的议论，便自我调侃地说，是啊！我不应该有激情了。我已经太老了，我已经好久没有梦见周公了。我只配过申申如也、夭夭如也的闲居生活了！

"甚矣"、"久矣"作状语，分别修饰"衰"和"不复梦"。未知可否？一个"复"字把孔子"信而好古"的精神表达得恰到好处。

子曰："志于道，据于德，依于仁，游于艺。"

换一个角度来读"甚矣吾衰也，久矣吾不复梦见周公"。

我的直觉。这是孔子对完成自己理论创新的宣言。

孔子思想源于殷周，是对殷周思想的继承和发展，既然孔子已经久没有梦见周公，说明孔子已经摆脱周公思想的束缚，已经形成自己的思想。孔子借助这次讲座，公开阐述自己思想的基本框架，那就是：志于道，据于德，依于仁，游于艺。

志于道。朱熹认为是"人道"。[1] 不妥。孔子的"道"与老子的"道"是相通的，是"道，可道，非常道"的"道"。也即是宇宙的最高法则。这是思想的目标，志存高远，"朝闻道，夕死可矣"。

据于德。"德"指六德：知、仁、圣、义、中、和。[2] 这是理论的行动法则。

依于仁。"仁"，子言之"仁者，天下之表也。"[3]"依"，"根据"的另

---

[1] 见《四书集注》。

[2] 见《康熙字典》。

[3] 《礼记·表记》。

一种表达，也是理论的行动法则。

“德”与“仁”构成孔子“道”的外显行为。

游于艺。“游”，自然往返于各个不同的领域，或各个领域任由驰骋。“艺”，指“六艺”，即礼、乐、射、御、书、数。

“艺”构成“德”与“仁”行为的内容和范围。

然而，从教学的角度看，“志于道，据于德，依于仁，游于艺”更像是一种教学理论框架，联系下文，我认为孔子的原意是讲教学。

游于艺，即是讲课程。“大学之教也时，教必有正业，退息必有居学。不学操缦，不能安弦；不学博依，不能安诗；不学杂服，不能安礼；不兴其艺，不能乐学。故君子之于学也，藏焉，修焉，息焉，游焉。夫然，故安其学而亲其师．乐其友而信其道。是以虽离师辅而不反。”❶孔子教学，为学生设置广泛的科目内容，教授修学的方法，提出修学的目标，即是要求学生达到“游”的状态：安其学而亲其师；乐其友而信其道；虽离师辅而不反。

依于仁，即是讲师德。“今之教者，呻其占毕，多其讯言，及于数，进而不顾其安，使人不由其诚，教人不尽其材；其施之也悖，其求之也佛。夫然，故隐其学而疾其师，苦其难而不知其益也。虽终其业，其去之必速。教之不刑．其此之由乎。”❷这是缺乏师德者的教学行为，不依仁而教，不顾学生的实际，随意教学，结果只能是“虽终其业，其去之必速。”

据于德，即是讲教学方法。“德者，得也。”“大学之法，禁于未发之谓豫，当其可之谓时，不陵节而施之谓孙，相观而善之谓摩。……故君子之教喻也，道而弗牵，强而弗抑，开而弗达。道而弗牵则和，强而弗抑则易，开而弗达则思。和易以思，可谓善喻矣。……教也者，长善而救其失者也。”❸教学得法，方有所得，“德行之得也。”

志于道，即是讲教育目标。

---

❶❷❸ 《礼记·学记》。

子曰："自行束脩以上，吾未尝无诲焉。"

如果孔子九泉之下有知，那真不知道他是应该笑还是应该哭？

为什么这句话会有如此多的解读？

我有一个另类的想法。又一个教师节快到了，网上有人倡导教师节不收礼，有人建议取消教师节。在这样的背景下，重温孔子的这句话，我不由得默然而笑。

朱熹注："脩，脯也。十脡为束。古者相见，必执贽以为礼，束脩其至薄者。盖人之有生，同具此理，故圣人之于人，无不欲其入于善。但不知来学，则无往教之礼，故苟以礼来，则无不有以教之也。"❶可能是有人埋怨孔子，把一些聪明的人拒之门外，或者不能公平对待学生，孔子大叫冤枉：只要他拿一束肉干送给我，我哪有不教他呢？孔子被视为中国教师的祖师，祖师爷要收礼才教育学生，今日教师收礼，岂不也是以孔子为榜样吗？

想到这里，朱熹的解读，难道是"以小人之心度君子之腹"？我不信朱熹的解读。

为什么？

颜渊，孔子的首席弟子，穷到不能再穷了，"一箪食，一瓢饮，在陋巷。"

公冶长，"可妻也。虽在缧绁之中，非其罪也。"孔子于是"以其子妻之"。

伯牛，患恶病到无人理的地步，然而，"子问子，自牖执其手"。

这样的孔子，不可能以"束脩"为条件而教人。

我比较接受这样的解读。"郑君云：'束脩谓年十五以上也。鲁读诲为悔，今从古。"❷据此，考虑到孔子曾经这样总结自己的经历："吾十有五而志于学，三十而立，四十而不惑，五十而知天命，六十而耳顺，七十而从心所欲，不踰矩。"我认为，孔子是后悔自己十五岁才

❶ 见《四书集注》。

❷ 陈大齐，《论语辑释》，华夏出版社，2010年第1版，第97页。

立志读书。

孔子说："我十五岁才志于学，对此我未尝不后悔呀。（我不是不后悔呀。）"

子曰："不愤不启，不悱不发，举一隅，不以三隅反，则不复也。"

孔子后悔自己立志求学的时间太晚，十五岁才志于学，这表明孔子对学习心理有了进一步的认识。现代心理学研究表明，人的学习存在一定关键期，如果错过关键期，可能对人的后期发展产生显著的难以挽救的影响。

那么，在孔子看来，一个人何时开始学习才合适呢？老师什么时候施教才合理呢？

孔子说："教一个人，要不愤不启，不悱不发。如果他不能举一反三，说明他还不具备学习能力，就不要继续下去，要另想办法。"

孔子指出：

具备学习的心理状态："愤悱"；

教育教学方法："启发"；

教学有效的标志："举一反三"。

否则，就不能继续教学（学习）。没有达到一定的心理条件，反复操练，这样的教学，从孔子年代就已经不合适了。可惜，当今教育，有谁能理解孔子的苦衷呢？

子食于有丧者之侧，未尝饱也。子于是日哭，则不歌。

这是不是记录人把别人议论孔子的话也记录下来？

孔子曾经是做什么的？孔子早年丧父，家境贫寒，他自称"吾少也贱，故多能鄙事"，包括替别人主持丧礼。

这句话似乎是有人在议论孔子，提到孔子小时候的事。如果我的猜测是真的，那么原因可能是孔子自己引起的。孔子认为自己"志于学"太晚，影响自己的发展，这使人联想到孔子十五岁之前从事什么职业的问题，于是便有了各种各样的议论。

其中之一就是：少年孔子为别人主持丧礼，不但常常吃不饱饭，还要整日陪哭。

我常想，是不是因为少年孔子的艰辛，才使他对学生颜渊的惺惺相惜？

李泽厚先生翻译："孔子在死人亲属旁边吃饭的时候，总吃不饱。孔子在这一天哭过，便不再唱歌。"[1]

子曰："非其鬼而祭之，谄也。"这种解读似乎并不符合孔子的处事原则。

子谓颜渊曰："用之则行，舍之则藏[2]，唯我与尔有是夫。"

子路曰："子行三军，则谁与？"

子曰："暴虎冯河，死而无悔者，吾不与也。必也临事而惧，好谋而成者也。"

孔子唯独喜欢学生颜渊，这可能与他们两人都经历过苦难有关。回顾孔子对颜渊的评价，也能感觉到孔子对人生经历的关注。

子曰："吾与回言终日，不违如愚。退而省其私，亦足以发。回也，不愚。"

子谓子贡曰："女与回也孰愈？"对曰："赐也何敢望回。回也闻一以知十，赐也闻一以知二。"子曰："弗如也！吾与女弗如也。"

哀公问："弟子孰为好学？"孔子对曰："有颜回者好学，不迁怒，不贰过。不幸短命死矣！今也则亡，未闻好学者也。"

子曰："回也，其心三月不违仁，其余则日月至焉而已矣。"

子曰："贤哉回也！一箪食，一瓢饮，在陋巷。人不堪其忧，回也不改其乐。贤哉回也！"

---

[1] 见《论语今读》。

[2] "用行舍藏"已成为成语。

现在，孔子借助学生对自己少年经历的议论，先对自己和颜渊吹嘘一番。这场面很有意思。孔子在作报告，有人在下面私自议论自己，孔子自我嘲讽似的对颜渊说，正因为我们俩都经历过苦难，所以"我们知所进退。当社会需要时，我们当仁不让；当社会不需要时，我们悄然隐居。当今社会也只有我与你能这样做了。"

孔子说的是"用行舍藏"的问题，也即是对于"出仕与退隐"，"入世与出世"，"进与退"的政治选择与人生态度问题。孔子常常以自己及其弟子作为例子，其实是一种无奈之举，拿别人作为例子会导致问题的复杂化。

子路鲁莽，不了解孔子，总爱与孔子抬杠。子路听了孔子的话，不服气。他问孔子："老师，如果指挥三军打仗，那您带谁去呢？"

言意之下是：您不会带颜渊去吧？那怎么能说颜渊"用之则行"呢？

孔子听了子路的话，可能哈哈大笑，你小子又不服气了？

孔子说："像你这样空手搏虎、徒步涉水过河、不顾死活（有勇无谋，不顾死活）的莽汉，我是不会带上的。只有遇事小心谨慎，善于谋定而后动的人，我才会带上他。"

此处，"惧"，即，"故有知非而虑是，谓之惧。"[1]小心谨慎。

这也难怪，夫子有时说话也不太注意场合，而子路又是那种只听只言片语的人。"季文子三思而后行。子闻之，曰：'再，斯可矣。'"子路直且勇，何须再思，闻之则行，不亦快焉！

子路虽勇，但不是智勇双全，心直口快，挨骂在所难免。子路有点冤枉。

我总觉得，孔子的课堂、会场，就像是真实的生活场景，喜怒笑骂，显得如此自然和谐，如此真心实意。教育即生活，生活即教育，理当是孔子的原创。

---

[1] 见《荀子·解蔽》。

子曰："富而可求也，虽执鞭之士，吾亦为之。如不可求，从吾所好。"

"用行舍藏"表达了孔子关于个人与社会关系的态度。那么，孔子如何对待"富"的问题呢？

子曰："富与贵，是人之所欲也。不以其道得之，不处也。"孔子并不反对富裕，而是反对不择手段致富，反对为富不仁。那么，致富的门道在哪里呢？

孔子说："如果富可以求得，当保安给人家看门我也干；如果富不可以求得，那我就做自己喜欢做的事。求富不能违背仁义，不择手段，否则，我只好独善其身了。"

问题就在于，孔子也知道靠给人当保安看门是无法致富的。所以孔子的话，前半句其实是假设，也就是说，孔子不相信富是可以求得的。既然如此，那么孔子对待富的态度也就是顺其自然。孔子以自食其力的态度对待富，富可求得，则不论工作贵贱；富不可求得，则视而不见，我行我素。

孔子的这个思想为什么不能成为中国社会的财富呢？看今天的社会，多少知识分子，一心想发财，却又不肯去干辛苦的工作赚钱，对工作挑挑拣拣，生怕降低了自己的"身份"，而对利益却斤斤计较。

从教育角度看，孔子的这一思想是值得重视的。凡事要从小事做起，不能歧视工作。

子之所慎：齐，战，疾。

教育的常态：同一个老师教出不同的学生。

究其原因，要数俗语"说者无心，听者有意"最为形象。

教学无小事。

记录《论语》的人也真有本事，既能记录孔子的言行举止，还能随时捕捉孔子周围发生的事情。上面这两句话，也可以看作一个小插曲。孔子讲"用行舍藏"和对财富的态度，一些学生却只听到孔子与子路的对话，子曰："暴虎冯河，死而无悔者，吾不与也。必也临事而惧，好谋而成者也。”并从中听出孔子的谨慎。于是又有学生与孔子探讨问题，记录人没有记录是谁与孔子探讨问题，估计是不怎么出名的学生。

学生说：“老师一生谨慎，尤其是在齐、战、疾三个方面。”

可以从两个层面来看。

国家层面：文明（礼仪）、战争和疾病，孔子认为一个国家要谨慎处理好这三件事。

个人层面：斋戒、争端和健康，孔子认为每个人都要谨慎做好这三件事。

“齐”的古义作“斋”。[1] 也即是“礼”的问题，在国家表现为文明问题，在个人表现为孝（斋戒）的问题。

子在齐闻《韶》，三月不知肉味。

曰：“不图为乐之至于斯也。”

上一句的“齐”字，历来都解读为“斋”，而这一句的“齐”字，就被认为是指“齐国”。如果把上一句的“齐”也理解为“齐国”，那会是怎么样呢？

“子之所慎：齐、战、疾。”即是，有学生说孔子平常谨慎对待的是齐国、战争和疾病，今天怎么担心起工作和生活来了？

我做如下断句：

子在齐，闻韶三月，不知肉味。曰：“不图为乐之至于斯也。”

学生说，老师在齐国，由于听《韶》乐，弄得茶饭不思，神魂颠倒。从此便谨慎对齐国。孔子辩解说：“我不是因为贪图《韶》乐的美妙才慎重对待齐国的。”

“三月”是泛指，不是说具体准确的时间。

那么，孔子为什么会因为闻《韶》而谨慎对待齐国呢？

在《论语·八佾第三》里，孔子对《韶》乐的评价是：“尽美也矣，又

[1] 见《康熙字典》。

尽善也。”也就是说，孔子深知《韶》乐对人的思想道德和社会文明的影响作用，他由此看到齐国的发展潜力，而为鲁国的乱象而担忧。因此，在对待齐国的问题上，孔子常常表现出谨慎的态度。

冉有曰：“夫子为卫君乎？”

子贡曰：“诺，吾将问之。”

入曰：“伯夷叔齐，何人也？”

曰：“古之贤人也。”

曰：“怨乎？”

曰：“求仁而得仁，又何怨？”

出曰：“夫子不为也。”

冉有和子贡两人跑到外面干什么？也难怪刚才与孔子对话的人没有具名，孔子的得意门生都到课堂外休息了。

冉有和子贡私下议论老师。

冉有：“子贡，老师对你这么好，你敢不敢问老师是不是想当卫国的国君？”

子贡：“敢，我这就去问。”

子贡回课室，对孔子说：“老师，我有一个问题请教，伯夷和叔齐是什么人呢？”

孔子：“他们都是古代的贤人。”

子贡：“像他们这样贤达的人，对自己的所作所为后悔吗？”

孔子：“追求仁而得到仁的人，又有什么好后悔的呢？”

子贡走出课室，对冉有说：“老师不会想当卫国国君。”

“诺”，相当于现在应答说“是”、“可以”之类，但更谦恭，类似“唯唯诺诺”。这里的“诺”，似乎表现出冉有和子贡嬉戏的场景。

子贡很聪明。他并没有直接问孔子，因为作为学生直接问老师这样的问题是不礼貌的。子贡通过孔子对伯夷和叔齐的评价，推断出孔子没有谋求卫国王位的企图。

伯夷和叔齐是什么人？为什么孔子给他们这么高的评价？

朱熹注："伯夷、叔齐，孤竹君之二子。其父将死，遗命立叔齐。父卒，叔齐逊伯夷。伯夷曰：'父命也'，遂逃去。叔齐亦不立而逃之，国人立其中子。其后武王伐纣，夷、齐扣马而谏。武王灭商，夷、齐耻食周粟，去隐于首阳山，遂饿而死。"[1]商朝后期，孤竹国君生了三个儿子，长子伯夷，幼子叔齐。孤竹君生前有意立叔齐为嗣子，继承他的事业。孤竹国君死后，按照当时的常礼，长子应该即位。伯夷不肯，认为应该尊重父亲生前的遗愿，立叔齐为国君。伯夷放弃君位，逃到孤竹国外。大家又推举叔齐作国君。叔齐也不肯做，认为如果自己当了国君，于兄弟不义，于礼制不合。叔齐也逃到孤竹国外，和他的长兄一起过流亡生活。在没有办法的情况下，人们只好立了中子继承了君位。后因"耻食周粟"而饿死。伯夷和叔齐的让国和不食周粟，以身殉道的行为，得到孔子的大力推崇。

子贡因此认定，推崇伯夷和叔齐的人不会篡夺别人的王位。

子曰："饭疏食、饮水，曲肱而枕之，乐亦在其中矣。不义而富且贵，于我如浮云。"

孔子何其聪明。子贡虽然没有直接质问孔子是否想当大官，然而孔子心知肚明，知道有些弟子对他的行为有误解，不理解他做事的意图。

孔子向学生坦言："每日只要饿了有粗茶淡饭，困了能以臂当枕而睡，我就乐在其中了。不义的富贵，于我如浮云。"

日求一餐，夜求一宿，疏水曲肱。"其视不义之富贵，如浮云之无有，漠然无所动于其中也。"[2]

子贡曾这样评价孔子说："吾不知天之高也，地之下也。古之得道者，穷亦乐，通亦乐。所乐非穷通也，道得于此，则穷通为寒暑风雨

---

[1][2] 见《四书集注》。

之序矣。"❶

子曰:"加我数年,五十以学易,可以无大过矣。"

南怀瑾先生认为:"根据这个话看起来,孔子总是在四十多岁,至多四十九岁说的。他说如果我能多活几年,五十岁以后学《易经》。"❷

这与"可以无大过矣"不相符,没有学过,何以知学以后无大过呢?

朱熹注:"愚按:此章之言,史记作为'假我数年,若是我于易则彬彬矣'。加正作假,而无五十字。盖是时,孔子年已几七十矣,五十字误无疑也。"❸这个说法,似乎可以相信。也就是说,孔子有一种紧迫感,岁月无情,生命有限,而又感觉自己还没有完全读懂《易》,尤其感到遗憾的是自己没有早几年学《易》。这句话,既是孔子感叹时日无多,也是孔子借感叹而教育学生。

孔子自己对于"学易可以无大过"有一段论述:"君子所居而安者,易之序也;所乐而玩者,爻之辞也。是故君子居则观其象而玩其辞,动则观其变而玩其占。是以自天祐之,吉无不利。"❹

《论语》难读,难在我们无法回到孔子的年代,难在人们对它进行了近两千五百年的包装,难在世人先入为主的认知倾向。

子所雅言:诗、书、执礼,皆雅言也。

这句话可能是记录人加进去的批注,它表明孔子对待语言的态度。孔子是开办学校的,他的学生来自不同地方,说话南腔北调,所以,读《诗》、《书》和集体活动时,孔子用官话,也就是说上课甚至校内

❶ 《庄子·让王篇》。
❷ 《论语别裁》。
❸ 见《四书集注》。
❹ 《易·系辞上》。

活动，孔子都用官话，就像现在规定课堂语言是普通话一样。

孔子也讲方言，“子所雅言”的“所”表明孔子并不是什么时候都讲官话。

现在全国推广普通话，法律上规定普通话是学校教学语言，这与孔子在两千多年前的做法是一样的。在方言区的学校，这种做法也出现一些问题，就是学生已经没有能力用方言朗诵文章。但是，由于地域文化的原因，普通话也是南腔北调，这就使得学生感受文章真谛能力受到影响，语文学习因此受到一定的制约。

传统的教学理念并不一定是落后的。

叶公[1]问孔子于子路，子路不对。子曰：“汝奚不曰：其为人也，发愤忘食，乐以忘忧，[2]不知老之将至云尔。”

“奚”，疑问词，此处作“为什么？”

这是一个很有意思的场景。在课室里，叶公当着孔子和学生的面问子路：“子路，你觉得你老师孔子是个什么样的人呢？”

子路不对。这个“对”字用得好。子路很尴尬，只能无言以对。

孔子主动为子路解围，孔子说：“你为什么不对叶公这样说：我们老师的为人嘛，一读书就忘记了吃饭，一高兴就忘记了忧愁，年纪这么大了还以为自己很年轻。”

孔子总结自己的人生态度：发愤忘食，乐以忘忧，不知老之将至。

子曰：“我非生而知之者，好古，敏以求之者也。”

孔子进一步坦言，说自己没有什么了不起，不是一生下来就什么都懂，不是“生而知之”的人，不是天才。

孔子说：“我是一个喜欢古代文化，并勤敏学习古典知识的人。”

这次讲座一开始，孔子就说自己好古，当时他说自己“述而不作，

---

[1] 叶公，春秋时楚国的贵族，成语“叶公好龙”所指的叶公。

[2] “发愤忘食”、“乐以忘忧”都已成为成语。

信而好古”，并把自己比作老彭。这一次孔子只提“好古”，不提“信”古，因为对古代知识需要努力追寻和论证，确认真伪，去伪存真。这句话也是孔子对自己开场白“信而好古”的修正。

子不语：怪、力、乱、神。

这句话可能是记录人加进去的批注。说明孔子说话很有分寸。孔子的话都极平常，说的事也是自己日常琐事，至仁至道则至简至常。

子不语，就是孔子不说，孔子不讲。为什么不讲怪力乱神呢？

朱熹引谢氏的话注：“圣人语常而不语怪，语德而不语力，语治而不语乱，语人而不语神。”[1]也就是说，孔子不评论怪、力、乱、神四种现象。

这是公认的解读。

孔子不谈、不讲、不评论怪、力、乱、神四种现象，何以能改造社会，何以能弘扬道德，施行仁义？

公认的解读有问题。

联想上下文，我以为“子不语怪力乱神”不必加标点，它的意思就是：

“孔子不说阴阳怪气的话。”

这是非常难以做到的。时下多少所谓道德家，人前孔孟之道，人后男盗女娼。伦理道德如今已沦落为某些公众人物的遮羞布。

记录《论语》的人实在精明。

子曰：“三人行，必有我师焉，择其善者而从之，其不善者而改之。”

向古代的人学习，也向周围的人学习，这句话的前提依然是“我

---

[1] 见《四书集注》。

非生而知之者”。

“三人行”，是泛指，不独三人，而指他人。

“必有我师焉”，有两解：

其一，必有我学习的地方，而不是必有可以做我老师的人，肯定句。

其二，必有我学习的地方吗？而不是必有可以做我老师的人吗？疑问句。

孔子说：“我不是天才，除了向前人学习之外，我观察周围的人，看有没有值得我学习的地方，并从他们身上学习好的东西，改掉不好的东西。”

《论语》很有意思，孔子说话常用第一人称。这样的文体，使人读出来就像在说自己。如把子曰删去，便成为：

三人行，必有我师焉，择其善者而从之，其不善者而改之。

所以后人常把《论语》当励志作品。

子曰：“天生德于予，桓魋其如予何？”

那么，遇到极端情况怎么办呢？譬如，三人行中，有人要害你，你怎么应付？孔子用自己的经历来回答这个问题，并进一步说明“三人行必有我师”的道理。

孔子说：“上天赋予我这样的品德，桓魋他能奈我何？”

孔子的言行表现很天真，这句话让人读来觉得不像孔子说的话，倒是有三分像王朔说的。王朔那句“我是流氓我怕谁”说得豪气和匪气十足。

桓魋是谁？能让孔子表现得如此豪气？

桓魋（tuí），宋司马向魋。有“向魋伐树”的故事：孔子过宋，与弟子习礼大树下，桓魋伐其树，孔子去。弟子曰：“可以速矣。”子曰：“天生德于予，桓魋其如予何？”遂之郑。[1]

[1] 见《史记》。

南怀瑾解读为孔子的自信。“孔子就有一种自信，像宗教家一样坚定。他对学生们说，上天生下了我，把历史、文化的责任放在我身上，桓魋怎敢，又怎能伤害于我?”[1]

这与自信没有关系。如果《史记》中说的这个故事属实，孔子显然是逃走的，给人有一种“惹不起，躲着走”的印象。

如果放在教学背景来看这句话，那么可以看出，孔子是用自己的亲身经历告诉学生，遇到危险的事情，要有临危不惧的品格。

子曰：“二三子，以我为隐乎？吾无隐乎尔，吾无行而不与二三子者，是丘也。”

《论语》中孔子说的话，有些可能是在情急之下脱口而出而被记录下来的。而这也说明孔子教学的特点，那就是课堂上师生的思维非常活跃，思想碰撞非常激烈。

孔子好像是拍胸脯说这话似的。为什么会这样呢？肯定有人对孔子的行为有所报怨，才使得孔子听后急得捶胸顿足。

孔子说：“同学们，你们认为我有所隐瞒吗？我对你们没有什么隐瞒的，我们朝夕相处，我孔丘是一个坦坦荡荡的人。”

这几句话描述了一个非常自由、平等的教学场面。师生关系亦师亦友，同甘共苦。现在的师生关系还远远没有达到那时的水平。

“二三子”是一个非常有意思的称呼。一般认为“二三子”泛指孔子的弟子，但我认为它有比弟子更亲近的含义，我们常用“小子”称呼自己的儿子，表达一种关心和亲密的关系。

子以四教：文、行、忠、信。

这又是记录人擅自加进去的点评，他把孔子的教育教学内容概括为四个方面：文、行、忠、信。

---

[1] 见《论语别裁》。

孔子自己说："弟子入则孝，出则弟，谨而信，泛爱众，而亲仁。行有余力，则以学文。"似乎就是信、忠、行、文。

孔子教育学生，目标是"君子不器"，也就是注重学生的全面发展。因此，孔子的教学内容是多方面的。《学记》有更详细的表达。"大学之教也，时教必有正业，退息必有居学。不学操缦，不能安弦；不学博依，不能安诗；不学杂服，不能安礼；不兴其艺，不能乐学。故君子之于学也，藏焉、修焉、息焉、游焉。夫然故，安其学而亲其师，乐其友而信其道，是以虽离师辅而不反。"[1]

当代教育，提倡培养学生德智体美劳诸方面，使学生得到全面发展。古今教育的目标并没有太大变化。不同的是，当代教育的教学内容太多，课程变得越来越庞大，学生学"文"已感吃力，"行忠信"近乎摆设。

子曰："圣人，吾不得而见之矣，得见君子者斯可矣。"

子曰："善人，吾不得而见之矣，得见有恆者，斯可矣。亡而为有，虚而为盈，约而为泰，难乎有恒矣。"

细读这段话，可以更好体会孔子为什么要向学生们坦言自己没有隐瞒。孔子反复申明自己不是什么天才，不是生而知之之人。反复申明自己的成就源于努力学习，没有什么诀窍。学生之中可能有人不相信孔子，他们可能抱怨孔子行踪诡秘，教学不专心，留有后手，就像拳师教徒弟一样，总是留有绝招。或者怀疑孔子是不是得到圣人的点拨，而又故意向学生隐瞒。

这段话可以看作孔子辩白之后的感叹。

孔子说："我想见圣人而不得见，能得见君子就不错了。（我不但没有见过圣人，就是君子也少见呀。）"

何谓圣人？何谓君子？

---

[1] 《礼记·学记》

“圣人，神明不测之号。君子，才德出众之名。”[1]

孔子自己对圣人和君子的说法是：“所谓君子者，言忠信而心不德，仁义在身而色不伐，思虑明通而辞不争，故犹然如将可及者，君子也。”“所谓大圣者，知通乎大道，应变而不穷，辨乎万物之情性者也。大道者，所以变化遂成万物也；情性者，所以理然不取舍也。是故其事大辨乎天地，明察乎日月，总要万物于风雨，缪缪肫肫，其事不可循；若天之嗣，其事不可识；百姓浅然不识其邻：若此则可谓大圣矣。”[2]

以这样的标准，世上的圣人和君子都将是非常罕见的。

孔子接着说：“我想见善人而不得见，能得见有恒心的人也就不错了。（我不但没有见过善人，就是有恒心的人也少见呀。）”

这就是大问题了。善良的人不见了，只有虚伪的人；踏实工作的人没有了，只有浮躁的人。

孔子进一步描述说：“当今社会的人，本事不大架子大；学识不多衔头多；囊中羞涩扮大款，诚实做人的难找呀！”

亡（无）假装有，虚假装盈，约（穷）假装泰（富），怎能守住道德底线呀！

从教学角度看，不懂装懂，虚张声势，打肿脸充胖子，怎么能静下心来教书，潜下心来育人？这是为师者必须引以为戒的。

子钓而不纲，弋不射宿。

记录《论语》的人可能走神了，怎么突然想到孔子钓鱼和打鸟的事？

字面上是说，孔子钓鱼不用网具，打鸟不打巢里的小鸟。

“钓”，“昔尧舜禹汤之钓也。以圣贤为竿，道德为纶，仁义为钩，

---

[1] 见《四书集注》。

[2] 《荀子·哀公》。

禄利为饵，四海为池，万民为鱼。”[1]

孔子是因为家贫去钓鱼和打鸟维持生计吗？不见得吧。我以为，这是一句比喻的话。“子钓而不纲”比喻孔子“每事问”的开放的学习态度、“有教无类”的教育思想和内容广泛的教学内容。“弋不射宿”比喻孔子的教学方法，正是“不愤不启，不悱不发，举一隅，不以三隅反，则不复也”的形象说法。

子曰：“盖有不知而作之者，我无是也。多闻，择其善者而从之；多见而识之，知之次也。”

讲座开始时，孔子就说自己“述而不作，信而好古”。在我看来，古时候述和作的界限不如现在这么泾渭分明，特别是在书写用纸发明之前，述和作并没有太大的区别。实际上孔子并非不作，而是不随便作。孔子为什么采取“述而不作”的态度呢？那是因为孔子觉得社会上不懂装懂、滥竽充数的人太多，或者述怪作神的人太多，孔子羞于与这样的人为伍。

“不知而作”，即，如作神怪作品，科幻小说。

“多见而识之”可能是“多见，择其善者而识之。”

孔子说：“现在有些人凭空想象就著书立说，这样的事我做不来。我只能多听，而后选择并采用其中好的；多看，而后选择并记住其中好的。这就是我学习做学问的方法。”

孔子自称是“非生而知者”，否认自己是天才。此处，孔子通过另一方面强调先前的观点。另外，从这里我们又一次看到孔子对做学问的要求，那就是要有事实为基础，“知之为知之，不知为不知，是知也。”

互乡难与言，童子见，门人惑。

---

[1] 见《康熙字典》。

子曰:“与其进也,不与其退也。唯何甚。人洁己以进,与其洁也,不保其往也。”

孔子批评当时学人“不知而作”,目的是引导学生要“见多识广”。例如,办教育会遇到各种各样的学生,孔子自己把学生分成三类,即生而知之、学而知之和不可以知的人。现在,孔子举一个例子,说明如何对待差生,这也正好间接说明什么是见多识广。

“互乡难与言”,朱熹注:“互乡,乡名。其人习于不善,难与言善。”[1]这里讲的是民俗,如说某某村村民强悍,某某村民风纯朴,等等。孔子说的这个村子,可能由于闭塞,语言不通,对陌生人有敌意,将孔子及其弟子一干人拒之门外,孔子的学生感到很不爽。未必如朱熹所言是“其人习于不善,难与言善”。

“童子见,门人惑”。“童子要求见孔子”。即使村民不友好,但对于要求读书的儿童,孔子还是接待他们,收下他们,孔子的学生对此感到迷惑不解。

孔子对学生们说:“你们这是怎么了,怎么这么小器呀。教育就是应该使人进步,而不应该使人退步。一个人只要改正缺点,要求进步,就应该鼓励他,给他机会,而不应该计较他以前的所作所为。”

孔子对待差生的态度,就是不拒绝任何人,相信教化的力量,肯定进步,肯定洁身自好努力修养的行为,不追究以往,循循善诱,诲人不倦。

子曰:“仁远乎哉?我欲仁,斯仁至矣。”

孔子接着说:“你们不是觉得仁离我们很远吗?不是的,像这样对待差生,就是一种仁的行为。仁就在我们身边,我欲仁,仁就到呀。”

关于仁,孔子有很多说法,其中如:

---

[1] 见《四书集注》。

以德报怨，则宽身之仁也。

仁有三，与仁同功而异情，与仁同功，其仁未可知也，与仁同过，然后其仁可知也；仁者安仁，知者利仁，畏罪者强仁，仁者右也，道者左也，仁者人也，道者义也；厚于仁者薄于义，亲而不尊，厚于义者薄于仁，尊而不亲。[1]

我总感觉，孔子的仁，其实是一种内心体验到的善举，以及无意而为的善行。

陈司败[2]问："昭公[3]知礼乎？"

孔子曰："知礼。"

孔子退，揖巫马期[4]而进之，曰："吾闻君子不党，君子亦党乎？君取于吴为同姓，谓之吴孟子。君而知礼，孰不知礼？"

巫马期以告。子曰："丘也幸。苟有过，人必知之。"

孔子举另一个例子，以说明如何应对不礼貌的行为。

陈国的司法部长跑到鲁国，招来孔子问话："孔子，昭公懂得礼仪吗？"

这个问话带有责问的意思。一个外国高官，跑到别国责问该国君王是否知礼。这种行为是非常不礼貌的，甚至是有挑衅性的。面对这样的人，孔子只是淡淡地说："昭公懂得礼仪。"便退了出来。

孔子退出来后，他的学生马施双手抱揖走了进去。陈司败对马施说："我听说你的老师不结党营私，这也叫不结党营私？昭公娶同姓女子吴孟子为妻，如果说昭公懂礼仪，那么有谁不懂礼仪？"

马施把陈司败的话告诉孔子，孔子听后说："孔丘有幸，我有过

---

[1] 《礼记·表记》。

[2] 陈司败，陈国司寇，相当于现在的司法部长。

[3] 昭公，鲁国国君。

[4] 巫马期，马姓，字期，名施，孔子弟子。

错，世人就一定知道。”

孔子为什么讲这个故事？

我想，孔子是想进一步说明：“仁远乎哉？我欲仁，斯仁至矣。”对待差生的那种行为是仁，对待不可理喻的人的这个行为也是仁。

子与人歌而善，必使反之，而后和之。

这又是记录者的评论。他为什么会有这样的评论？

上一次评论说到孔子钓鱼和打鸟，这一次评论孔子唱歌和作曲，两者都属娱乐，即艺。孔子称自己“志于道，据于德，依于仁，游于艺”。而在讲话中，讲道德仁义多，讲娱乐少，可能是记录人自己觉得有必要交代孔子在娱乐方面的行为，所以才有这两句评论。

孔子和别人唱歌，如果那人唱得好，他必请那人再唱，自己则跟着唱腔伴奏。

这里指出孔子“游于艺”的表现。

子曰：“文，莫吾犹人也。躬行君子，则吾未之有得。”

孔子这句话是对陈司败事件的补充。

孔子觉得自己很平常，觉得自己与大家没有什么两样，有过失，有忧愁。孔子表现出一种矛盾的心态，淡然，却又有些无可奈何。

孔子说：“我自己文学修养方面并不比别人差，但在践行君子言行方面，自己还没有什么心得。”

孔子为什么要进一步解释这件事呢？孔子显然知道学生的理解能力，知道“孔子式的幽默”并不能为所有学生所理解，所以需要对陈司败事件做些解释。

孔子知道，幽默不能作为课堂的主要语言，教学语言应该是具体的、平铺直叙的。

昭公娶同姓女子吴孟子，是事实。孔子回答昭公知礼也是事实。从陈司败的角度看，孔子是虚伪的。但另一方面，陈司败从陈国到鲁国质问孔子鲁国君王是否知礼，本身就无礼。孔子为君王讳，合乎礼数。这就使得孔子只得向学生们坦言:“躬行君子,则吾未之有得。”

从这句话,我们可以看到孔子对待知行的态度。

孔子对待行是比较谨慎的。

子曰:“若圣与仁,则吾岂敢。抑为之不厌,诲人不倦,则可谓云尔已矣。”

公西华曰:“正唯弟子不能学也。”

孔子继续说:“如果说我是圣人与仁人,那么我不敢当。我强迫自己走圣人和仁人的道路,不知厌倦;教育别人学习圣人和仁人,不知疲劳。仅此而已。”

公西华说:“这正是我们学不来的呀!”

从陈司败事件到这里,我们看到孔子教学的一贯作风:由一个事例,引出一长串问题,并出给出相关的结论。

子疾病,子路请祷。

子曰:“有诸?”

子路对曰:“有之。诔曰:祷尔于上下神祇。”

子曰:“丘之祷久矣。”

现在农村还有这样的习俗,子女病重,父母会为他(她)求神拜佛,父母病重,子女也会其求神拜佛。富裕家庭有时还会请和尚或道士到家里祈祷驱鬼。这里的“请”,可以是子路请别人替孔子祷,还可以是子路自己为孔子祷。我倾向于后者。子路性急,看到老师病重,急忙求神拜佛,请神明保佑老师早日康复。

这是孔子讲的一个故事。

有一次孔子病重,子路去拜神,祈求孔子早日康复。孔子知道后,问子路:“真有这回事吗?”

子路:“真的,《诔》上说,为你向天地告事求福。”

孔子:“如果是这样的话,那我已经祈祷很久了。”

子路可能担心老师的批评，把求神拜佛说成是祷告天地。孔子便顺水推舟，说自己与天地的交流已久，无须临时祈祷，间接批评子路。

子曰："奢则不孙，俭则固。与其不孙也，宁固。"

这是针对"子路请祷"的行为而引出的结论，礼的问题。

因病而祈求神鬼，孔子认为是奢侈行为，孔子曾经说过，"非其鬼而祭之，谄也。"

林放问礼之本。孔子说："大哉问！礼，与其奢也，宁俭；丧，与其易也，宁戚。"

为什么？

孔子在这里作了回答：因为"奢则不孙，俭则固"。

孔子说："奢华了就会越礼，俭约了就会简陋。与其越礼，宁可简陋。"

孔子重视礼节，但不主张过分。

子曰："君子坦荡荡，小人长戚戚。"

孔子抓住子路不放，继续批评子路。荀子为子路隐瞒，无意中间接证明这句话是针对子路的批评。"子路问于孔子曰：'君子亦有忧乎？'孔子曰：'君子，其未得也，则乐其意；既已得之，又乐其治。是以有终身之乐，无一日之忧。小人者，其未得也，则忧不得；既已得之，又恐失之。是以有终身之忧，无一日之乐也。'"❶

这句话也是对这次讲座的总结。孔子要求学生要做光明磊落、不忧不惧、心胸宽广的君子，不要做患得患失，忙于算计，心绪不宁的小人。

孔子的这句话已成为中国的千古名言。

---

❶《荀子·子道》。

子温而厉，威而不猛，恭而安。

记录人评价孔子在这次讲座上的表现。

记录人文字功夫真了得，十个字，描绘出一个栩栩如生的孔子。

回顾这次讲座，孔子处处体现这十个字，分别列举一句话，便能有所感受。

温而厉：冉有曰："夫子为卫君乎？"子贡曰："诺，吾将问之。"入曰："伯夷叔齐，何人也？"曰："古之贤人也。"曰："怨乎？"曰："求仁而得仁，又何怨？"出曰："夫子不为也。"

威而不猛：子谓颜渊曰："用之则行，舍之则藏，唯我与尔有是夫。"子路曰："子行三军，则谁与？"子曰："暴虎冯河，死而无悔者，吾不与也。必也临事而惧，好谋而成者也。"

恭而安：陈司败问："昭公知礼乎？"孔子曰："知礼。"孔子退，揖巫马期而进之，曰："吾闻君子不党，君子亦党乎？君取于吴为同姓，谓之吴孟子。君而知礼，孰不知礼？"巫马期以告。子曰："丘也幸。苟有过，人必知之。"

我不愿用现代汉语翻译这句话，因为任何翻译都是多余的，只会破坏其美感。

泰伯第八

标题一定是后人加的。后人没有办法找到最恰当的词表达全章的中心，为求公平，采用目前的方式。古人的智慧，模糊下的统一。

这是一堂课。

老师：孔子。

学生：没有特指的学生。

内容：礼。

我依然把这一章当做一堂课。一堂课总是有它的目标，像孔子这样的老师上课，没有目标是不可能的。目标是什么呢？

阐述礼的意义！

子曰："泰伯，其可谓至德也已矣！三以天下让，民无得而称焉。"

孔子以一个故事开始今天的课。

故事导入课，需要精心设计。首先，故事要有趣，才能引起学生的注意，引导学生进入学习状态；其次，故事要为课的内容提供例证，丰富课的内涵；第三，故事也是一种直观教学手段。

孔子如何讲故事，已无可考。只因记录的人记录太简单。故事的内容，大致如下：

"泰伯弟仲雍，皆周太王之子，而王季历之兄也。季历贤，而有圣子昌，太王欲立季历以及昌，于是泰伯、仲雍二人乃奔荆蛮，文身断发，示不可用，以辟季历。季历果立，是为王季，而昌为文王。泰伯之奔荆蛮，自号句吴。荆蛮义之，从而归之千余家，立为吴泰伯。泰伯卒,无子,弟仲雍立,是为吴仲雍。仲雍卒,子季简立。季简卒,子叔达立。叔达卒,子周章立。是时周武王克殷,求太伯、仲雍之后,得周章。周章已君吴,因而封之。乃封周章弟虞仲于周之北故夏墟,是为虞仲,列为诸侯。”❶

孔子说:“泰伯的品德可以说是达到最高的了,他多次让位于弟弟。人民不知道,所以没有人称颂他。”

孔子称赞泰伯有最高的道德修养,因为泰伯之德是多次让位之德,凡人是无法做到的,至德即是圣。孔子同时感叹,泰伯的事迹并不为人民所知,“善行无辙迹”❷,因此也没有受到人民的称颂。

古代传媒并不发达,人民无从知道宫廷内发生的事,因而无人称颂泰伯是很正常的事,不可能是人民深感其善而激动。

子曰:“恭而无礼则劳,慎而无礼则葸,勇而无礼则乱,直而无礼则绞。君子笃于亲,则民兴于仁;故旧不遗,则民不偷。”

至德之人,表现在“三让之礼”。孔子想向学生传达什么信息?

“三让之礼”并非礼貌之礼,那么,孔子的礼是什么呢?

“公问于孔子曰:‘礼何如?子之言礼,何其尊也。’孔子对曰:‘丘也鄙人,不足以知大礼也。’公曰:‘吾子言焉。’孔子曰:‘丘闻之民之所以生者,礼为大.非礼则无以节事天地之神焉;非礼则无以辩君臣上下长幼之位焉;非礼则无以别男女父子兄弟婚姻亲族疏数之交焉’。”❸也就是说,孔子的礼是指调节社会关系的道德规范。

这样一来,孔子用于导入课的故事的意义就清楚了。孔子告诉学生,由于泰伯“三让之礼”,经由季历、周文王、周武王而开启了八百年周王朝的统治。

---

❶ 《史记·吴太伯世家》。

❷ 《道德经·第二十七章》。

❸ 《孔子家语·问礼》。

孔子从故事出发，分析恭、慎、勇、直与“礼”的关系。基本结论是：“无礼则无节文，故有四者之弊。”[1]恭敬、慎重、勇敢和直率是人的四种品德，但离开道德规范，这四种品德也会产生不良影响。

“恭而无礼”，有两个很形象的例子：

校园里，某教授遇见某富二代青年，深鞠一躬，“某某同学好。”青年微微点头，笑而不答。

某甲望见某领导，快步向前，伸出双手，紧紧抓住领导的手，领导一只手任凭摇晃，眼睛却望着别处。

“恭而无礼则劳”，没有原则、没有规矩的恭使人疲惫。整天见人就打躬作揖，做足表面功夫，活得真累人。

慎，外在表现，即是慎言、慎行。“多闻阙疑，慎言其余，则寡尤。多见阙殆，慎行其余，则寡悔。”

葸（xǐ），“畏惧也”[2]。

“慎而无礼则葸”，“慎而无礼”是何种状态呢？

课堂上老师指名要其回答问题，站起来低头咬指甲，不敢正视师生的状态。无原则的谨慎使人显得胆小怕事。

“勇而无礼则乱”，“勇而无礼”类似于匹夫之勇，匹夫之勇则成事不足败事有余。俗话“愣头青”。

绞，“刺人之非也。”[3]

“直而无礼则绞”，“直而无礼”如心直口快，直来直去。直率过头有时令人难堪。

以上是孔子这句话的第一层意思。依照孔子的意思，大概是礼是最重要的。“道德仁义，非礼不成；教训正俗，非礼不备；分争辩讼，非礼不决；君臣、上下、父子、兄弟、非礼不定；宦学事师，非礼不亲；班朝治军、莅官行法，非礼威严不行；祷祠、祭祀、供给鬼神，非礼不诚

---

❶ 见《四书集注》。

❷❸ 见《康熙字典》。

不庄。”❶

教育应该怎么做？学生应该怎么做？

孔子说：“学校教育只要培养学生笃守亲情，就会形成良好的社会风气；只要不忘友情，就能形成淳朴的民风。”

亲，即亲情。故旧，即朋友，也即友情。

从教育的角度看，良好的学校教育是社会风气的净化器。礼教应该从学校抓起，从学生对待亲人和朋友的礼数开始。朱熹引张子曰：“人道知所先后，则恭不劳、慎不葸、勇不乱、直不绞，民化而德厚矣。”❷

曾子有疾，召门人弟子曰：“启予足！启予手！《诗》云：‘战战兢兢，如临深渊，如履薄冰。❸’而今而后，吾知免夫！小子！”

以上曾子说的几句话，我怀疑是记录人事后加进去的内容，目的是让后人更好理解孔子关于礼的思想。这个例子说的是曾子。曾子一生谨慎，他曾经说过：“吾日三省我身：为人谋而不忠乎？与朋友交而不信乎？传不习乎？”这里说的是曾子临终前的事，它表现曾子临终也不忘遵循礼数。

“曾子寝疾，病。乐正子春坐于床下，曾元、曾申坐于足，童子隅坐而执烛。童子曰：‘华而睆，大夫之箦与？’子春曰：‘止！’曾子闻之，瞿然曰：‘呼！’曰：‘华而睆，大夫之箦与？’曾子曰：‘然。季孙之赐也，我未之能易也。元，起易箦。’曾元曰：‘夫子之病革矣，不可以变，幸而至于旦，请敬易之。’曾子曰：‘尔之爱我也不如彼。君子之爱人也以德，细人之爱人也以姑息。吾何求哉？吾得正而毙焉斯已矣。’举

❶ 《礼记·曲礼》。

❷ 《四书集注》。

❸ 《诗经·小雅·小旻》一诗的第六节：不敢暴虎，不敢冯河。人知其一，莫知其他。战战兢兢，如临深渊，如履薄冰。

扶而易之。反席未安而没。”[1]

意思是说，曾子病重，季孙氏送花纹华丽光洁的席子给曾子，曾子认为自己不是大夫，没有资格用这种席子，叫来弟子帮他换掉席子。死不违礼。

这个例子说的就是这件事。

曾子病重，召来弟子说：“同学们，你们帮我把手脚抬起来，把花纹华丽光洁的席子换掉。我的一生都如《诗经》所说：‘战战兢兢，如临深渊，如履薄冰。’小子们，从今往后，我就可以解脱了。”

疾，现代汉语指“轻微的病”，《论语》中提到的“疾”是大病。“伯牛有疾”的“疾”显然指“大病”，否则孔子也不会发出“亡之，命矣夫！斯人也而有斯疾也”的感叹。

我不同意朱熹对这句话的解读。朱熹注：“曾子以其所保之全示门人，而言其所以保之之难如此；至于将死，而后知其得免于毁伤也。”[2]此解重在孝，“先祖全而生之，子孙亦当全而归之。”[3]

这个解读与上文不太相符。我认为曾子重礼。

曾子有疾，孟敬子[4]问之。

曾子言曰：“鸟之将死，其鸣也哀；人之将死，其言也善。君子所贵乎道者三：动容貌，斯远暴慢矣；正颜色，斯近信矣；出辞气，斯远鄙倍矣。笾豆之事，则有司存。”

这一段是曾子劝孟敬子遵循礼仪的故事。

孟敬子是鲁国大夫孟武伯的儿子，当时已经是执政者之一。

读这一段很有意思，曾子似乎是鼓起勇气才说的，大有冒死规劝的气概。

---

[1] 《礼记·檀弓》。

[2] 见《四书集注》。

[3] 《论衡·四讳》。

[4] 孟敬子，鲁大夫仲孙氏，名捷。

"曾子言曰"与"曾子曰"有何不同?

在《论语》中,凡大夫问话,都以"对曰"应答,例如,"哀公问曰:'何为民则服?'孔子对曰:'举直错诸枉,则民服。举枉错诸直,则民不服'。"曾子是孔子的学生,又是极重礼的人,如果孟敬子问话,曾子不可能不用"对曰"应答,可见此处曾子的言说,不是回答孟敬子的问话,而是自己主动说的话。

按常理推断,孟敬子可能是一个不善于听取意见的人,官大就是理。

从教育的角度看,他就是一个累教不改的学生。

曾子病重,孟敬子来探病。曾子对孟敬子说:"平时我对您说的话您都当成耳边风,我是一个快死的人了,俗话说:'鸟之将死,其鸣也哀;人之将死,其言也善。'您就听我一劝吧。君子对道的尊重要注意三点礼仪:自己容貌庄重,就可以避免粗暴放肆;自己表情端正,就接近于诚实守信;自己言辞和语气谨慎小心,就可以避免粗野和背理。祭祀和礼器之类的事,自有主管部门的官员来负责。"

我认为这一段是曾子对孟敬子讲礼仪,这可以从下面两句话中得到印证:"礼义之始,在于正容体,齐颜色,顺辞命。容体正,颜色齐,辞令顺,而后礼义备。"❶

子曰:"君子不失足于人,不失色于人,不失口于人。是故君子貌足畏也,色足惮也,言足信也。"❷

曾子曰:"以能问于不能,以多问于寡。有若无,实若虚,犯而不校。昔者吾友从事于斯矣。"

这话是对有成就的人讲的,如孟敬子。当然,听与不听是另一回事。孔子自己就说:"盖有不知而作之者,我无是也。多闻择其善者而从之,多见而识之,知之次也。"

---

❶ 《礼记·冠义》。

❷ 《礼记·表记》。

老子曰："明道若昧，进道若退，夷道若类，上德若谷，大白若辱，广德若不足，建德若偷，质真若渝，大方无隅，大器晚成，大音希声，大象无形，道隐无名。"❶

这其实也是一种礼，对待知识、学问的态度。

当今学校教育提倡赏识教育，"我的事情我做主"，"我能！我能！我能！"结果是，以不能教能，以寡教多，无充有，虚充实，老虎屁股摸不得，轻浮、暴躁的风气正在侵袭我们的社会。

犯，此处作"不值得"，"犯不着"。"校，计校也。"❷

曾子说："每个人都有自己的特长，有能力的人也要向别人学习，知识渊博的人也有必要向别人请教。有就像无，实就像虚，犯不着去计较。以前我的朋友就是这样做的。"

犯不着和庸人一般见识。真是"人之将死，其言也善"！

曾子曰："可以托六尺之孤，可以寄百里之命，临大节而不可夺也。君子人与？君子人也。"

这话还是对孟敬子说的，只有对孟敬子这样地位的人，才能提出这么高的要求。

这也可以看作孔子因材施教思想的具体应用。

君子，此处指孟敬子。病中的曾子与孟敬子推心置腹，以至于以朋友相待。"君子人与？君子人也。"意思是，"你是这样的人吧？你正是这样的人。"

曾子不可能迂腐到教导孟敬子什么是君子。

曾子说："可以辅幼君、摄国政，面临生死存亡的紧急关头而不动摇屈服。你是这样的人吧？你正是这样的人啊！"

这里是忠还是礼？与孔子讲"泰伯三让天下"的故事有什么联系？当时鲁国政权内部发生了什么问题呢？

---

❶ 《道德经·第四十一章》。

❷ 见《四书集注》。

曾子曰："士不可以不弘毅，任重而道远[1]。仁以为己任，不亦重乎？死而后已，不亦远乎？"

这句话也还是对孟敬子说的。我感觉，这是曾子对孟敬子说得最重的一句话。

曾子病重，在所有鲁大夫中，《论语》仅仅记录孟敬之前往探病，这是否意味着曾子与孟敬子的关系非同一般？

"弘毅"，朱熹引注："弘，宽广也。毅，强忍也。非弘不能胜其重，非毅无以致其远。……程子曰：'弘而不毅，则无规矩而难立；毅而不弘，则隘陋而无以居之。'"[2]也即是"抱负远大，意志坚定"。

"不亦重乎？"，"不亦远乎？"是设问句，记录人故意省略答案。此处臆断其答案是"一件非常重要的大事"，"值得为之奋斗终生"。

曾子说："你（孟敬子）任重道远，不可以没有远大抱负，不可以不意志坚定。以仁为己任，是一件非常重要的大事，值得为之奋斗终生，死而后已。"

记录人自己放进去的内容，正好是礼、义、忠、信。这意味着什么呢？

子曰："兴于诗，立于礼，成于乐。"

孔子说过："志于道，据于德，依于仁，游于艺。"这两者有什么关系呢？

古代教育，常从歌咏开始，有所谓儿歌，即儿童诗。典型的儿童诗如《三字经》、《百家姓》和《千字文》。"兴于诗"指教育从诵读诗歌开始。

诵读诗歌使人愉悦，也是诗所以作为教育之始的原因。教育始于形象，为学生喜闻乐见

---

[1] "任重道远"已成为成语。

[2] 见《四书集注》。

立，指确立。“道德仁义，非礼不成。”❶礼是立身之本。“立于礼”的“礼”，即社会道德规范，而非礼貌之礼。

成，指完成。孔子指出教育的目标以及达成教育目标的途径。目标是乐，“君子曰：礼乐不可斯须去身。致乐以治心，则易直子谅之心，油然生矣。易直子谅之心生则乐，乐则安，安则久，久则天，天则神。天则不言而信，神则不怒而威，致乐以治心者也。”❷完成人格的塑造。途径是兴、立、成。

换个角度，把“子曰兴于诗立于礼成于乐”重新标点如下：

子曰：“兴于《诗》，立于《礼》，成于《乐》。”

《诗》、《礼》、《乐》是三部书，《诗》是《诗经》，《礼》是《礼记》，《乐》是《乐记》。孔子说：“可以通过《诗》、《礼》、《乐》这三部书来完成对一个人的教育。”

子曰：“民可使由之，不可使知之。”

由，意为“听从”、“任凭”等。知，可作“知道”、“明智”等。

这是礼的外用问题，是礼的词中之义。孔子专门把这个问题提出来，告诉学生如何对待民众。这也从一个侧面说明孔子对人性有非常深入的研究。

“夫礼者所以定亲疏，决嫌疑，别同异，明是非也。礼，不妄说人，不辞费。礼，不逾节，不侵侮，不好狎。”❸

人是不平等的，并不是每一个都应该知道同样的事情。有些事情不让知道，反而起到保护作用。

从教育角度看，这是至理名言。教育要把握一个度。什么知识能让学生知其然亦知其所以然，什么知识只能让学生知其然而不知其所以然；什么事情可以让学生知道，什么事情不能让学生知道。这

❶ 《礼记·曲礼》。

❷ 《礼记·乐记》。

❸ 《礼记·曲礼》。

些都是教育的智慧。

这句话的"民"并不是指民众，而是泛指"人"。民也好，官也罢，是人，就不可能样样事都能知道。

孔子说："知礼，就是要明白，有些事可以让人知道，有些事不可以让人知道；有些人可以知道怎么做事，但不要纠缠为什么要做这事。"

圣哉，孔子！君子坦荡荡。

子曰："好勇疾贫，乱也。人而不仁，疾之已甚，乱也。"

这是对上一句话的补充，说明知道太多也会出乱子。

《水浒》里的鲁智深就是一个"好勇疾贫"的角色。

"勇"的本义是"果敢"，"胆大"，是人的一种优秀品格。

"好勇"则有"鲁莽"、"胆大妄为"之意。

子曰："贫与贱，是人之所恶也。不以其道得之，不去也。"

"疾贫"，不是单指恶贫。不喜欢贫穷是人性，此处的"疾贫"应该指怨恨贫穷并试图以不道德的方式改变贫穷的行为。

"天地不仁，以万物为刍狗；圣人不仁，以百姓为刍狗。"❶

"人而不仁"呢？这里孔子没有说。相反，孔子在这里指出对待人的不仁行为的态度，"疾之已甚，乱也。"

孔子说："如果对别人的不仁行为反应过度，那么也会出乱子。在现实生活中，有些人的不仁行为可能是无心之过，可能他也已经知道自己的过失，自己正在改正，但周围的人却不分青红皂白，横加指责，结果导致激烈冲突，甚至酿成悲剧，造成混乱。"

教育过程中，这种现象经常发生。教师对学生的违纪行为上纲上线，把学生无意间的行为说成是品德问题、思想问题，造成师生关系紧张。

在此，孔子向学生说明可能造成社会混乱的两种行为，但孔子并

❶ 《道德经·第五章》。

没有给出解决问题的办法。这里引述荀子的办法，可做对照：

“仁者必敬人。凡人，非贤，则案不肖也。人贤而不敬，则是禽兽也；人不肖而不敬，则是狎虎也。禽兽则乱，狎虎则危，灾及其身矣。……故仁者必敬人。敬人有道，贤者则贵而敬之，不肖者则畏而敬之。贤者则亲而敬之，不肖者则疏而敬之。其敬一也，其情二也。若夫忠信端而不害伤，则无接而不然，是仁人之质也。”❶

子曰：“如有周公之才之美，使骄且吝，其余不足观也已。”

这可能是教育中的大问题，为什么以往解读《论语》的人没有重点关注？

使，《康熙字典》注：“【正韻】师止切，音史。令也，役也。【豳风】序：说以使民。……【注】指事使人也。【管子·枢言篇】天以时使，地以材使，人以德使，鬼神以祥使，禽兽以力使。”即有让人不得不做的意思。

孔子说：“如周公的才智和美德的人，只要使他既骄横又吝啬，其他方面就不必看了。”

勇而疾贫，会出乱子，乱的是别人，骄且吝，毁的是自己。

孔子说的是教育的作用。教育要教坏一个人是很容易的，即使如周公，只要有人使他骄且吝，就可以毁了他。我们说教育无小事，教师一句话就可能影响学生一辈子。

十年树木，百年树人。

这是师德问题。孔子列出三个问题：

勇而疾贫；

人而不仁，疾之已甚；

使骄且吝。

教师应该引以为戒。

---

❶ 《荀子·臣道》。

子曰："三年学，不至于穀，不易得也。"

朱熹注："易，去声。谷，禄也。至，疑当作志。为学之久，而不求禄，如此之人，不易得也。"[1]注得没有道理，特别是其中的"至，疑当作志"更嫌随意。

"穀，公豆反，孔云善也。"[2]把穀解读为善，我认为妥帖。

这是孔子指出的另一种教育现象，也即德育的困境。

孔子说："学习三年都不知道善为何物，善不容易习得。"

我有些羡慕孔子时代的教育了，三年就想取得德育的成效。我们现在九年义务教育还仅仅是德育的开始，还在谈论基础文明教育，离善还有相当的距离。

善不易得，需要人一辈子的修炼。

子曰："笃信好学，守死善道。危邦不入，乱邦不居。天下有道则见，无道则隐。邦有道，贫且贱焉，耻也。邦无道，富且贵焉，耻也。"

解决德育困惑的办法是什么呢？

孔子的答案是"笃信好学，守死善道"。

朱熹对此作出很好的解读："好，去声。笃，厚而力也。不笃信，则不能好学；然笃信而不好学，则所信或非其正。不守死，则不能以善其道；然守死而不足以善其道，则亦徒死而已。盖守死者笃信之效，善道者好学之功。"[3]

当前德育的问题，恰恰出在"笃信"上，即所谓信仰危机。社会转型导致思想混乱，教师无信仰，家庭和社会无善道，德育因此无信誉，危机四伏。

---

[1] 见《四书集注》。

[2] 陈大齐，《论语辑释》。

[3] 见《四书集注》。

把上句与这八个字连起来读，“三年学不至于穀，不易得也！（那么怎么办?）笃信好学，守死善道！”联系到课堂气氛，一位“温而厉”的长者又出现在我们面前。

“笃信好学，守死善道”的结果是什么呢?

孔子如是说：“危邦不入，乱邦不居。”也即是：不被危邦的思想侵入，没有给乱邦的思想留下位置。

把“危邦不入，乱邦不居”解读成“不去危险的国家，离开动乱的国家”不妥。这有悖孔子的思想。

接下来两句，既是“笃信好学，守死善道”的结果，也是对引例“泰伯三让天下”的回应。在这里，其实也可以感觉到孔子对周朝的批评。

“天下有道则见，无道则隐。”这指的是泰伯。“立长不立幼”是正统，周王欲立三子，属于“无道”。泰伯“笃信好学，守死善道”，选择归隐江东。后来都理解为：国家昌明就出来做事，国家昏暗就归隐山林。

“邦有道，贫且贱焉，耻也。邦无道，富且贵焉，耻也。”

孔子曾经这样评价宁武子：“宁武子邦有道则知，邦无道则愚。其知可及也，其愚不可及也。”充分展现孔子式的幽默。而这里对泰伯的评价则非常直接，泰伯“笃信好学，守死善道”，国家有道，以自己贫贱为耻辱，应该享受就要享受；国家无道，以自己富贵为耻辱，应该受穷就要受穷。

子曰：“不在其位，不谋其政。”

孔子为什么这个时候对学生说这句话？理由是什么？

“谋”，作“谋划”。

每人都有自己的位置，都有自己的事情要做。自己的事情没有做好，却对别人的工作说三道四，这是不礼貌的。

其实，这句话也可以看成孔子在课堂上的叹息，“泰伯三让天下”，关我们什么事呢？这是人家家里事，“不在其位不谋其政嘛”。

当然这是消极的，历来不会有人敢于如此轻视孔子的。但我想人非草木，谁能没有消极的时候？

这句话也可以看成是孔子告诉学生不要过问政治。孔子自己就喜欢政治，可能因此使得他的学生都爱议论政治问题，孔子利用“泰伯三让天下”的例子，要学生不要太热衷于政治问题，“笃信好学，守死善道”。

孔子说：“不当这个官，就不用谋划这个事。”

孔子懂得职权利的关系，不主张替当官的谋事，但也不反对议论政事。

子曰：“师挚[1]之始，《关雎》之乱，洋洋乎盈耳哉！”

朱熹对这句话的理解是：“孔子自卫反鲁而正乐，适师挚在官之初，故乐之美盛如此。”（《四书集注》）如此理解，上下文将无法贯通，《论语》将成为闲言碎语的汇集。

孔子善于用自己的经历作为例子，印证自己提出的观点。这句话就是要说明“不在其位不谋其政”的意义的，也即是专心做好自己的事情，就会有所收获。孔子用自己从事音乐工作的事例加以说明。

“乱”，“终尽也”[2]。

“始”与“乱”，开始与结束。

从孔子向乐师阐述音乐的观点开始。“子语鲁大师乐，曰：‘乐其可知也：始作，翕如也；从之，纯如也，皦如也，绎如也，以成。’”到完成《诗经》的修订结束。

孔子说：“从我向鲁乐师阐述音乐观点开始，到完成《诗经》的修订结束，我们共同完成了一个蔚为大观的音乐体系，可以满足人们对音乐的需求。”

这样的解读可以吗？我不知道。但至少是因为“不在其位不谋

[1] 师挚，鲁乐师，名挚。

[2] 见《康熙字典》。

其政”，有精力从事自己喜爱的工作，才能取得如此成就。

子曰：“狂而不直，侗而不愿，悾悾而不信，吾不知之矣。”

这里，孔子列举三类人，并自称不了解这三类人。

“狂而不直”，狂妄又不直爽的人。

“侗而不愿”，无知又不善良的人。

“侗”，作“无知”；“愿”，作“善良”。[1]

“悾悾而不信”，空虚又无信誉的人。

“悾悾”，作“空虚”。[2]

孔子说：“狂妄又不直爽的人，无知又不善良的人，空虚又无信誉的人，我不了解他们呵。”

子曰：“学如不及，犹恐失之。”

孔子虽然说不了解狂妄又不直爽的人、无知又不善良的人、空虚又无信誉的人，但却认为，对他们而言，学习是非常重要的。

孔子说：“如果不及时学习，我担心他们将失去一切。”

这可以作为孔子有教无类思想的一种表达。

子曰：“巍巍乎！舜、禹之有天下也，而不与焉。”

接近课的结束，孔子回应课开始时的引例。

对于孔子这句话，我们可以做两方面解读。

一方面，孔子说：“舜、禹是伟大的帝王，他们有天下，却以功德受禅，不把天下视为己有。”

即是舜、禹任贤使能，不搞世袭，使天下大治。

周打破常规，任贤不任长，开创了八百年的统治。孔子表面上是

---

[1][2] 《康熙字典》。

赞美舜、禹,实际上赞美周。

另一方面,如朱熹注:“不与,犹言不相关,言其不以位为乐也。”(《四书集注》)泰伯三让天下,也是不以位为乐。孔子借用舜禹来赞美泰伯。

也许两者兼而有之。

从课堂教学角度看,孔子的教学设计是很高明的,整节课围绕一个故事展开,有弹有赞,有回应,首尾相衔接,形成一个整体。

子曰:“大哉!尧之为君也,巍巍乎!唯天为大,唯尧则之。荡荡乎!民无能名焉。巍巍乎其有成功也!焕乎其有文章!”

上面说到对“巍巍乎舜禹之有天下也而不与焉”可能有两种解读,我倾向于第二种解读。读这篇课堂实录,总是感觉到孔子在潜意识里有对周大王的不满情绪。

根据历史记载,夏之前的中国,王位由“禅让制”继承,如尧老了,大家便推举有才德的舜继任,舜老了,大家又推举治水有功的禹继位,直到禹的儿子通过战争推翻继任者,夺取政权,开始王位世袭制,从此以后,除非发生战争,否则王位都是世袭的。

孔子说:“伟大的君主尧啊,您无限崇高。神圣的天界啊,只有您能效法。广袤的大地啊,人民无不把您传颂。您伟大的成就和功业啊,化作光明的礼乐法度。”

巍巍,崇高的样子。

荡荡,广袤的样子。

焕,指光明。

则,指效法。

成功,成就和功业。

文章,礼乐法度。

孔子当堂朗诵诗歌,对历史上的一位君王大加赞美。这行为触动了谁的神经?这还是针“三让天下”而发的感叹。

舜[1]有臣五人而天下治。武王[2]曰:"予有乱臣十人。"孔子曰:"才难,不其然乎？唐、虞之际,于斯为盛。有妇人焉,九人而已。三分天下有其二,以服事殷。周之德,其可谓至德也已矣。"

孔子引述武王的话。

武王说:"舜因为有五位名臣,所以天下大治。'余有乱臣十位,同心同德,'[3]"

"臣五人"是谁？"乱臣十人"又是谁？朱熹注:"五人,禹、稷、契、皋陶、伯益。……十人,谓周公旦、召公奭、太公望、毕公、荣公、太颠、闳夭、散宜生、南宫适,其一人谓文母。"[4]

"乱"历来训作"治",其实没有必要。乱就是乱,它表明武王与臣子的亲密关系。武王说的是反话,把自己的得力干将称作乱臣。这就像孔子称自己的学生为"小子"一样。

孔子于是感叹说:"这不正说明人才难得吗？(人才难得,不是这样吗？)唐虞以降,也就算当时人才辈出了。武王'十人'中有一位妇女,是九人,不是十人。当时周朝已统治天下三分之二,但依然服从殷商,武王的品德也算是至德了。"

武王是继承传统之德,也是"至德"。

从泰伯,说到武王,皆大事,国家大事,礼的外用。

子曰:"禹[5],吾无间然矣。菲饮食而致孝乎鬼神;恶衣服而致美乎黻冕;卑宫室而尽力乎沟洫。禹,吾无间然矣!"

---

1. 传说中五帝之一。
2. 周文王次子,西周的开国君主。历史称其为一代明君。
3. 《左传·昭公二十四年》。
4. 见《四书集注》。
5. 传说由舜禅让而获得帝位。

孔子想得很周全，由舜帝到武王，中间还有一个重要人物，就是禹。

孔子想对此也有所交代。

孔子说："对于禹，我觉得他没有什么可挑剔的。自己粗茶淡饭，祭祀却极其丰盛；自己衣着寒伧，礼服却非常华丽；自己居室简陋，水利却尽力兴修。对于禹，我真的觉得他没有什么可挑剔的了。"

"间然"，此处当指透过缝隙看人的结果，也即"非议"、"挑剔"等。❶

孔子的评价很慎重，不是"至德"，而是"吾无间然"。

就因为不涉及国家政权问题而不重要吗？禹菲饮食、恶衣服、卑宫室，身为帝王，关注民生，注重礼节，这样的人只是"无可挑剔"而已。

孔子心中的礼是什么？

❶ 《康熙字典》。

子罕第九

这一章讲什么？第一句似乎可以看出点眉目。

子罕不是一个人，这有些奇怪。或者说明《论语》各章名字是非常随意的，或者基本没有意义。

我还是把它看成课堂实录。

简单的理解，“子罕”，指孔子少说、不经常说，不是说孔子不说。

子罕言利与命与仁。

这句话有很多解读，典型者有四：

朱熹：“罕，少也。程子曰：‘计利则害义，命之理微，仁之道大，皆夫子所罕言也。’”[1]也就是说，关于利、命、仁的问题都是大问题，不好说清楚，所以孔子平时很少谈论。

钱穆：“先生平日少言利，只赞同命与仁。”其解释是“《论语》言仁最多，言命亦不少，并皆郑重言之。”[2]“与”被解读为“赞同”。

李泽厚：“孔子很少讲利。许命，许仁。”其解释是“《论语》一书极少讲‘利’。但屡次讲‘命’，讲‘仁’最多，超过百次以上。但多数注疏均释作少讲利和命和仁，与原书不合。”[3]

贾庆超：“子罕在论及利的时候，总是能够和命和仁联系起

---

[1] 见《四书集注》。

[2] 见《论语新解》。

[3] 见《论语今读》。

来。”[1]他认为子罕是人名，指春秋中叶宋国的子罕。

我赞同朱熹的解读，即：

孔子很少谈论名利、命运和仁德。

不同的是，我认为这是记录人给这堂课的导读。即是说，孔子平时很少谈论利、命、仁，这堂课将着重谈论这些问题。

达巷党人曰："大哉孔子！博学而无所成名。"

子闻之，谓门弟子曰："吾何执？执御乎？执射乎？吾执御矣。"

课还是从故事开始。

达巷党人，如果是指达巷这个地方的一个具体的人，是谁呢？没有记载，说明此人并不是达官贵人，也不是社会名流，把一个不知名的人谈论孔子的话放在《论语》里，难以令人信服。达巷党人指达巷这个地方的人，比较好理解。“臣闻良玉不琢，资质润美，不待刻琢，此无异于达巷党人不学而自知也。”[2]说明达巷是一个比较有名气的地方。党，古时五百户为一党。

这个故事是说：达巷这个地方的人议论说孔子是个伟大的人物，博学多才，却没有名利地位。孔子知道后，对学生调侃说：“我应该在哪方面成名呢？当司机？还是当射手？我就当司机吧。”

故事表明孔子对待名利的态度，就是坦然面对。

子曰："麻冕，礼也；今也纯，俭。吾从众。拜下，礼也；今拜乎上，泰也。虽违众，吾从下。"

孔子向学生报告自己对待礼仪的态度。

麻冕，用麻布做的用于治丧的帽子。现在南方闽南地区还保留这样的习俗，民间比较简单，就是用赤色薄麻布做成的三角帽。汉语

---

[1] 《“子罕”新说》，《孔子研究》，2007.2。

[2] 董仲舒，《上汉武帝疏》。

还有成语，叫做“披麻戴孝”。

纯，“丝也。”[1]此处当指黑色的丝带。就是用黑色的丝带围捆在头上。现在则用黑纱捆在左臂上。

拜下，古时大户人家的房屋都有前厅和后厅，求见大人时要在前厅拜帖，得到大人同意之后，再由家丁领到后厅拜见。类似于现在进人家家门或进别人办公室前要先敲门，待主人同意之后才进去。

拜乎上，不经过前厅拜帖，径直到后厅拜见大人。类似于现在不敲门就直闯人家家门或进别人办公室。

泰，意即“娇纵”、“傲慢”。

孔子说：“过去参加丧事用麻冕是礼，现在用黑丝，比较节俭，我就随俗了。过去见大人要先在前厅求见，递拜帖，这是礼节；现在直接就到后厅见面，是傲慢；虽然与大家不同，但我还是坚持要先在前厅递拜帖的礼节。”

在对待礼的问题上，孔子说自己既有所坚持也能灵活处理。

如果理解为孔子主张丧事简办，那么就直接生命关怀问题，是命运的命题。

子绝四：毋意，毋必，毋固，毋我。

记录人对孔子讲课内容的归纳。这个句式与“子不语怪力乱神”相似，其实并不好理解，绝，毋都是否定词。

“子不语”好理解，“子绝四”不好理解，如果说是孔子摒弃四种毛病，那显然行不通。朱熹注：“绝，无之尽者。”[2]如果作“没有”，则“毋”又如何理解呢？毋，古字与无通用，这句话变成否定之否定句，也就是“有四”。

子绝四，即子四绝，就是说孔子有四种别人没有的绝招，也即是圣人的品德。

---

[1] 《康熙字典》。

[2] 见《四书集注》。

意，即是主观臆断。

必，俗话说的追求必然。

固，指"固执"、"顽固"。我，指"自私"、"自以为是"。

孔子有四种品格：不主观臆断，不追求必然，不固执己见，不自以为是。

也可以这样说，

孔子不臆断、不绝对、不固执、不自私。

子畏于匡。

曰："文王既没，文不在兹乎？天之将丧斯文也，后死者不得与于斯文也；天之未丧斯文也，匡人其如予何？"

孔子介绍自己在匡这个地方的遭遇，谈及命运的问题。

孔子要到卫国，经过匡这个地方。"孔子游于匡，宋人围之数匝，而弦歌不辍。子路入见，曰：'何夫子之娱也？'孔子曰：'来！吾语女。我讳穷久矣，而不免，命也；求通久矣，而不得，时也。当尧舜而天下无穷人，非知得也；当桀纣而天下无通人，非知失也；时势适然。夫水行不避蛟龙者，渔父之勇也；陆行不避兕虎者，猎人之勇也；白刃交于前，视死若生者，烈士之勇也；知穷之有命，知通之有时，临大难而不惧者，圣人之勇也。由处矣！吾命有所制矣。'无几何，将甲者进辞曰：'以为阳虎也，故围之。今非也，请辞而退。'"[1]

孔子在匡这个地方受到生命威胁，但临危不惧，坦然面对危难。

孔子在匡这个地方受到生命威胁，面对威胁。孔子说："文王一走，这里的道统就不存在了吗？如果天要让文王的道统消失，我就不会继承这一道统了。既然天不让文王的道统消失，匡的人民又会对我怎么样呢？"

孔子相信命运的安排。

---

[1] 《庄子·秋水》。

面对威胁，不惧怕，不抱怨。这个例子正好印证了："子绝四：毋意、毋必、毋固、毋我。"

大宰问于子贡曰："夫子圣者与？何其多能也？"

子贡曰："固天纵之将圣，又多能也。"

子闻之，曰："大宰知我乎！吾少也贱，故多能鄙事。君子多乎哉？不多也。"

牢[1]曰："子云，'吾不试，故艺'。"

孔子介绍另一个故事，故事里有四个人。大宰，就是某位官员，是谁无关紧要；子贡和孔子；还有一位第一次出现的牢。牢，孔子弟子。他应该是在课堂里听课。

大宰无故跑去找子贡打听孔子的事干什么呢？朱熹注："大宰盖以多能为圣也。"[2]大宰也想能多才多艺，又不肯刻苦学习，为自己找借口，故有此问。

大宰问："子贡，你的老师是圣人吗？他怎么这么多才多艺呢？"

子贡说："我的老师是上天选定的圣人，当然多才多艺了。"

子贡欺负大宰，大言不惭。

这件事传到孔子耳朵里，孔子对子贡的胡说八道颇为不满。

孔子说："大宰才是我的知音。我小时候因为贫贱，所以学会做很多卑微的工作。君子能做这么多卑微的工作吗？不会的。我连君子都不是，怎么就说我是天生的圣人呢？"

琴牢听到这里，或者是自言自语吧。总之是记录人把他的话给记了下来。

琴牢静静地说："老师说过，我无所求，所以我艺术。"

---

[1] 琴牢，字子开，一字子张，卫人，孔子的学生。

[2] 见《四书集注》。

子曰："吾有知乎哉？无知也。有鄙夫问于我，空空如也，我叩其两端而竭焉。"

孔子用例子进一步解释自己并非多才多艺，更不是什么圣人，仁道而已，"仁者人也，道者义也。"❶

从教学角度看，孔子在此指出一个教学原则。如何表达这个原则？

我认为"空空如也"表达两层意思，其一，鄙夫问的问题并不在孔子的知识范围内。孔子说的是实话，一个人不可能什么都懂，别人问你也不会专挑你懂的来问。孔子这里想说明的，就是当别人问你，而你又不懂的时候，怎么办？这里以鄙夫问是有深意的，鄙夫以为你什么都懂，才来问你，你能以"我不知道，别问我"将人打发走吗？这是仁道的问题。其二，鄙夫没有把问题说清楚。

"叩其两端而竭"，"两端"指"鄙夫"与孔子双方，"其"指鄙夫所问之事。通过问诊，使鄙夫和孔子都弄清问题，再引导鄙夫解决问题。

从教育的角度来理解，"叩其两端而竭"应该是一种有效的问答式教学手段。现在我们常看到某些教师对学生所提出的问题，自己还没有弄明白，就急忙给出答案，结果答非所问，教师不能解惑，学生便会对学习丧失信心。

孔子说："你们别以为我什么都懂，我懂的并不多。曾经有一位鄙夫来问我，他问的问题我也不懂，我只好跟他一起弄清问题，并引导他解决问题，使问题获得解决。"

子曰："凤鸟不至，河不出图，吾已矣夫！"

孔子的叹息。谈命运。

有一种解读，"《周易·乾凿度》曰：仲尼，鲁人偶筮其命，得旅，请益于商瞿氏。曰：'子有圣智而无位。'孔子泣而曰：'天也！命也！凤

---

❶ 《礼记·表记》。

鸟不来，河无图至，天命之也。'"[1]说孔子因为没有做大官而悲叹。与《论语》的格调不相符。我不同意这样的解读。

我认为，孔子是基于当时社会礼崩乐坏，哀叹自己力不从心。

课堂上，说到别人把自己当作圣人，自己却无力改变现状，所以孔子有此感叹。面对学生的感叹，更多的是对学生的希望。

孔子说："凤鸟不至，河不出图，文明不再，我已经尽心尽力了。希望寄托在你们身上。"

子见齐衰者、冕衣裳者与瞽者，见之，虽少必作；过之，必趋。

又是记录者的点评。

这不是孔子独有的习惯，粤东地区的人至今保留有这样的习俗，只是程度不同而已。

齐衰(zī cuī)，丧服，由麻布织成，见到这样的人群通常是有人办丧事，民间认为办丧事是不吉利的，会站起来走开。

冕衣裳，官服。百姓怕官，这是中国人根底子的认识，视官如治丧者，并非全是礼。

瞽，盲。民间传说盲人善于占卜，能通晓阴间的事，多数人不愿意接触盲人，见到盲人，会选择回避。

遇到这三类人，不论他们年龄大小，大家都会站进来，有意走开。

孔子看到穿丧服的人、穿官服的人和盲人，就会站起来，而当这些人走过来的时候，孔子就会避开。

这个习俗表明人是趋利避害的，难道当时只有孔子遵循这样的习俗吗？为什么值得如此记载呢？

颜渊喟然叹曰："仰之弥高，钻之弥坚；瞻之在前，忽焉

[1] 杨树达，《论语疏证》。

在后。夫子循循然善诱[1]人，博我以文，约我以礼，欲罢不能。既竭吾才，如有所立卓尔。虽欲从之，末由也已。”

颜渊听了老师的感叹，也发出一声长叹，还是为命运而叹，既为老师也为自己。

“仰之弥高，钻之弥坚；瞻之在前，忽焉在后。”弥，即“更加”、“越发”。越望越高，高不可攀；越钻越硬，硬不可入。高深莫测。看他在你前面，忽然又在你后面，前后左右，浑然一色。在颜渊眼里，孔子就是一个神。

“夫子循循然善诱人，博我以文，约我以礼，欲罢不能。”老师教学时的音容笑貌，行为举止；教学内容的融会贯通，精湛的教学技巧。有一种教师，能使学生每天都期待着来上他的课。我无数次反复读这句话，我无法再作解释，只能感悟。

这是一个老师所能达到的最高境界。

“既竭吾才，如有所立卓尔。虽欲从之，末由也已。”老师“充分发掘了我的才能”，[2]而我却永远也无法达到老师的水平。颜渊发出的哀叹，有“江郎才尽”的颓然。

钱穆先生的解读甚好，引用如下：

颜渊喟然叹道：“我仰望它，愈望愈高。我钻研它，愈钻愈坚。一忽儿看它在前面，一忽儿又像在后面。先生循着次第，一步步地诱导我，他是如何般的善教呀！他以文章开博我，以礼行节约我，使我欲罢不能。但我才知已尽，像见它在前面矗立着，高峻卓绝，我想再向前追从，但感到无路可由了。”[3]

子疾病，子路使门人为臣。病间，曰：“久矣哉！由之行诈也，无臣而为有臣。吾谁欺？欺天乎？且予与其死于臣

---

[1] “循循善诱”已成为成语。

[2] 李泽厚，《论语今读》。

[3] 《论语新解》。

之手也，无宁死于二三子之手乎？且予纵不得大葬，予死于道路乎？”

孔子为什么把这件事拿到课堂来讲呢？

故事发生在孔子病重期间。

门人，孔子弟子。孔子病重，子路安排同学照顾孔子。用“臣”字，可能子路强行让小门生以君臣之礼照顾孔子。正是这一点引来孔子的批评。

间，间隔。病间，病情好转的时候。说明孔子已经病到不能自理，任人摆布的程度。

用“诈”不用“欺”，这里的“诈”应该是“骗”，说明子路事先征求过孔子的意见，但做过了头。

孔子说：“我病得太久了。在我生病期间，子路欺骗了我，我不应该受到君王般的照顾。我骗谁呢？欺骗老天吗？我宁可就这样死在你们面前，也不愿在君王般的照顾之中死去。难道我得不到隆重的葬礼，就会死在路上，没有人为我收尸吗？”

孔子为什么为这点事而大动肝火呢？钱穆认为：“孔子有言：‘人而不仁，如礼何？’此章子路使诸弟子为孔子家臣，亦其平日尊亲其师之意，其心有仁，而终未达一间，则若不为仁而为诈。”❶

孔子既谈命，也谈仁。生死有命，不必拘泥于形式，仁义才是最要紧的。

子贡曰：“有美玉于斯，韫椟而藏诸？求善贾而沽诸？”子曰：“沽之哉！沽之哉！我待贾者也。”

子贡的提问，有为子路叫屈的成分。大体上，弟子们都认为孔子有当君王的资格。朱熹注：“子贡以孔子有道不仕，故设此二端以问也。”❷

❶ 《论语新解》。

❷ 《四书集注》。

用词之妙在“求”与“待”。

子贡问：“老师，这里有块美玉，是藏在柜里，还是寻找出高价的人来将它卖了呢？”

孔子说：“卖吧，卖吧，我就是待卖的人呵。”

对照孔子的另一个说法，子谓颜渊曰：“用之则行，舍之则藏，唯我与尔有是夫。”这里，孔子哀叹自己命运不济，只能待价而沽。

联系上面的故事，孔子告诉学生，求官要走正道。

子欲居九夷。

或曰：“陋，如之何！”

子曰：“君子居之，何陋之有？”

九夷，“夷有九种，曰：畎夷、于夷、方夷、黄夷、白夷、赤夷、玄夷、风夷、阳夷。”❶当指荒蛮之地。

孔子想要到荒蛮之地，自己不是为了游玩，可能是想办教育吧，就像现在为民工子弟办私立学校一样。有人说：“那些地方非常简陋，怎么办？”

孔子说：“君子居住的地方，哪有什么简陋的？”

这是如我们常说，一所乡村小学能净化全村的风气。

其实，孔子不是甘于寂寞之人，此处不留爷，自有留爷处。孔子周游列国，其中包括居九夷，都是主动行为，“君子居之，何陋之有？”这是多么伟大的气概啊。孔子一生都在为命运而抗争，难怪他的学生那么杰出。

子曰：“吾自卫反鲁，然后乐正，《雅》、《颂》各得其所。”

反，即返。朱熹注“鲁哀公十一年冬，孔子自卫反鲁。是时周礼在鲁，然诗乐亦颇残阙失次。孔子周流四方，参互考订，以知其说。

❶ 《后汉书·东夷传》。

晚知道终不行，故归而正之。”[1]是年约为公元前 484 年，孔子 68 岁。如果朱熹所注为真，孔子真了不得。以 68 岁高龄自卫返鲁，完成修订“乐”的工作。

孔子向学生报告自己的工作，是对“君子居之何陋之有”的补充说明。也就是，君子无论在什么地方，都能发挥自己的作用。

孔子说：“我从卫国回鲁国后，便开始修正音乐的工作，直到《雅》与《颂》恢复它们本来的面目为止。”

子曰：“出则事公卿，入则事父兄，丧事不敢不勉，不为酒困，何有于我哉？”

真想不到《论语》里还有这样的话语。孔子说完自己返回鲁国所从事的纯粹理论工作之后，话锋一转，就转到一个人如何对待生活的问题上来。讲四件事：

“出则事公卿”，在孔子年代，读书只为了做官。孔子培养的学生，就要能做好官。如果从现在的角度看，就是要求学生对自己所学专业达到熟练的程度，走出校门就能把本专业的事情做好，为社会创造财富。

“入则事父兄”，就是回到家里，要尊敬父母，尊重兄长。不要把官场的习气带回家里，无论你的官位多高，回到家里，你就是父母眼中的儿子，兄长眼里的弟弟，不能坏了礼数，破坏家庭的和谐氛围。

“丧事不敢不勉”，勉即“尽力”。办丧事要尽力，不能敷衍了事。

“不为酒困”，酒喝多了误事，不要贪杯。两千五百多年前，孔子就能对自己的弟子提出这样的警告，现在则用法律强制不准“酒后驾车”。

“何有于我哉”，我就只有这本事了。学生能做到这样，教育也就成功了。

孔子说：“走出校门就能做官；回到家里能孝敬父母，兄弟友爱；

---

[1] 《四书集注》。

为人办丧事能尽心尽力；不要酒后乱性。弟子们若能做到这样，我还有不满足的吗？”

人不是神仙，不能不食人间烟火。在这里，孔子充分展现他的教育思想，也即是生活教育，全人教育。出能为仕，入能孝悌，卑事尽力，不为酒困。

这是多么宝贵的教育遗产啊！

子在川上，曰：“逝者如斯夫！不舍昼夜。”

正如前面所说，孔子的课堂是整个大自然。这日，他们师生来到黄河边，看到滚滚东流的河水，孔子有感而发，过去就像这样，日夜不停地向前奔流。

翻译出来就失去韵味了，不如不译，就这样：

子在川上呼喊：“逝者如斯夫！不舍昼夜。”

逝，过去了的人和事。孔子期望自己开创的事业能如黄河之水川流不息。

为什么是水？杨树达引注：“孔子观于东流之水，子贡问于孔子曰：‘君子之所以见大水必观焉者，何也？’孔子曰：‘夫水，大遍与诸生而无为也，似德；其流也埤下，裾拘必循其理，似义；其洸洸乎不尽，似道；若有决行之，其应佚若声向，其赴百仞之谷不惧，似勇；主量必平，似法；盈不求概，似正；淖约微达，似察；以出以入就鲜洁，似善化；其万折也必东，似志，是故君子见大水必观焉。”❶

子曰：“吾未见好德如好色者也。”

这句话很直白，就如白话文一般。

孔子说：“我没有见过好德如好色的人。”

这是孔子观察人类行为而得出的论断。好色是人类繁衍的自然需要，好德是维系人类群居的基础，好色属于全体人类，好德只属于

❶ 《论语疏证》。

君子。

孔子这句话，是要求学生要有使命感。谈仁的问题。

君子者，好德如好色也。难怪古时候的士大夫都是三妻四妾。

子曰："譬如为山，未成一篑，止，吾止也；譬如平地，虽覆一篑，进，吾往也。"

孔子举例说明：不能重色轻友，也不能不食人间烟火。

君子坦荡荡，当止则止，当进则进，进退有据。

孔子说："譬如造山，一筐土都没有，要停止，我就停止；譬如平整土地，虽然只填一筐土，要继续，我也继续。"

这是符合孔子的原意的，如前，"子绝四：毋意、毋必、毋固、毋我。"

孔子主张有所为有所不为。

我总感觉孔子不主张与命运抗争，要走中庸之道。

子曰："语之而不惰者，其回也与！"

子谓颜渊，曰："惜乎！吾见其进也，未见其止也。"

这两句都是说颜渊的，放在一起看，意思比较连贯，以回应上一句话。历来大体上是说颜渊多么了不起，孔子在学生面前赞扬颜渊。朱熹引注："惰，懈怠也。范氏曰：'颜子闻夫子之言，而心解力行，造次颠沛未尝违之。如万物得时雨之润，发荣滋长，何有于惰，此群弟子所不及也。'"[1]

我在这里却读出孔子对颜渊的批评。孔子以颜渊作为例子，教育学生要知所进退。

孔子对学生谈颜渊。孔子说："只有颜渊不违背我的教导，但很可惜，他只知道前进，却不知道停止。"

---

[1] 《四书集注》。

这才是孔子教育之道，也合上下文。

子曰："苗而不秀者有矣夫！秀而不实者有矣夫！"

这是一个非常好的比喻，承接上面的话，既是评论颜渊，孔子对颜渊并不太满意，也是对学生的警示，希望学生走中间道路。

孔子好像是在描述当代的教育。现在教育的竞争已发展到幼儿园，所谓不能让孩子输在起跑线上，可是上天价幼儿园的孩子，到了初中也还是平平常常，甚至还不如没有上过幼儿园的人，这正是苗而不秀。同样的，有的人上天价名初中名高中，并有幸上了重点大学，可结果还是庸人一个，这就是秀而不实。

换一个角度可能更好理解，孔子说："有些苗不好看，有些好看的苗却不实在。"

子曰："后生可畏，焉知来者之不如今也？四十、五十而无闻焉，斯亦不足畏也已。"

这话很通俗易懂，已成为中国人的千古名言。

中国现代的一位伟人说过："世界是你们的，也是我们的，但是归根结底是你们的。你们青年人朝气蓬勃，正在兴旺时期，好像早晨八、九点钟的太阳。希望寄托在你们身上。"❶

他们表达的是同一个意思，年轻人具有无限的发展可能，所以后生可畏。

另一方面，年轻人要努力，出名要趁早，四、五十岁还默默无闻的人也就没有什么可怕的了。

子曰："法语之言，能无从乎？改之为贵。巽与之言，能无说乎？绎之为贵。说而不绎，从而不改，吾末如之何也

❶ 1957年11月17日，毛泽东在莫斯科大学对中国留俄学生的讲话。

已矣。”

孔子讲如何应对“法语之言”和“巽与之言”的问题。

法语之言,我认为是忠言,忠言逆耳,你听不听?最好能改。

巽与之言,我认为是恭维的话。听到恭维的话很高兴,但不要高兴过头,要搞清楚别人为什么恭维你,“绎”就是把恭维话的本意找出来,就是反思。

孔子说:“听到恭维的话而不反思,听从忠言却不改正,对这样的人,我是没有办法的。”

子曰:“主忠信,毋友不如己者,过则勿惮改。”

这句话孔子在《学而第一》里说过,整句话是:“君子不重则不威,学则不固。主忠信,毋友不如己者,过则勿惮改。”当时子夏说了过头的话(“与朋友交,言而有信:虽曰未学,吾必谓之学矣。”),孔子批评子夏。

现在是就“法语之言”和“巽与之言”而提出的,针对性更强。

孔子说:“我们要秉承忠信之道,明确每个人都有自己的长处,及时改正自己的缺点。”

子曰:“三军可夺帅也,匹夫不可夺志也。”

面对自己的缺点错误,孔子反复强调“过则勿惮改”,那么是否有什么东西值得人去坚持呢?在这里,孔子以至尊和至卑两者相比较来说明问题。

又一句通俗易懂的千古名言。

然而这句话也常被人当作遁词,以抗拒灵活变通。所以,不应该脱离上下文来理解这句话。

其实这也是一种课堂语言,现在还在运用,那就是,在强调某种观点的同时,担心过度强调而产生不良影响,从而补充说明例外的情况。

三军之帅为什么可夺?当遇到更加强大的军队时,为了避免重大伤亡，三军之帅是可以放弃的，“三军可夺帅也”说明孔子对生命的尊重。

匹夫之志为什么不可夺？夺其志，则人将不人。意志是一个人区别于他人的重要标志，也是作为生命个体的标志，“匹夫不可夺志也”是对人个生命的尊重。

子曰：“衣敝缊袍与衣狐貉者立，而不耻者，其由也与？‘不忮不求，何用不臧？’❶”

子路终身诵之。

子曰：“是道也，何足以臧？”

这句话有些意思。孔子说子路，有人插话，孔子再作点评。

“衣敝缊袍与衣狐貉者立”，穿破棉袄的人与穿貂皮大衣的人站在一起。“衣”是动词，即“穿”。“缊”(yǔn)，古代衣分三种，单衣叫“禅衣”，夹衣叫“褶衣”，絮衣叫“复衣”。“缊袍”属于“复衣”。“袍”分两种，里面衬茧絮的叫“茧袍”，里面衬麻絮的叫“缊袍”。

“忮，害也。”

“臧，善也。”❷

“是道也，何足以臧？”“道”指诵读，这样诵读，就能为善吗？

孔子说：“穿破棉袄与穿貂皮大衣站在一起，而并不以为耻的人，就子路一个人吗？《诗经》里说，不害不贪，何忧不善。”

孔子很少这么直接表扬子路，这时有学生插话说，难怪子路一直都在背诵这两句诗，原来老师引用这两句诗表扬过子路。

孔了听到议论，马上给子路泼冷水：“这样诵读，就能为善吗？”

这里谈的是仁，大智若愚。

---

❶ 《诗经·邶风·雄雉》，原诗是：“雄雉于飞，泄泄其羽。我之怀矣，自诒伊阻。雄雉于飞，下上其音。展矣君子，实劳我心。瞻彼日月，悠悠我思。道之云远，曷云能来？百尔君子，不知德行。不忮不求，何用不臧？”

❷ 《四书集注》。

子曰:"岁寒,然后知松柏之后凋也。"

孔子对子路的要求非常严格,时常批评子路。

这一句接上句,批评子路不要一受表扬就飘飘然,要加强修养。当然也是对全体学生说的。

孔子说:"寒冷的冬天之后,才能知道松柏不会凋谢。"

这也是千古名句,是中国人力量的源泉。钱穆评论道:"道之将废,虽圣贤不能回天而易命,然能守道,不与时俗同流,则其绪有传,其风有继。本章只一语,而义喻无穷,至今通俗皆知,诗人运用此章义者尤广。吾中华文化之历久常新,孔子此章所昭示,其影响尤为不小。"❶

中国教育同这种意境已越来越远了,父母怕孩子吃苦,孩子自己更怕吃苦。

子曰:"知者不惑,仁者不忧,勇者不惧。"

孔子说要从知、仁、勇三个方面进行修养。为什么呢?

知者不惑。知,即智。智者有自己的目标、方向,知所进退,有所为有所不为,自然不惑。

仁者不忧。在孔子心目中,仁者很少,颜渊是仁者,"一箪食,一瓢饮,在陋巷。人不堪其忧,回也不改其乐。"能做到这样,自然无忧。

勇者不惧。孔子心目中的勇并不是莽汉。子曰:"暴虎冯河,死而无悔者,吾不与也。必也临事而惧,好谋而成者也。"有勇有谋,自然不惧。

朱熹注:"明足以烛理,故不惑;理足以胜私,故不忧;气足以配道义,故不惧。此学之序也。"❷我以为是。

千古名言,何须再做无谓之解读?

---

❶ 《论语新解》。

❷ 《四书集注》。

子曰:“可与共学,未可与适道;可与适道,未可与立;可与立,未可与权。”

我把这句话当作“知者不惑”的进一步解释。孔子对人性的把握是非常准确的,否则他无法给出这样的忠告。

孔子说:“可以一起读书,发展方向未必可以一致;发展方向一致,未必可以一起共事;可以一起共事,未必可以共谋大计。”

这就是人的复杂性。所以人需要智慧,才能不惑。毕竟,孔子的学生大多数也只能成为君子,并非圣人,所以孔子有此忠告。

“唐棣之华,偏其反而。岂不尔思?室是远而。”

子曰:“未之思也,夫何远之有?”

本课的引导语是“子罕言利与命与仁”,结束语却来这么一句,这其中究竟有什么关系呢?

如果把这句话与“子曰:‘知者不惑,仁者不忧,勇者不惧’”放在一起读,我感觉孔子是引用诗歌对“知者不惑”作进一步说明。

“唐棣之华,偏其反而”。唐棣,一种植物,什么植物关系不大,这种植物会开花,华即是花。这种植物的花与通常植物的花不同,它不是向外绽放,而是“偏其反而”,偏向一边并且反向伸展。唐棣的华丽,就在它的与众不同。唐棣之美,美在另类。

“岂不尔思?室是远而”。尔思,即思尔,就是思念你。不是不想你,实在是各处一方,遥不可及。常人把另类的东西当成邪物,或弃之如敝屣,或想弄清楚又望而却步。岂能不想,实因遥远。

孔子借助诗歌,指出学生不思进取,疏于学业的情况。面对未知的知识,不是“格物致知”,而是抱怨其难。是没有思考嘛,有何遥远?

这堂课就这么结束了。孔子谈命运,由命运而带出利益和仁义。

乡党第十

我还是把这章内容看作一堂课,由孔子的学生介绍孔子日常生活的行为举止、生活琐事,目的是希望学生以老师为榜样。

类似于现在学校橱窗里介绍名师的东西。不同的是,现在介绍名师重在罗列所谓业绩,对孔子的介绍却全部是他待人接物的细节。

可惜,现在的老师已无多少榜样可言了。

这一章是给后人"看"的,看前人如何行为。可见,古时年轻学生的行为也不怎么规矩。

"乡党,父兄宗族之所在。"❶古代五百户称一党,一万二千五百户称一乡,"乡党"也即"乡里"、"老乡"等等的意思。

孔子于乡党,恂恂如也,似不能言者。其在宗庙朝廷,便便言,唯谨尔。

恂恂如也,外貌描述,这里作谦虚有礼的样子。

便(pián),"便,安也。人有不便更之。"便有善辩之意,如"便巧"指"巧言善辩"。"便便,辨也。"❷

便便言,能说会道。

在乡里,孔子谦虚有礼,好像不会说话。在宗庙朝廷里,他能说会道,只是很谨慎。

孔子温良恭俭让,知道什么时候应该做什么事。

---

❶ 见《四书集注》。

❷ 《康熙字典》。

朝，与下大夫言，侃侃如也；与上大夫言，訚訚如也。君在，踧踖如也，与与如也。

“侃”，“刚直也。”[1]侃侃，即理直气壮、从容不迫的样子。

訚，即“中正”、“和悦”。訚訚，即，中正和敬的样子。

踧踖，恭敬小心的样子。

与与，威仪适中，态度严肃的样子。

孔子上朝，面对下大夫，他侃侃而谈；面对上大夫，他说话中规中矩；面对国君，他说话恭敬小心，态度严肃。

孔子知礼。

君召使傧：色勃如也，足躩如也；揖所与立左右手，衣前后襜如也；趋进翼如也，宾退必复命，曰："宾不顾矣。"

“色勃如也”，脸色突然变得严肃起来，对待重要工作不能无动于衷。

“足躩如也”，脚步变得轻盈起来，迅速行动起来做好各种准备。

“揖所与立左右手，衣前后襜（chān）如也；趋进翼如也”。襜，衣服整齐。站在自己位置，向左右两边的人作揖，把衣服整理得整整齐齐，行进时碎步疾行。

宾退必复命，曰："宾不顾矣。"宾客走后必喊："宾客不回头了。"很有意思的礼节。

君主召集孔子迎接外宾。孔子会变得严肃起来，立刻着手准备。迎宾时，他会向左右两边的人作揖行礼，再把衣服整理整齐。行进时，他碎步疾行。宾客走了，他会喊："宾客不回头了。"

孔子敬业。

入公门：鞠躬如也，如不容；立不中门，行不履阈；过位，

---

[1] 《康熙字典》。

色勃如也，足躩如也，其言似不足者；摄齐升堂，鞠躬如也，屏气似不息者；出，降一等，逞颜色，怡怡如也；没阶趋进，翼如也；复其位，踧踖如也。

公门，应当指衙门，就是现在的各级政府大院，不独指皇宫大门。

鞠躬如也，如不容。很形象，低头弯腰，双手交叉放在背后，一步一步往里走，好像门太小容不下他。有人说这是孔子对公门表达敬意，我认为不尽然。乡村里，反手弯腰迈八字步进政府大院的人，多数是不拿正眼看官员的人。

立不中门，行不履阈。阈，即是门槛。不站在大门中间，出入大门不踩踏门槛。我国南方闽南方言区还保留着这种习俗。

过位，色勃如也，足躩如也，其言似不足者。过位，“位，君之虚位。”[1]有如张挂领袖像的地方，或历代君王的牌位。走过这些地方时，孔子都会突然变得严肃起来，快步通过，不敢大声说话。

摄齐升堂，鞠躬如也，屏气似不息者。摄齐，提起衣摆。提起衣摆走上大殿，低头弯腰，大气也不敢出。

出，降一等，逞颜色，怡怡如也。孔子从大殿出来，舒了口气，逐级走下台阶，脸上慢慢也没有那么严肃了，人也变得和颜悦色的样子。

没阶趋进，翼如也；复其位，踧踖如也。走下台阶，他全身轻松，可是当再次经过历代君王牌位时，他又变得严肃起来。

这一段记录孔子进出公堂的礼节。这公堂有前门，前厅和后殿，前厅设有历代君王的牌位，前厅和后殿之间还设有台阶。好不威严。

孔子到衙门办事。他进门时低头弯腰，好像门太小容不下他。他不站大门中间，出入大门不踩踏门槛。经过历代君王的牌位，他会突然变得严肃起来，快步通过，不敢大声说话。他提起衣摆走上大

---

[1] 见《四书集注》。

殿，低头弯腰，大气也不敢出。从大殿出来，他舒了口气，逐级走下台阶，他脸上也慢慢没有那么严肃了，人也变得和颜悦色了。回到前厅，他全身轻松，可是当再次经过历代君王牌位时，他又变得严肃起来。

执圭，鞠躬如也，如不胜。上如揖，下如授，勃如战色，足蹜蹜，如有循。享礼，有容色。私觌，愉愉如也。

执圭，鞠躬如也，如不胜。圭，“瑞玉也。上圜下方，圭以封诸侯，故从重土。”[1]孔子拿圭，低头弯腰，好像拿不动。这行为有些夸张，点头哈腰，礼过则不实，多少有些虚伪。

上如揖，下如授，勃如战色，足蹜蹜，如有循。不知道怎么拿好，那样子就像向上作揖，又像接受馈赠，无不尴尬，战战兢兢，走路也小心翼翼，就像地上画有行走的路线。

享礼，有容色。接受礼物时，表情开始轻松。

私觌，愉愉如也。觌(dí)，面别。送礼毕，大家私下见面话别，场面愉快。

这送礼也太讲究了。从古至今，繁杂的礼节令人不寒而栗。

孔子送礼。他双手拿圭，低头弯腰，如不胜其重，像向人作揖，又像接受馈赠，无不尴尬，战战兢兢，走路也小心翼翼，就像地上画有行走的路线。送礼毕，接受回礼，他的表情才开始变得轻松，私下见面话别，场面又很愉快。

君子不以绀緅饰，红紫不以为亵服。当暑，袗絺绤，必表而出之。缁衣羔裘，素衣麑裘，黄衣狐裘。亵裘长，短右袂。必有寝衣，长一身有半。狐貉之厚以居。去丧，无所不佩。非帷裳，必杀之。羔裘玄冠不以吊。吉月，必朝服

---

[1] 《康熙字典》。

而朝。

绀緅(gàn zōu),青色和黑红色。饰,衣服的镶边。亵(xìe)服,君子不用青色和黑红色作服饰,不用红色和紫色作为便服。

当暑,袗絺绤,必表而出之。袗(zhěn),单衣,亦指穿单衣;絺(chī),细葛布;绤(xì),粗葛布。夏天,他在家只穿粗细葛布衣,出门必定再穿件外衣。现在人们的习惯也还是这样,居家过日子,在家的穿戴随意些,外出就要有讲究。

缁衣羔裘,素衣麑裘,黄衣狐裘。缁(zī),"缁,黑色"❶;素,白色;麑(ní),幼鹿。裘,皮衣。黑色羊皮衣,白色鹿皮衣,黄色狐皮衣。

亵裘长,短右袂。亵(xiè),"私服"❷,即是平时穿的衣服;袂,衣袖,平日穿的皮衣长一些,但右袖短一些。

必有寝衣,长一身有半。狐貉之厚以居。寝衣,此处作被子。居,即坐,此处当作椅子,类似沙发。一定有被子,被子长为身高的一倍半。有狐貉做成的沙发。

去丧,无所不佩。去,除去。佩,代表身份的饰物。除非参加丧事,否则所有代表身份的饰物都要佩带。

非帷裳,必杀之。帷裳,泛指上朝或治丧的礼服,"其制,正幅如帷。名曰帷裳,则无杀缝。"❸杀,指缝制。除非上朝或治丧的礼服,否则都要缝制。

羔裘玄冠不以吊。吉月,必朝服而朝。玄,深黑色。吊丧不穿羊皮衣,不戴黑帽子。每月初一,必穿朝制礼服上朝。

孔子不用青色和黑红色物件作服饰,不用红色和紫色布料作便服。夏天,他在家只穿粗细葛布衣,出门必定再穿件外衣,外衣有黑色羊皮衣,白色鹿皮衣,黄色狐皮衣。他平日穿的皮衣长一些,但右袖短一些。他有被子,被子长为其身高的一倍半,有狐貉做成的沙发。除非参加丧事,否则他都要佩带所有代表身份的饰物。他的衣服,除去上朝或治丧的礼服外,其他都要缝制。他吊丧不穿羊皮衣,

---

❶❷❸ 《康熙字典》。

不戴黑帽子。每月初一，他必穿朝制礼服上朝。

斋，必有明衣，布。斋必变食，居必迁坐。

斋，斋戒。现在仍然普遍存在斋戒，但有些斋戒比较随意，如正月初一，多数人就有斋戒的习惯。这里讲孔子斋戒的习俗。

孔子遇斋戒，必沐浴更衣，衣服是布衣。斋戒期间，他改变日常的起居饮食习惯，不抽烟喝酒，不食荤腥，不睡寝室。

食不厌精，脍不厌细。食饐而餲，鱼馁而肉败，不食；色恶，不食；臭恶，不食；失饪，不食；不时，不食；割不正，不食；不得其酱，不食。肉虽多，不使胜食饩。唯酒无量，不及乱。沽酒市脯，不食。不撤姜食，不多食。祭于公，不宿肉。祭肉不出三日，出三日，不食之矣。食不语，寝不言。虽疏食菜羹，瓜祭，必齐如也。

食不厌精，脍不厌细。

“脍，会也。细切肉令散，分其赤白异切之，已，乃会合和之也。”[1]

这句话可能遭后人误解。历代富裕人家多学于此，当代更甚，富贵人家喊吃粗粮，但粗粮也细做。我认同钱穆先生的解读，“孔子曰：‘疏食饮水，乐在其中。’又曰：‘士耻恶食，不足与议。’”[2]孔子一介书生，实当如此。

食饐而餲，鱼馁而肉败，不食；色恶，不食；臭恶，不食；失饪，不食；不时，不食；割不正，不食；不得其酱，不食。

饐，食物经久腐臭。餲(aì)，食物经久而变味。馁，指鱼腐烂变质。“鱼馁而肉败”这个说法，也许只有渔民最清楚，如墨鱼，变质的

[1] 《康熙字典》。

[2] 《论语新解》。

肉并不会马上腐烂。饪，本义做饭做菜，“饪，大熟也。”“过熟谓之失饪。”[1]也作烹调失当。不时，不对时辰。割不正，如手撕鸡，也如沥青杀鸭。

不吃变质的饭，不吃腐烂的肉，不吃颜色斑斓味道怪异的食物，不吃太熟的食物。不对时辰的饭不吃，杀法不正的肉不吃，酱料不配的食物不吃。

肉虽多，不使胜食饩。唯酒无量，不及乱。沽酒市脯，不食。不撤姜食，不多食。

饩，泛指粮食或活的牲口。此处，食饩指米粮等食物。

肉虽然很多，但吃肉不能多过吃米饭。唯有酒可以多喝，只要不醉。不吃买来的酒和肉干。不放姜的食物不多吃。

祭于公，不宿肉。祭肉不出三日，出三日，不食之矣。食不语，寝不言。虽疏食菜羹，瓜祭，必齐如也。

祭于公，即公祭，宗族共同拜祭祖先，现在很流行。不宿肉，公祭用的肉不留过夜，通常是分给参加公祭的人。瓜祭，每当收获一种新的作物，农民都用少许鲜品先拜祭天地，以表感恩。

孔子食不厌精，脍不厌细。他不吃变质的饭、腐烂的肉、颜色斑斓味道怪异以及煮太熟的食物。时辰不正他不吃饭，杀法不正的肉他不吃，酱料不配的食物他不吃。肉虽然很多，但他吃肉不会多过吃米饭，唯有酒他喝很多，但从来不醉。他不吃买来的酒和肉干，不放姜的食物他也不多吃。公祭的肉，他不放过夜，私祭的肉不放过三天，放过三天的肉他不吃。吃饭时他不说话，睡觉时他不言语。虽然只是吃蔬果，他也要先行供奉天地，恭敬有加。

席不正，不坐。

席，作酒筵。钱穆先生的解读较妥当：“又说：古人坐席，天子五重，诸侯三重，大夫再重；南北向，以西为上，东西向，以南为上；此席

[1] 《康熙字典》。

之正。”[1]现在宴请宾客，依然注重座次，位不正确，我也不坐，这是圣人留下的宝贵经验。

酒筵座次不对，孔子不坐。

乡人饮酒，杖者出，斯出矣。乡人傩，朝服而立于阼阶。

杖者，拄拐杖的老人。阼(zuò)，“阼阶，东阶，所以答酢宾客。”[2]

孔子与乡里人饮酒，总是让拄拐杖的老人先离席，然后自己再离开。乡里人演傩戏，他就穿朝服立于戏台的东面。

问人于他邦，再拜而送之。康子馈药，拜而受之，曰：“丘未达，不敢尝。”

孔子在别国有朋友，可能还是比较要好的朋友。正好，有人要到朋友所在的地方办事，孔子便托人送点礼物给朋友，以资问候。这很正常，现代人也一样。这里因为没有点明朋友的身份，用“送”字。

季康子送药给孔子，季康子是大夫，故用“馈”字，孔子还要拜而受之，以表达感激之情。达，即通达。

孔子托人问候他邦的朋友，再表谢意。季康子馈赠药品，孔子以礼接受，说：“孔丘不明来意，不敢品尝。”

小心翼翼的孔子。

厩焚。子退朝，曰“伤人乎”？不问马。

退朝，就是下班吧？或者从什么地方回到家，孔子又不是什么大臣，退朝之说可能是弟子为师立尊。不问马，恐不妥，有违孔子的思想。“再问马”比较真实。

马厩失火。孔子回家知道后，问：“伤人了吗？”不问马的伤亡情况。

---

[1] 《论语新解》。

[2] 《康熙字典》。

君赐食，必正席先尝之。君赐腥，必熟而荐之。君赐生，必畜之。侍食于君，君祭，先饭。疾，君视之，东首，加朝服，拖绅。君命召，不俟驾行矣。

正席先尝。设正席坐正位先吃。

荐，进献，包括长辈和祖先。

君祭，古时君主宴请属臣，吃饭之前必须拜祭先祖。古今中外都有此类习俗，现在的集体宴会，先由主宾讲话，再吃饭。基督徒吃正餐前要先行祈祷。

"绅，大带，所以自绅约也。……又绅，束也。"[1]

不俟驾行。俟，等待。不等马车，急忙先行。

君主赐食物，孔子必设正席坐正位先品尝。君主赐生肉，孔子必亲自煮熟，并先进献给前辈和祖先。君主赐牲畜，孔子必养着。应邀侍奉君主吃饭，在君主饭前拜祭时，孔子就先把自己的饭吃了。孔子有病，君主来探望，他会头朝东躺着，身上盖上朝服，朝服上面放一条大绶带。君主召见，孔子不等马车就急忙先行。

入太庙，每事问。

朱熹说是"重出"，不做解释。

第一次出现，是人们怀疑孔子是否懂礼貌。"子入太庙，每事问。或曰：'孰谓鄹人之子知礼乎？入太庙，每事问。'子闻之，曰：'是礼也。'"

重复出现同一句，一方面说明孔子好学，另一方面也可能表明弟子们觉得孔子有些婆婆妈妈。

孔子走进太庙，每件事都要过问。

朋友死，无所归，曰："于我殡。"朋友之馈，虽车马，非祭

[1] 《康熙字典》。

肉，不拜。

这里就说两件事。

第一件，有朋友死了，没有人给办丧事，孔子说："丧事由我来办。"孔子够朋友。说这件事，是告诉学生什么叫做忠信。

第二件，朋友送东西给孔子，虽然送车马，他不要，他只收可供拜祭用的肉。说这件事，是告诉学生，孔子对待朋友是言行一致的。孔子曾经说过："不义而富且贵，于我如浮云。"

朋友死了，没有人给办丧事，孔子说："丧事由我来办。"朋友送车马给孔子，他不要，他只收可供拜祭用的肉。

寝不尸，居不容。见齐缞者，虽狎，必变。见冕者与瞽者，虽亵，必以貌。凶服者，式之；式负版者。有盛馔，必变色而作。迅雷风烈，必变。

寝不尸，"事君，近而不谏，则尸利也。"[1]不尸，不敢懒惰，就如现代人工作忙，睡觉时都心惊惊，睡不安稳。

居不容，孔子似变色龙，遇见不同地位的人都能够应付，但在家里，他不需要装扮。

见齐缞（zīcuī）者，虽狎，必变。狎，亲近。见到穿丧服的，虽然平时比较亲近，也会表示哀伤。

见冕者与瞽者，虽亵，必以貌。冕，指有身份的人才戴的帽子。亵，狎也，作熟悉解。见到戴帽子的有身份的人和盲人，虽然平时经常见面，也要表示礼貌。

凶服者，式之；式负版者。"式，车上之横木，男子立乘，有所敬，则俛而凭式，遂以式为敬名。"[2]也就是表达情感的一种方式，见哀则哀，遇乐则乐是也。负版，钱穆引注，"又一说：版者，哀服之领，惟三

---

❶ 《礼记·表记》。

❷ 《康熙字典》。

年丧之衰，乃有此领，故负版乃丧服之最重者。”[1]这里依钱穆的注解，也即是，在路上见到穿凶服的人，就站在车上表达哀悼。

有盛馔，必变色而作。馔，菜肴。见到丰盛的菜肴，一定惊讶并表示感谢。

迅雷风烈，必变。朱熹注，“迅，疾也。烈，猛也。必变者，所以敬天之怒。《记》曰：‘若有疾风、迅雷、甚雨则必变，虽夜必兴，衣服冠而坐。’”[2]遇见雷雨交加，一定立而敬天。

孔子睡觉不仰卧，居家不装扮。遇见穿丧服的，虽然平时比较亲近，他也会从脸上流露出哀伤的表情。见到戴帽子的有身份的人和盲人，虽然平时经常见面，他也要表示礼貌。在路上遇到穿凶服的人，他会站在车上表达哀悼。到别人家做客，见到丰盛的菜肴，他一定会表示惊讶并向主人致谢。雷雨交加的日子，他一定站起来以敬苍天。

升车，必正立，执绥。车中，不内顾，不疾言，不亲指。

绥，“车中把也。礼升车必正立执绥，所以安也。”[3]这句话很清楚，上车时，一定要立正，双手抓住车中把手，上车才能稳当。

上车时，孔子先立正，双手抓住车把子，再上车。在车上，他不左顾右盼，不大声喧哗，不指指点点。

色斯举矣，翔而后集。曰：“山梁雌雉，时哉！时哉！”子路拱之，三嗅而作。

不知道孔子师徒在干什么呀？

这堂课就要结束了，至此，我们才知道这堂课由子路主讲，而且，孔子就坐在下面听子路讲自己的故事。

---

[1] 《论语新解》。

[2] 《四书集注》。

[3] 《康熙字典》。

子路说，上面我只是列举了老师在言行、起居和饮食等方面为我们树立的榜样，对我们来说，“就像山梁上的雌雉一样，恰逢其时呀！恰逢其时呀！”说完，子路向孔子拱拱手，调皮地三叩头，老师，不好意思，献丑了。

据说，这是《论语》中最难解读的一句话。下面摘录一种译法，很有意思：“孔子脸色一动，山鸡飞向天空，盘旋一阵又落在一处。孔子道：‘这些山梁上的雌雉，得其时呀！得其时呀！’子路向它们拱拱手，它们又振一振翅膀飞去了。”[1]

[1] 杨柏峻，《论语译注》，中华书局，1980年版。

先进第十一

这是一堂讨论课。

主持人:孔子。

参加人员:孔子的学生,还有季氏家族的一个人事干部。

内容:人生规划。

子曰:“先进于礼乐,野人也;后进于礼乐,君子也。如用之,则吾从先进。”

孔子用开门见山的方法引入这堂课。

通常认为“先进”“后进”是指前辈后辈,我不以为然。孔子称前辈,常用人名或朝代名。例如,子曰:“‘述而不作,信而好古。’窃比于我老彭。”

从整堂课的内容来看,这里的先进后进,应该是指孔子的学生,已“毕业”的学生是谓先进;仍然在学的学生是谓后进。现在的老师面对学生喜欢说我以前的学生怎么怎么样,目的是鼓励当下的学生。古今何其相似。

野人、君子是比喻,也即是孔子所说的“质胜文则野,文胜质则史。文质彬彬,然后君子。”朴实、真诚,野人之礼;奢华、矫饰,君子之礼。

如用之,教育的目标和内容。

孔子说:“同学们,就礼乐方面来说,你们的师兄是朴实和真诚的,不像你们现在这般奢华和矫饰。礼乐方面的修养,还得向你们的师兄学习。”

子曰:“从我于陈、蔡者,皆不及门也。”

德行:颜渊、闵子骞、冉伯牛、仲弓。

言语:宰我、子贡。

政事:冉有、季路。

文学:子游、子夏。

孔子在陈国和蔡国多次遭遇危险。其中一次大致如下:“子迁于蔡三岁,吴伐陈。楚救陈,军于城父。闻孔子在陈蔡之间,楚使人聘孔子。孔子将往拜礼,陈蔡大夫谋曰:‘孔子贤者,所刺讥皆中诸侯之疾。今者久留陈蔡之间,诸大夫所设行皆非仲尼之意。今楚,大国也,来聘孔子。孔子用于楚,则陈蔡用事大夫危矣。’于是乃相与发徒役围孔子于野。不得行,绝粮。从者病,莫能兴。孔子讲诵弦歌不衰。子路愠见曰:‘君子亦有穷乎?’孔子曰:‘君子固穷,小人穷斯滥矣。’”[1]

大难不死,孔子对跟随他经历“陈蔡之厄”的学生念念不忘,称赞有加。

人之常情。

皆不及门也。有些留恋,亦有些感叹,既指他们“毕业”走了,又指他们没有大官做。孔子列举其中的十名学生,指出他们的特长。

这说明,孔子教育的教学内容至少包括四个方面的内容:德行、言语、政事和文学。同时也说明孔子教学细致入微,对学生的特点了如指掌。

这是教学得以成功的基本前提。

言语,应该是指口才、辩才、演讲才能,就像现在的电视节目主持人。

孔子说,以前跟随我往返于陈国和蔡国的学生,现在都不在我身

[1] 《史记·孔子世家》。

边了。他们都学有所成。德行方面有颜渊、闵子骞、冉伯牛、仲弓；言语方面有宰我、子贡；政事方面有冉有、季路；文学方面有子游、子夏。

子曰："回也，非助我者也！于吾言，无所不说。"

孔子进一步解释他的十位学生。

回，颜渊。

非助我者也。有些奇怪，颜回是孔子的第一得意门生，孔子怎么会说他对自己没有帮助呢？朱熹从反面来解读，认为孔子批评颜回，是因为太喜欢的缘故。[1] 大可不必如此为颜回辩护，也不必认为孔子高度评价颜回就意味着颜回对孔子有帮助。

于吾言，无所不说。这再清楚不过了，颜回对孔子百依百顺，孔子说什么他都不产生疑问，"是，是，老师您说得对，弟子谨记。"正是这一点使孔子认为颜回对自己没有帮助，首先是无助于颜回自己对问题的理解；其次是无助于弟子之间的学习交流；再者是无助于孔子对自己思想的深思。也许，颜回早亡也是其中的一个原因。

孔子说："颜回对我没有帮助，因为我说什么，他都乐意接受。"

子曰："孝哉闵子骞！人不间于其父母昆弟之言。"

闵子骞的德行表现在什么地方呢？孔子的结论是："孝哉闵子骞！"

闵子骞之孝，已成中华孝文化的经典，"周闵损，字子骞，早年丧母。父娶后母，生二子，衣以锦絮；妒损，衣以芦花。父令损御车，体寒，手无法握住缰绳。父查知故，欲出后母。损曰：'母在一子寒，母去三子单。'母闻，悔改。有诗赞道：闵氏有贤郎，何曾怨晚娘？车前留母在，三子免风霜。"[2]

人不间于其父母昆弟之言。间，非难、诽谤。昆，哥哥。昆弟，兄

---

[1] 《四书集注》。

[2] 郭居敬，《二十四孝》。

弟。闵子骞的父母兄弟的话,别人不会非难。家人说他孝悌,外人都相信。

孔子说:“闵子骞是真孝子。他的父母兄弟都说他孝,别人也说他孝。”

南容三复《白圭》[1]。孔子以其兄之子,妻之。

南容并不在孔子上述列举的十人之列,记录人加入这句话,用意何在?

《白圭》,取其“斯言之玷,不可为也。”说南容谨言慎行。

联系另一处的说法:“子谓南容,‘邦有道,不废;邦无道,免于刑戮。’以其兄之子妻之。”也即是在社会政治气氛不好的情况下,孔子特别强调谨言慎行。颜回正是谨言慎行的典范,孔子却说他“非助我者也”。可见记录人记录南容的故事是有目的的,难道是记下孔子行事存在双重标准吗?但无论如何,这一记录却也丰富了儒家经典。

三复,经常诵读。

南容经常诵读《白圭》,孔子把侄女嫁给他。

季康子问:“弟子孰为好学?”

孔子对曰:“有颜回者,好学。不幸短命,死矣!今也则无。”

季康子的问话或许是由孔子把学生分成四类而引出的,季康子网罗人才,在乎的是人是否好学。同样的问题,哀公也问过一次:

哀公问:“弟子孰为好学?”孔子对曰:“有颜回者好学,不迁怒,不贰过。不幸短命死矣!今也则亡,未闻好学者也。”

孔子给出相同的回答,但详略不同。这充分显示孔子对待官员的态度。

---

[1] 《诗经·大雅·荡之什·抑》,原文:“质尔人民,谨尔侯度,用戒不虞。慎尔出话,敬尔威仪,无不柔嘉。白圭之玷,尚可磨也;斯言之玷,不可为也。”

当然，从教育的角度说，学生的特长是重要的教学条件，但更为根本的问题是学生是否好学。哀公和季康子选择人才的标准是学习能力。

季康子问孔子："你的学生之中有谁比较好学？"

孔子回答说："颜回是我的弟子中最好学的一个，不幸颜回短命，已经死了，此后就再也没有好学的学生了。"

孔子也是一种感叹。

颜渊死。颜路[1]请子之车以为之椁。

子曰："才不才，亦各言其子也。鲤也死，有棺而无椁。吾不徒行以为之椁，以吾从大夫之后，不可徒行也。"

孔子由此引出颜回的故事，讲述自己对待死亡的态度。

颜渊死的时候，家穷无钱办丧事，颜渊的父亲请老师帮忙。孔子家也穷，只有君王所赐的马车，总不能卖车为颜渊办丧事吧？孔子以自己儿子的丧事为例，劝颜路为颜渊简办丧事。穷人没有办法心想事成，才不才都一样，其他都是托辞。

椁，棺材外面套的大棺。

颜渊死的时候，他的父亲颜路请孔子卖车为儿子置办椁。孔子说："我的儿子虽然没有你的儿子聪明，但也是我的儿子。我儿子鲤死的时候，丧事简办，有棺无椁。我也没有为儿子卖车买椁。我当大夫之后，不能徒步出行。"

颜渊死。

子曰："噫！天丧予！天丧予！"

孔子把马车看得很重要，据说是御赐的马车，不能变卖，更不能变卖来为儿子或得意门生办丧事。

---

[1] 颜路，即颜无繇，字路，颜渊的父亲，系孔子的学生。

然而颜渊的死，可能确实引起孔子的震动，我们没有在《论语》里看到孔子对儿子鲤的死表达过什么悲哀，却对颜渊的死喊出“天丧予！”

这是穷人死守礼节的结果。“颜渊死”是记录人为上下文连接需要所加的。

孔子在课堂上当着学生唉声长叹：“啊！天要绝我呀！天要绝我呀！”

这场面颇为悲戚。

颜渊死。子哭之恸。

从者曰：“子恸矣！”

曰：“有恸乎？非夫人之为恸，而谁为？”

孔子恸哭。可能整个课堂早已哭成一片。

从者，指孔子弟子，经常跟随孔子，但没有名气，记录人故意隐去其姓名。

“夫人，谓颜渊。”❶（《四书集注》）

说着说着，孔子恸哭。身旁的学生说：“老师太悲伤了！”

孔子说：“我太悲伤了吗？我不为颜渊悲伤，还为谁悲伤呢？”

很率性的场面，“我不哭他，我还哭谁啊？我。”

颜渊死。门人欲厚葬之。

子曰：“不可。”

门人厚葬之。

子曰：“回也，视予犹父也，予不得视犹子也。非我也，夫二三子也。”

继续讲述颜渊的故事。这是故事的重点。

---

❶ 《四书集注》。

颜渊死的时候，孔子的弟子想厚葬他。

孔子说："不可以厚葬。"

弟子们不听，厚葬了颜渊。

孔子说："颜回视我为父亲，但我不能视他为儿子。不是我不仁义，我还有你们这么多学生呀。"

在这里，孔子借助颜渊的故事，阐明自己的学生观，那就是要公平对待每一位学生，无论他们的学习成绩如何，无论他们有何专长，也无论感情的亲疏。

今天有多少老师能做到！

季路[1]问事鬼神。

子曰："未能事人，焉能事鬼？"

"敢问死？"

曰："未知生，焉知死？"

子路勇猛，这个对话有质问孔子的意思，也即是子路不太满意孔子对颜渊丧事的态度。子路长期跟随孔子，没有事由，他不可能提出如何事奉神鬼的问题。

子路问孔子如何事奉鬼神的事。

孔子说："你连人都不能事奉，怎么能事奉鬼呢？"

子路追问："那么，死亡又是怎么回事呢？"

孔子说："我连生的问题都没有弄清楚，怎么知道死的事呢？"

"子不语怪力乱神。"所以，孔子只说鬼，不说神。而相比于鬼和死亡的事，孔子更关注人和人生的事。孔子的一切活动，都围绕着人生而展开，包括他对待拜祭的态度，也都是为着人的孝和礼。

从现代的观点看，孔子是一个人本主义者。也可以说，孔子的教育观具有以人为本的核心内涵。

---

[1] 即子路，由于他做过季氏的家臣，便被称为季路。官本位。

闵子侍侧，訚訚如也。子路，行行如也。冉有、子贡，侃侃如也。

子乐。曰："若由也，不得其死然。"

由子路问鬼神生死，而引出孔子对四个学生行为的观察。訚訚、行行、侃侃都是形态描述，究竟是一种什么样的形态很难用语言表达，倘若不是，孔子也不至于用"……如也"的句式了。

结合孔子对这几个学生的评价，我们可以想象訚訚、行行、侃侃是怎么样的。

闵子骞，以品德高尚著称，在孔子身边侍奉孔子的态度，就像孔子对待上大夫说话一样。孔子"与上大夫言，訚訚如也。"也就是谦和而恭敬的样子。訚，好像关起门来说话，小心翼翼。

子路，擅长政事，说话也停不下脚步，走动不停，指指点点，活像是一个监工，不容他人辩驳，总之，很难形容。

冉有也擅长政事，但与子路不同，属于官场上那类搞宣传的人；子贡擅长言语。他们对待孔子就像孔子对待下大夫一样。孔子"与下大夫言，侃侃如也。"也就是口若悬河、理直气壮、从容不迫的样子。

子乐。孔子会心的、慈祥的样子。看到自己学生的成长，看到自己学生各有各的特点，各有各的精彩，孔子乐了。孔子的乐，是一个教师的乐，一个智者的乐。而接下来脱口而出的言语，即道出作为一个教师的无可奈何。

闵子骞侍奉在侧，小心谨慎，谦和恭敬；子路指指点点，行事果断；冉有和子贡则口若悬河，从容不迫。孔子高兴地看着他们，脱口而出："如果子路继续这样下去，我担心他会遭遇不测。"

当代教育，使学生如大工业生产线上的产品，千人一面。孔子关注个性教育的思想，何时得以回归？我们何时能以学生个性张扬为乐？

鲁人为长府。

闵子骞曰:“仍旧贯,如之何?何必改作!”

子曰:“夫人不言,言必有中。”

孔子继续分析闵子骞,进一步说明他何以品德高尚?为什么说他訚訚如也?

鲁人,不便言明是谁,就是一个鲁国人。

为,此处作“变革”。

长府,春秋时鲁国藏财物的国库名称。[1]

贯,通“惯”,作“习惯”、“惯例”。

夫人,指闵子骞。

鲁国某人要变革国库管理制度。闵子骞说:“依照惯例,有何不妥?何必大动干戈?”孔子对此评论说:“闵子骞说话不多,但他一说就说到要害之处。”

这就是“与上大夫言,訚訚如也”吗?可能是吧。为什么不直说呢?

古今语言的差异。

此处还可以看出,孔子之所以把闵子骞列为品德高尚的学生,是指他关心国家大事。

子曰:“由之瑟,奚为于丘之门?”

门人不敬子路。

子曰:“由也升堂矣!未入于室也!”[2]

孔子评价子路演奏乐器的水平。

瑟,古代的拨弦乐器。

升堂入室,喻学问深得师传、造诣精深;或学问由浅入深,循序渐进,达到更高的水平。

一天,子路弹拨鼓瑟。

[1] 《康熙字典》。

[2] “升堂入室”已成为成语。

孔子听见后说:“子路弹拨鼓瑟的水平怎么这么样呢? 这会是出自我的门下呢?”

学生听了孔子的话后,不再尊敬子路。

孔子说:“子路弹拨鼓瑟的水平已经很高了,只是鼓声中透出杀气。”❶

孔子从子路弹拨鼓瑟声中听出子路的性格,子路“行行如也”,说明子路的弹拨水平已经很高了。孔子评价子路,目的是要其克服性格上的弱点。学生误解孔子的话,纷纷看不起子路,孔子不得不作进一步解释。

教育无小事,评价学生须小心。这是一个范例。

子贡问:“师与商也,孰贤?”

子曰:“师也过,商也不及。”

曰:“然则,师愈欤?”

子曰:“过,犹不及。”❷

师与商,颛孙师(子张)和卜商(子夏)。孔子评价商擅长文学,而把师排除在外,子贡可能有不同意见,或是不理解孔子的评价标准,于是提出问题。子贡擅长言语,问问题也绕弯子。

子贡问老师:“子张和子夏,谁比谁贤达?”

孔子回答:“子张行事高调,子夏行事低调。”

子贡追问:“那不就是说子张胜过子夏吗?”

孔子回答:“行事高调和低调同样不好。”

孔子这次不上子贡的当,他既表明自己的观点:中庸之道,又避免把学生分出个高低。

季氏富于周公,而求也为之聚敛而附益之。

---

❶ 见《四书集注》。

❷ “过犹不及”已成为成语。

子曰："非吾徒也，小子鸣鼓而攻之，可也！"

冉有曾做过季氏的家臣。

季氏比周公更有钱，更富有，而冉有还帮助季家敛财，使季家富上加富。孔子很不高兴，他对学生说："冉有这小子不是我的学生，你们可以组织起来反对他。"

很有意思，冉有作为季氏的家臣，做了自己分内的事，于情于理都合乎礼教，孔子为什么要反对？难道孔子要冉有做一个不忠之人？朱熹认为冉有帮助季氏盘剥百姓，目的是急于升官。[1]

这是孔子的原意吗？难道孔子仇富？

更有意思的是，孔子曾经评价冉有有行政才能，也许他到季氏任职还是孔子推荐的。这样一位有才华的学生，孔子为什么要号召学生"鸣鼓而攻之"。如此看来，孔子是对季氏的不满，并把不满发泄到学生身上。

子曰："柴[2]也愚，参也鲁，师也辟，由也喭。"

孔子一下点出四名学生的特点。

柴，即高柴。为什么愚？钱穆称其为"好仁之过"。[3]

鲁，即迟钝。孔子说曾子迟钝，我百思不得其解。曾子以孝著称，"齐尝聘欲与为卿而不就，曰：'吾父母老，食人之禄，则忧人之事，故吾不忍远亲而为人役。'参后母遇之无恩，而供养不衰，及其妻以藜烝不熟，因出之。"[4]这算迟钝吗？也许吧，孔子心目中的鲁是指不会变通。

辟，夸张，邪辟。

喭，鲁莽，粗俗。与子路"行行如也"一致。

---

[1] 见《四书集注》

[2] 高柴，字子羔，齐人，孔子学生，少孔子四十岁。其长不过六尺，状貌甚恶。

[3] 见《论语新解》。

[4] 《孔子家语·七十二弟子解》。

孔子说："柴高愚笨，曾参迟钝，子张邪辟，子路粗俗。"

孔子对学生的性格了如指掌，这是教师教学得以成功的根本保证。

子曰："回也其庶乎！屡空；赐不受命，而货殖焉，亿则屡中。"

孔子又拿颜渊和子贡来比较。

庶，近，近道。屡，屡屡，常常。空(kóng)，贫乏，贫穷。

不受命，不受命运的制约，不听天由命。亿，臆测、预料。

孔子说："对于道德人品，颜渊已经差不多了，可是他却经常受穷。子贡不受制约，发家致富，子贡有先见之明。"

作道德文章的人，往往都是穷光蛋，而视道德如儿戏的人则往往富甲一方，古今中外，概莫能外，孔子分析两名学生的遭遇，说的正是这个问题。

孔子既不反对颜渊志于道而甘愿受穷，也不反对子贡发家致富。

子张问"善人之道"。

子曰："不践迹，亦不入于室。"

孔子讲述颜渊和子贡的人生际遇，子张不明白老师的用意，举手问老师。

这涉及善与不善的问题，颜渊是善人吗？子贡是善人吗？颜渊致于道，子贡发其财，他们都是孔子的得意门生。他们都是善人吗？子张不明白。

子张问："老师，什么是善人之道呢？"

善人之道，应该是指一个人怎样做才是一个善良的人，与所谓君子同义。

孔子的回答很有意思。字面上就是，不走脚印，不进室内。

不践迹,我的理解是:不走老路,不沉湎于过去,不犯同样的错误。❶

不入于室。室,会意字。从“宀”从“至”,人到屋中就停止了。也即是,不要停止,不要受制于框框,不要受束缚,勇于开拓。

子张问:“老师,什么是善人之道呢?”

孔子回答:“不走老路,勇于开拓。”

其实,这也正是孔子教育思想的内涵。

子曰:“论笃是与,君子者乎?色庄者乎?”

这句话可以看作孔子继续回答子张的问题,“善人之道。”

笃,笃实。与,给以。

色庄,外表庄严,表里不一,甚至是衣冠禽兽。

孔子说:“仅凭他笃实的言论,就判断他是善人,可你知道他是君子呢?还是衣冠禽兽?”

朱熹注:“言不可以言貌取人也。”❷

这是很准确的解读。

子路问:“闻斯行诸?”

子曰:“有父兄在,如之何其闻斯行之?”

冉有问:“闻斯行诸?”

子曰:“闻斯行之。”

公西华曰:“由也问:‘闻斯行诸?’子曰:‘有父兄在’;求也问:‘闻斯行诸?’子曰:‘闻斯行之’。赤也惑,敢问?”

子曰:“求也退,故进之;由也兼人,故退之。”

既然“论笃是与”都面临上当受骗,那么人应该如何行动呢?例

❶ 《康熙字典》。

❷ 《四书集注》。

如，是否应该见义勇为？是否“闻斯行之”？孔子举两名学生的提问，解释这个问题。

这两个人都擅长行政事务，孔子应该是有所指。

闻斯行。闻，听到，可引申为看到。斯，即，就，则。

诸，疑问词，“之乎”的合音。

父兄在，“夫为人子者，出必告，反必面；所游必有常，所习必有业；恒言不称老，年长以倍，则父事之，十年以长，则兄事之，五年以长，则肩随之。……父母存，不许友以死，不有私财。”[1]即有父兄在，做事要有后顾之忧。

退，裹足不前，即处事犹疑不决。

兼人，超过别人，即好出风头，“行行如也。”

子路问孔子：“老师，能见义勇为吗？”

孔子答：“有父兄在，怎么能见义勇为呢？”

冉有问：“老师，能见义勇为吗？”

孔子答：“要见义勇为。”

公西华说：“子路问‘能否见义勇为？’老师说‘有父兄在。’冉有也问‘能否见义勇为？’老师却说‘要见义勇为。’我不明白。敢问老师，这究竟是为什么？”

孔子说：“冉有处事犹疑不决，所以鼓励他要果断；子路好出风头，所以告诫他三思而后行。”

这是孔子因材施教的范例，值得每一位老师品味。教育无定法，关键是要教得得法。

子畏于匡。颜渊后。

子曰：“吾以汝为死矣！”

曰：“子在，回何敢死！”

---

[1] 《礼记·曲礼》。

孔子又回过来谈颜渊的故事，还是解释颜渊为什么德行第一。

孔子之前也提过此事，“子畏于匡。曰：‘文王既没，文不在兹乎？天之将丧斯文也，后死者不得与于斯文也；天之未丧斯文也，匡人其如予何？’”这件事对孔子的触动很大。现在看来，颜渊当时也在场，师生共患难，使孔子念念不忘。

很难想象当时的课堂气氛，但我能感觉到孔子讲这个故事时那种兴奋，也能感觉到他们师生临危不惧的精神。

孔子在匡遭遇围攻，脱险之后不见颜渊。原来，颜渊为孔子断后，做保卫工作，颜渊不像子路，做保卫工作很危险。见颜渊赶上来，孔子松了口气。

孔子说：“我以为你死掉了。”

颜渊调皮地说：“老师您还健在，我怎么敢死呀！”

颜渊明知不可为而为之，“闻斯行之”，是仁者之勇，仁者必有勇。

季子然问：“仲由、冉求，可谓‘大臣’欤？”

子曰：“吾以子为异之问，曾由与求之问。所谓‘大臣’者，以道事君，不可则止；今由与求也，可谓‘具臣’矣。”

曰：“然则，从之者欤？”

子曰：“弑父与君，亦不从也。”

孔子再谈冉有和季路，他们有行政才能。

季子然，季氏家里的人，可能是管干部的，季氏家族组织部里来的年轻人。他是来考察仲由和冉求的，自然要找他们的老师。

季子然不是大臣，这可以从行文中看出，用“子曰”而不是“孔子对曰”。

从之者欤。是否要听从上锋的主意从事？

季子然问孔子：“仲由和冉求称得上是大臣吗？”

孔子说：“我觉得你的问题问得很奇怪，仲由和冉求也曾经问这同样的问题。所谓大臣，就是要以天道和人道协助君王治理国家，如果做不到就辞职。从这个角度来看,仲由和冉求已经具备做大臣的资格。"

季子然问:"但是,家臣不是必须听从主子的意旨行事吗?"

孔子说:"如果要弑父弑君,那他们也是不会听从的。"

这对话有火药味。孔子可能不高兴仲由和冉求到季氏家族当官。前面曾提到孔子对冉求的批评:"季氏富于周公,而求也为之聚敛而附益之。子曰:'非吾徒也。小子鸣鼓而攻之,可也。'"这里也是对仲由和冉求的提醒。

子路使子羔为费宰。子曰:"贼夫人之子!"

子路曰:"有民人焉,有社稷焉,何必读书,然后为学?"

子曰:"是故恶夫佞者。"

子路经常受到孔子的批评,这又是一例,师徒俩为一事而吵架。

子羔,即高柴,上课不久孔子就说他:"柴也愚"。就是这样一个人,子路却推荐他到费这个地方做官。这本来应该是件好事,孔子培养学生的目的之一,就是要学生当官。孔子为什么反对子路推荐子羔当官呢?这里用到一个"使"字,疑是子路用非法手段让子羔为费宰,孔子对此提出批评。

贼夫人之子,钱穆称:"时子羔尚年少,故称'夫人之子'。"[1]不妥。我认为应当是"贼夫,人之子。"贼,伤害、祸害,等等。贼夫,即感叹对子羔的伤害。

有民人焉,有社稷焉,何必读书,然后为学?子路的观点是实用主义的观点。人生就是一个大课堂,社会就是一个大课堂,学习不是只有读书一条门径。两千多年来,中国人的思维特征并没有太大变化。可惜,子路的思想受到压制,这可能是中国知识分子缺乏社会责任感的原始基因。

---

❶ 《论语新解》。

是故恶夫佞者，孔子对子路的批评很尖刻，上面直指他“不得好死”，现在又指责他“是故恶夫佞者”。佞：善辩，巧言谄媚。

子路推荐子羔到费这个地方做官。

孔子说：“子路啊，你这样做是误人子弟呀。”

子路说：“有民众，有社会，这是学习的大课堂，难道人的成长只有读书一条道路吗？”

孔子说：“所以说，我最厌恶像你这样强词夺理的人。”

师生就一个问题展开讨论，互不相让，这是孔子教学相长的生动体现。

子路、曾皙[1]、冉有、公西华侍坐。

课的最后，安排一场对话，孔子和他的四们学生。四位学生中有两位是擅长政务的，公西华则以长于祭祀之礼、宾客之礼著称，且善于交际，曾“乘肥马，衣轻裘”，到齐国活动。也即是有三个擅长社会事务的学生。

侍坐，依礼学生们应该站着，孔子让学生们坐下来。孔子今天要听学生谈人生规划，谈志向，谈理想，站着说不合适。

子路、曾皙、冉有、公西华围坐在孔子周围。

子曰：“以吾一日长乎尔，毋吾已也。居则曰：‘不吾知也！’如或知尔，则何以哉？”

孔子说：“我今天想听你们谈人生规划，我虽然比你们虚长几岁，但我没有什么本事。你们要畅所欲言，不要一坐下来就说‘我不知道呀’，如果我知道你们的想法，那我又何必让你们来谈呢？”

子路率尔而对，曰：“千乘之国，摄乎大国之间，加之以

[1] 曾参的父亲。

师旅，因之以饥馑；由也为之，比及三年，可使有勇，且知方也。”

有子路在，孔子何必如此开场？

率尔，直率的、不假思索的。说的是子路的特点。可以想象得到，孔子还没有说完话，子路已跃跃欲试了。

摄，夹。方，方向、目标。

子路不假思索地说："一个千乘之国夹在大国之间，大军压境，民不聊生，即使这样的国家交由我治理，不出三年，就能使百姓英勇善战，使国家发展有目标。"

夫子哂之："求，尔何如？"

哂，大笑。孔子笑子路好高骛远。

孔子微笑地点点头，转向冉有，说："冉求，你有什么志向呢？"

对曰："方六七十，如五六十，求也为之，比及三年，可使足民；如其礼乐，以俟君子。"

方六七十，如五六十，即比"千乘之国"还小的国家。

俟(sì)，等待。

冉求回答说："方圆六七十里，或者更小的国家，我也愿意治理，不出三年，我能让百姓富足，至于百姓礼乐的事，则要等待君子了。"

冉有关注民生。

"赤，尔何如？"

对曰："非曰能之，愿学焉。宗庙之事，如会同，端章甫，愿为小相焉。"

孔子对冉有的回答没有任何表示，而是直接转向公西华。

如会同，端章甫，愿为小相焉。即，迎来送往，组织集会，置办礼服，愿意做个小司仪。

孔子问："公西华，你又有什么打算呢？"

公西华回答说："我不敢说我能做什么，但我愿意学习。宗庙的事务，如迎来送往，组织集会，置办礼服，愿意做一个这些方面的小司仪。"

"点，尔何如？"

鼓瑟希，铿尔，舍瑟而作，对曰："异乎三子者之撰。"

子曰："何伤乎？亦各言其志也。"

曰："暮春者，春服既成；冠者五六人，童子六七人，浴乎沂，风乎舞雩，咏而归。"

夫子喟然叹曰："吾与点也！"

孔子对公西华的回答也没有任何表示，就又转向曾皙。"曾皙，你又有什么打算呢？"

这就很有意思了，孔子与弟子谈话，曾皙一边在一旁悠然击鼓为乐，一边竖起耳朵倾听，"鼓瑟希"。听到老师叫他，可能有些意外，击鼓的手重了，"铿尔"，立刻站起来，面对老师说："老师，我不如他们有才干。"撰，才干。

孔子说："这有什么关系，只是谈谈个人的志向嘛。"

雩，舞雩，祭雨的舞台。

曾皙说："我嘛，遇到晴好的天气，带上干净的衣服，约五六个知己，携六七个儿童，到沂河沐浴，再到祭雨的舞台纳凉，玩够了就踏歌而归。这就是我的理想。"

这是神仙过的生活，难怪孔子喟然叹息。孔子之叹，在于他太想当官，到头却潦倒一生，年经大了，于是才有"我与曾皙的志向相同。"

三子者出。

曾皙后。曾皙曰："夫三子者之言何如？"

子曰："亦各言其志也已矣！"

曰:“夫子何哂由也?”

曰:“为国以礼,其言不让,是故哂之。”

“唯求则非邦也欤?”

“安见方六七、十,如五、六十,而非邦也者。”

“唯赤则非邦也欤?”

“宗庙会同,非诸侯而何? 赤也为之小,孰能为之大?”

子路、冉有、公西华听了两个老头长吁短叹,悄悄溜走。曾皙留了下来,继续谈话。

曾皙问:“老师,他们三人说得怎么样?”

孔子说:“也就是各自说出自己的志向就是了。”

曾皙问:“哪您为什么笑子路呢?”

孔子说:“有志于为国的人应该知礼,子路说话不让人,所以我笑他。”

曾皙问:“冉有不能治理国家吗?”

孔子说:“你认为六七里长,五六十里宽的地方还不是一国的吗?”

曾皙问:“公西华不能治理国家吗?”

孔子说:“组织宗庙活动的人,不是诸侯的人能胜任吗? 如果说公西华是小司仪,那还有谁能当大司仪呢?”

颜渊第十二

这是一堂课,教学方法比较特别。学生问,老师答。问仁、问君子、问明、问政、……几乎无所不问。

问题是学问的开始,学生提问题,是主动学习的重要标志。

孔子为我们树立了典范。

颜渊问仁。

子曰:“克己复礼为仁。一日克己复礼,天下归仁焉。为仁由己,而由仁乎哉?”

颜渊曰:“请问其目?”

子曰:“非礼勿视,非礼勿听,非礼勿言,非礼勿动。”

颜渊曰:“回虽不敏,请事斯语矣!”

据说,仁是孔子思想的核心,也是儒家思想的核心,中国人对仁的研究,至少已有两千五百多年,结果怎么样呢?一言以蔽之:无知。

不知道,是孔子没有说清楚,还是后人借孔子的名,在仁的名义下塞进太多的东西,使仁不仁?

我宁可在《论语》和《礼记》中认识仁。

仁,“从人从二。臣铉等曰:仁者兼爱,故从二。”[1]

忎,𡰥,古文仁从千、心或从尸。“【释名】忍也。【易·乾卦】君

[1] 《说文解字》。

子体仁，足以长人。【礼·礼运】仁者，义之本也，顺之体也。得之者尊。”❶

这应该就是仁的本意。

相对于其他观念，孔子谈仁的地方很多。所谓“子罕言利与命与仁”，似乎有矛盾，或者应该是指，孔子很少给仁下定义。

孔子对仁者有很多描述：

能好人，能恶人；

无恶；

乐山；

己欲立而立人，己欲达而达人；

先难而后获；

安仁；

不忧。

孔子对不仁者也有些规定：

巧言令色；

不可以久处约，不可以长处乐。

孔子很少给仁下定义，只有一个例外，那就是“孝弟为仁之本”。孝弟就是一个对上对下的礼，礼是仁之本吗？

现在，孔子借助颜渊的提问，对仁作进一步的阐述。

颜渊问什么是仁？

孔子回答说：“让自己回到礼的轨道上就是仁。哪一天人们都回到礼的轨道，天下就归仁了。为仁完全由自己，与他人无关。”

颜渊问：“请问老师，为仁的具体途径是什么？”

孔子说：“非礼勿视，非礼勿听，非礼勿言，非礼勿动。”

颜渊说：“我虽然不聪明，但一定会按老师的话去做。”

克，并非克服、克制什么私欲的东西，克只是一种回归，回归于

---

❶ 《康熙字典》。

礼。礼是态度，“曲礼曰：‘毋不敬，俨若思，安定辞，安民哉！’”[1]这是一种关注并维系天地、君臣、父母兄弟、上级下级关系和谐的态度。所谓灭私欲，可以视为无稽之谈，或者是自我高大化，是知识分子的通病。

仲弓问仁。

子曰：“出门如见大宾，使民如承大祭；己所不欲，勿施于人；在邦无怨，在家无怨。”

仲弓曰：“雍虽不敏，请事斯语矣！”

仲弓，即冉雍，以德行著名，“子曰：‘雍也可使南面。’”这在孔子的评价系统里属于最高的评价。仲弓理解老师的思想，知道孔子告诉颜渊为仁的途径可能只适用于颜渊个人，于是他继续追问关于为仁的途径问题。

孔子对仲弓提出更高的要求。“出门如见大宾”，出门在外，对待他人要像对待宾客一样彬彬有礼；“使民如承大祭”，从事社会工作，组织民众要像祭天一样心存敬意；“在邦无怨，在家无怨”，在社会对他人无怨无悔，在家里对亲人也无怨无悔。

仲弓追问孔子为仁的途径。

孔子说：“出门在外，对待他人要像对待宾客一样彬彬有礼；从事社会工作，组织民众要像祭天一样心存敬意；己所不欲，勿施于人；在社会对他人无怨无悔，在家里对亲人也无怨无悔。”

仲弓说：“我虽然不聪明，但一定会按老师的话去做。”

司马牛[2]问仁。

子曰：“仁者，其言也讱。”

---

[1] 《礼记·曲礼》。

[2] 司马黎耕，字子牛，宋人，孔子学生。牛性躁，好言语，见兄桓魋行恶，牛常忧之。

曰："'其言也讱'，斯谓之'仁'已乎？"

子曰："为之难，言之得无讱乎？"

司马牛，性躁，好言语。可以想象此人听了孔子对颜渊和仲弓说的话，急得满头大汗，"如此为仁，我怎么能做得到？"他不得不继续追问为仁的途径问题。

孔子回到仁字的本义，就是"忍"。他告诉司马牛，所谓仁就是要说话小心谨慎，不要伤害人。

司马牛不解，反问孔子。孔子毫不客气地说，这是很难做到的，你做到了吗？

司马牛追问孔子为仁的途径。

孔子说："所谓仁就是说话要小心谨慎。"

司马牛反问道："'说话要小心谨慎，'您说这就是仁吗？"

孔子说："要做到这样就很难了，你难道做到了吗？"

孔子的仁，其实非常简单，不同的人，回归到自己的礼的轨道上，回归的方式各不相同，颜渊有颜渊的道，仲弓有仲弓的道，司马牛有司马牛的道，殊途同归。

这里，孔子又为我们提供一个因材施教的范例。

司马牛问君子。

子曰："君子不忧不惧。"

曰："'不忧不惧'，斯谓之'君子'已乎？"

子曰："内省不疚，夫何忧何惧？"

仁与君子，孔子回答，可能使司马牛想起孔子曾经说过的话，"子曰：'君子欲讷于言而敏于行'"那么，君子又是什么呢？司马牛继续请教老师。

关于君子，孔子说过不少话，其中有两句话与这里说的意思基本相同。

子曰："君子坦荡荡，小人长戚戚。"

子曰："君子周而不比，小人比而不周。"

既然君子坦荡荡，周而不比，其内心必然是丰富而又平静的，内自省必无有亏欠可寻，何忧何惧之有？

司马牛问君子。

孔子说："君子不忧不惧。"

司马牛问："'不忧不惧'的人就是您所谓的君子吗？"

孔子说："问心无愧，有什么可忧可惧的？"

司马牛忧曰："人皆有兄弟，我独亡！"

子夏曰："商闻之矣：'死生有命，富贵在天。'君子敬而无失，与人恭而有礼，四海之内，皆兄弟也[1]。君子何患乎无兄弟也？"

这位司马牛很有意思，他似乎也是一位喜欢跟老师抬杠的人。孔子告诉他"仁者，其言也讱。"他觉得难以做到，于是反问老师，受到批评。既然做仁者难，那就做君子吧，于是他问君子。孔子告诉他"君子不忧不惧"。这就更糟糕了，按照这个标准，他根本就做不成君子。

我常常遐想孔子与其弟子互相诘问的情景，孔子与司马牛的这段对话是非常精彩的。

司马牛忧伤地说，那我就不是君子了，因为人人都有兄弟，只有我没有，我常常为此而担忧。司马牛有兄弟，"牛之兄弟不独向魋，尚有向巢、子颀、子车。"[2]这也说明孔子与司马牛的对话，是一种对知识的学术探讨。诘问，是对话教学最精彩的内容。可惜，现在的对话教学已徒有虚名了。

这时候子夏说话了，似有为老师解围的架势。

司马牛忧伤地说："人人都有兄弟，唯独我没有。"

---

[1] "四海之内皆兄弟"已成为成语。

[2] 陈大齐，《论语辑释》第164页。

子夏说："我听人说，'死生有命，富贵在天。'君子行事，只要心存敬意，不放纵；对人，只要恭敬有礼，就能到处者是兄弟。君子何必担心没有兄弟呢？"

子夏篡改了孔子的思想，把君子由"不忧不惧"改成"敬而无失，与人恭而有礼。"学生对老师的思想还是没有理解好。

子张问明。

子曰："浸润之谮，肤受之愬，不行焉，可谓明也已矣；浸润之谮，肤受之愬，不行焉，可谓远也已矣。"

有的人想要糊涂，有的人想要明白。子张可能觉得司马牛糊涂吧？至少有些钻牛角尖的味道吧？可是，什么是明呢？明白，清楚。子张被孔子对同一个问题的不同答案弄糊涂了，于是他提出关于"明"的问题。孔子的回答很有意思，听起来更让人糊涂，所谓"当局者迷"，如果不跳出圈外，可能永远无法理解孔子究竟说了什么。

谮(zèn)，本意：无中生有地说人坏话，即流言。浸润，这个词使我想到"润物细无声"，温水煮青蛙，甜言蜜语。浸润之谮，就是让人感觉不到是坏话的流言蜚语，或者明知是流言，但也让人听起来很受用。口蜜腹剑，笑里藏刀。

愬(sù)，告发、诽谤。肤受，最直接的感受。肤受之愬，当面诽谤，让人下不了台，让人难堪，让人愤怒。

孔子用两种极端的例子来回答子张。

子张问什么叫明白。

孔子说："如果背后的流言和当面的诽谤对你都行不通，那你就算明白了。不仅如此，不为背后的流言和当面的诽谤所左右的人，就可以称为有远见了。"

朱熹注："毁人者渐渍而不骤，则听者不觉其人，而信之深矣。愬冤者急迫而切身，则听者不及致详，而发之暴矣。二者难察而能察之，则可见其心之明，而不蔽于近矣。”[1]这是一个很好的注解。人要拒绝“浸润之谮”绝非易事，一则难以识别，二则碍于情面难以拒绝。

明白人不是君子，无忧无惧的君子当属于“难得糊涂”的人。

子贡问政。

子曰：“足食、足兵、民信，之矣。”

子贡曰：“必不得已而去，于斯三者何先？”

曰：“去兵。”

子贡曰：“必不得已而去，于斯二者何先？”

曰：“去食。自古皆有死，民无信不立。”

孔子上课很自由，学生想问什么就问什么，兴趣所致，像这种没有规定主题的课，学生提的问题更加广泛。

子贡擅长言语，适合搞宣传工作，子贡问政，属于纸上谈兵，问的是政治而不是行政。孔子的回答，也重在一个“信”字，就是诚信，而且回答得非常清楚明白。这才是因材施教的内涵，它不拒绝不擅长的学生。

子贡问什么是政治。

孔子说：“政治就是百姓有足够的饭吃，国家有足够的军队，人民有诚信。”

子贡问：“如果必须从这三项中去掉一项，应该先去掉哪一项？”

孔子说：“去掉军队。”

子贡问：“如果还必须去掉一项呢？”

孔子说：“去掉吃饭。自古皆有死，民无信不立。”

这其实也可以看作孔子所认为的子贡应该具有的仁的行为。社会的良心，为了国家，应该有杀身成仁的气概。

子贡善问，追根究底。这是作为学生学习的优秀品质，老师应鼓

[1] 《四书集注》。

励并培养之。

棘子成[1]曰："君子质而已矣，何以文为？"

子贡曰："惜乎，夫子之说君子也，驷不及舌！文犹质也，质犹文也；虎豹之鞟，犹犬羊之鞟。"

孔子刚刚给君子下一个定义，就是"君子不忧不惧"。孔子还曾经说过："质胜文则野，文胜质则史。文质彬彬，然后君子。"现在来一个实权人物，就是卫国大夫棘子成，他对孔子的观点提出批评。

文，一个内容十分广泛的字。文作文章，指锦绣等织物，棘子成说，君子只要本质优秀就行，何必在乎外表？或者，文作文辞、词名，棘子成说，君子只要出身好，何必读书识字？

子贡听了很不高兴，反驳棘子成。

"惜乎，夫子之说君子也，驷不及舌。"有两种解读：朱熹注："言子成之言，乃君子之意。然言出于舌，则驷马不能追之，又惜其失言也。"(《四书集注》)如果"夫子"指棘子成，子贡的话大意是棘子成给君子下的定义太草率。如果"夫子"指孔子，子贡则是嘲笑棘子成：孔子关于君子的思想，你是望尘莫及了，还在这里胡说。

鞟(kuò)，去毛的皮；皮革。"虎豹之鞟，犹犬羊之鞟。"即虎豹的皮去毛后就像犬羊的皮一样。也就是土话说的脱光身子你我没有两样，君子与匹夫有什么差别？

棘子成说："君子只要本质优秀就行了，何必在乎外表？"

子贡反驳说："可惜呀，我们老师说的君子岂是你能理解的，你差得太远了。外表如同本质，本质如同外表，表里如一，才是君子。否则，就如没有毛的虎豹皮与没有毛的狗羊皮一样，君子与匹夫也没有区别。"

子贡伶牙俐齿，骂人不带脏字。

---

[1] 卫国大夫。

哀公问于有若，曰："年饥，用不足，如之何？"

有若对曰："盍彻乎！"

曰："二吾犹不足，如之何其彻也？"

对曰："百姓足，君孰不足？百姓不足，君孰与足？"

哀公是君王，何须问政于子若。子若何许人也？据说子若貌似孔子，颇得孔子真传。哀公感觉钱不够用，来找孔子想办法，"问于有若"，似乎是故意安排子若与哀公见面的。哀公"遇"到子若，结果碰了一鼻子灰。

孔子的学生，一个比一个厉害。

盍，疑问词，何不。

彻，周朝时期的一种税收制度，税田十取一。[1]

哀公问子若："遇到饥荒年份，我钱不够花，如何是好？"

子若装作没有听懂，说："何不干脆减税，税田十取一。"

哀公大叫："现在税田十取二都不够用，怎么还能减为十取一呢？这不是添乱嘛。"

子若说："百姓富足，君王怎么会穷？百姓穷，君王怎能富足？"

这正是民富民享，藏富于民的思想。放在现代，这样的思想也是非常先进的。两千多年前，孔子学生就有这样的思想，当然也是孔子的思想，堪称伟大。

可惜，历代儒家没有能力实现孔子的思想。

子张问崇德，辨惑。

子曰："主忠信，徙义，崇德也。爱之欲其生，恶之欲其死。既欲其生，又欲其死，是惑也。'诚不以富，亦只

---

[1] 《四书集注》。

以异。'[1]"

子张还是不明白，继续问，除了问"明"("辨惑")之外，多问一个"崇德"。

开放话题的讨论课，学生的思想如天马行空任由驰骋，个性突显，这是它的长处；但学生也可能由于专注自己关心的问题而忽视别人的问题，自我限制思想交流，这是它的弱点。

徙，迁移。徙义，意如"使人日徙善远罪而不自知也"。[2]

孔子善于用具体事例说明道理。子张问"明"，孔子告诉他对流言和诽谤无动于衷就是"明"。现在问"辨惑"，孔子则以"既欲其生，又欲其死，是惑也"回答。子张能明白吗？不一定吧？我不知道子张遇到什么问题，为什么如此提问？

爱之欲其生，恶之欲其死。爱一个人就要他(她)长生不老，恨一个人则要他(她)立刻死掉。不能与意见不同的人和平共处，结党营私，这是人的通病。

我怀疑子张失恋，跑去向老师诉苦。

子张问孔子，如何崇德辨惑？

孔子说："秉承忠信的理念，徙善远罪，见义而为，就是崇德。爱一个人就要其生，恨一个就要其死，既欲其生又欲其死，就是惑。正如《诗经》所说：'诚不以富，亦只以异。'"

说真的，再往深处解读，古人都会笑掉牙了。

齐景公[3]问政于孔子。

孔子对曰："君君，臣臣，父父，子子。"

---

[1] 《诗经·小雅·我行其野》，原诗如下："我行其野，蔽芾其樗。昏姻之故，言就尔居。尔不我畜，复我邦家。我行其野，言采其蓫。昏姻之故，言就尔宿。尔不我畜，言归思复。我行其野，蔽芾其葍。不思旧姻，求尔新特。诚不以富，亦只以异。"

[2] 《礼记·经解》。

[3] 齐国君王，名杵臼。

公曰："善哉！信如君不君，臣不臣，父不父，子不子，虽有粟，吾得而食诸？"

关于齐景公，有一个与此有关的故事。

景公之时，雨雪三日而不霁。公被狐白之裘，坐于堂侧阶。晏子入见，立有间。公曰："怪哉！雨雪三日而天不寒。"晏子对曰："天不寒乎？"公笑。晏子曰："婴闻古之贤君，饱而知人之饥，温而知人之寒，逸而知人之劳。今君不知也。"公曰："善！寡人闻命矣。"乃令出裘发粟与饥寒者。令所睹于途者，无问其乡；所睹于里者，无问其家；循国计数，无言其名。士既事者兼月，疾者兼岁。孔子闻之曰："晏子能明其所欲，景公能行其所善也。"❶

齐景公向孔子咨询如何治理国家。

孔子说："君有君道，臣有臣道，父有父道，子有子道。"

齐景公说："非常正确。若是君不像君，臣不像臣，父不像父，子不像子，即使富有，对我又有什么用呢？"

子曰："片言可以折狱者，其由也欤！"

子路无宿诺。

子曰："听讼，吾犹人也。必也使无讼乎！"

孔子是享受教育的，刚回答了齐景公如何治理国家的问题，便自言自语，唠叨起子路来。

唠叨何事？为什么把子路与"折狱"、"听讼"联系起来？

可能是发生了一起与子路有关的案件。孔子总是担心子路闯祸。

片言，片面之词，一方证词。

折狱，判决案件，解决纠纷。

子路无宿诺。这是记录人自己加进去的话，以附和孔子的说法，

---

❶《晏子春秋·内篇·谏上》

证明孔子说得对。“无宿诺”即不轻易作出承诺，言必行，行必果。

“听讼，吾犹人也。必也使无讼乎！”是对子路的批评。也或者是告诉子路应该如何为人处事。断案我与他人无异，我的本事是使人不会翻案。

孔子说：“凭听片面之词就断案的人，大概只有子路了。”

子路的承诺不会过夜，断案比较轻率。

孔子说：“论断案我与他人没有什么不同，但我能使诉讼双方都不再翻案。”

子张问政。

子曰：“居之无倦，行之以忠。”

子曰：“君子博学于文，约之以礼，亦可以弗畔矣夫！”

子曰：“君子成人之美，不成人之恶；小人反是。”

这一段均是由子张问政引起的。子张有从政的志向，“子张问干禄”，问的是如何学习当官，现在进一步，问如何行政？

对比孔子的回答是很有意思的。

孔子曰：“多闻阙疑，慎言其余，则寡尤；多见阙殆，慎行其余，则寡悔。言寡尤，行寡悔，禄在其中矣。”多听多看，去除疑问去除危险，谨言慎行，就能当官。也就是说，学习当官首先在于约束自己的言行。

为官之后如何行政呢？孔子的回答是：在位要勤政，不要怠惰，要忠于职守；只要博学于文，约之以礼，就不会走歪路；要成人之美，不要挑拨离间。

孔子其实没有告诉子张如何行政，只是劝说子张要修身养性。对照孔子回答子贡的提问，就能明白这一点。

子贡问政。

子曰：“足食、足兵、民信，之矣。”

此处，“子曰：‘君子博学于文，约之以礼，亦可以弗畔矣夫’”在

《论语·雍也第六》里出现过，并被认为是重复，没有意义。其实不然，“博学于文，约之以礼”是孔子的行为准则，他用同一句话回答不同的问题，非常合理。

子张问孔子如何行政？

孔子说：“在位要勤政，要忠于职守。”

孔子说：“只要博学于文，约之以礼，就不会走歪路。”

孔子说：“要帮助别人成功，不要破坏别人的幸福。”

好像孔子不同意子张当官？

季康子问政于孔子。

孔子对曰：“政者，正也。子帅以正，孰敢不正？”

看来，古代的君王还是比较虚心好学的，在《论语》中，常常可以看到当时君王向孔子及其学生请教的事例。

政者，当政的人，即执政者。

“子帅以正”的“子”指季康子。

季康子向孔子咨询治理国家的问题。

孔子回答：“治理国家，执政者要公正。如果你首先做得公正，谁还敢不公正？”

季康子患盗，问于孔子。

孔子对曰：“苟子之不欲，虽赏之不窃。”

季康子显然不同意孔子的说法，继续问孔子。这可能是一个假设问题，并非季康子家被盗，或者他统治的地方多贼。孔子装糊涂，他的学生在上面已经装一回糊涂，借机讽刺季康子。

苟，此处作“假如”，也有暂时的意思。

季康子问孔子，盗贼很多，怎么办？

孔子回答：“假如你不贪欲，就是赏给你你都不会要。”

善哉，孔子。

季康子问政于孔子，曰："如杀无道以就有道，何如？"

孔子对曰："子为政，焉用杀？子欲善，而民善矣！君子之德风，小人之德草。草上之风，必偃。"

季康子也够有耐心的，他对孔子的讽刺充耳不闻，也不反驳孔子的观点，只是继续追问。看来，季康子足够成为孔子的编外学生，颇得孔子的真传。

季康子问孔子，对于不听话的人，杀一儆百，以正社会风气，怎么样？

最近常听到类似的语言。小人得志，嚣张无比。

君子之德风，小人之德草。草上之风，必偃。我认为，此处君子指季康子。风、草，风动草随，社会风气是随大流的，主流思想带动社会潮流。在高度集中的社会，社会上层风气对普通大众具有引导作用。

一所学校也一样，教风是学风的基础，校长的作风又是教风的风向标。

偃，停息、倒伏。

季康子追问孔子关于治国的问题，说："如果杀掉不道德的人，就可以建立良好的社会秩序，您觉得怎么样？"

孔子回答说："您作为政治家，何必要杀人？您善，民众就会从善。君子的道德如风，民众的道德似草，风一吹，草就倒伏了。"

这类似于俗语所说："上梁不正下梁歪，中梁不正倒下来。"

子张问："士何如斯可谓之达矣？"

子曰："何哉？尔所谓达者？"

子张对曰："在邦必闻，在家必闻。"

子曰："是闻也，非达也。夫达也者：质直而好义，察言而观色[1]，虑以下人；在邦必达，在家必达。夫闻也者：色取仁而行违，居之不疑；在邦必闻，在家必闻。”

记得诸葛亮说过：“苟全性命于乱世，不求闻达于诸侯。”[2]不知道其中的“闻达”是否出自这里？

士，古代对男子的称呼，使用很广泛，此处当是指智者、贤者，也即是现在所说的知识分子。

闻，闻名、出名；达，达观、显达，“内有诸己而求达于外”。[3]

质直而好义，察言而观色，虑以下人。朱熹注：“内主忠信，而所行合宜，审于接物而卑以自牧，皆自修于内，不求人知之事。”[4]为人正直好义，察言观色，不爱出风头。

色取仁而行违，居之不疑。“善其颜色以取于仁，而行实背之，又自以为是而无所忌惮。”[5]满口仁义道德，实则男盗女娼，欺世盗名，自以为是。

子张问孔子：“老师，读书人怎样才能显达呢？”

孔子反问：“你所谓显达是什么意思？”

子张说：“必须在国际国内都出名，家喻户晓。”

孔子说：“你所说的是‘闻’不是‘达’。所谓显达的人，为人正直好义，能察言观色，却不爱出风头。这样的人在国际国内都将会显达。所谓闻名的人，满口仁义道德，却欺世盗名，自以为是。这样的人在国际国内也会出名。”

孔子师徒的这个对话，宛如在说当今的人和事。

孔子反问子张，目的是弄明白学生的问题。只有弄明白学生的问题，回答才能有的放矢。日常教学的失误，莫过于师生对话南辕北辙，老师还没有理解学生，就随意回答。

---

[1] “察言观色”已成为成语。

[2] 《前出师表》。

[3] 钱穆，《论语新解》。

[4][5] 见《四书集注》。

樊迟从游于舞雩之下，曰："敢问崇德、修慝、辨惑？"

子曰："善哉问！先事后得，非崇德欤？攻其恶，无攻人之恶，非修慝欤？一朝之忿，忘其身，以及其亲，非惑欤？"

樊迟，学习刻苦，兴趣广泛。

这是一个故事。

这天，樊迟陪老师散步，来到舞雩这个地方。樊迟问孔子如何崇德、修慝、辨惑。子张也问崇德辨惑，樊迟多问一个修慝的问题。

雩(yú)，"夏祭乐于赤帝，以祈甘雨也。"[1]舞雩，专门用于雩的地方，如北京的天坛。慝(tè)，恶，恶念。修，"治而去之。专攻己恶，则己恶无所匿。"[2]

孔子很高兴，给樊迟一个深入浅出的回答。

樊迟陪老师散步到舞雩，樊迟说："老师，能问您几个问题吗？如何崇德、修慝、辨惑？"

孔子高兴地说："问得好。先干活后有所获，凡事都亲力亲为，不就是崇德吗？克服自己的恶念，不要攻击别人的缺点，不就是修慝吗？一朝生气，就忘记自己和亲人，忘乎所以，不就是惑吗？"

对比孔子回答子张和樊迟的问题的差别，可以了解孔子教育的艺术。

关于崇德。对子张，子曰："主忠信，徙义，崇德也。"对樊迟，子曰："先事后得，非崇德欤？"

关于辨惑。对子张，子曰："爱之欲其生，恶之欲其死。既欲其生，又欲其死，是惑也。"对樊迟，子曰："一朝之忿，忘其身，以及其亲，非惑欤？"

因材施教。

樊迟问仁。子曰："爱人。"

---

[1] 《说文解字》

[2] 钱穆，《论语新解》。

问知。子曰:“知人。”

樊迟未达。子曰:“举直错诸枉,能使枉者直。”

樊迟退,见子夏曰:“向也,吾见于夫子而问知,子曰:‘举直错诸枉,能使枉者直。’何谓也?”

子夏曰:“富哉言乎!舜有天下,选于众,举皋陶,不仁者远矣;汤有天下,选于众,举伊尹,不仁者远矣。”

受到孔子的鼓励,樊迟再问两个问题,也是两个老问题:仁与知。后人应该感谢樊迟的提问,他让孔子如此简洁明了地表达仁与知的观念:仁者爱人;知(智)者知人。从而使得孔子思想具有可操作性。或许,正是由于孔子思想具有可操作性,才使儒家思想得以历经两千多年而不竭。

樊迟不敢相信“知”竟然是如此简单,他告诉老师说听不明白。孔子解释说:“举直错诸枉,能使枉者直。”树正气祛歪风,使歪风改正。

这下樊迟更懵了。他悄悄离开孔子,遇见子夏,便问子夏:“子夏呀,真惭愧啊。刚才我在老师那里,问他什么是‘知’,老师说‘举直错诸枉,能使枉者直’。这到底是什么意思呀?”

向也,亦做“乡也”,意思是“刚才”。举直错诸枉,能使枉者直,用直木加在曲木的上面,能使曲木变直。这是比喻,意思是以正直的人为榜样,使民众都成为正直的人。用在学校教育,这是一个很好的方法。

子夏说:“老师的话含义太丰富啦!舜在位的时候,在众人中推举出皋陶当宰相,投机取巧的人就都走开了;汤在位的时候,在众人中推举出伊尹当宰相,投机取巧的人也就都走开了。”用好人,用贤达、正直的人,就能树立正气,使民众向正直的人看齐。

樊迟问孔子什么是仁?

孔子说:“仁者爱人。”

樊迟再问什么是知。

孔子说:“知(智)者知人。”

樊迟不明白,孔子说:“用直木加在曲木的上面,能使曲木变直。”

樊迟离开孔子,遇见子夏,便问子夏:“子夏呀,真惭愧啊。刚才我在老师那里,问他什么是‘知’,老师说‘举直错诸枉,能使枉者直’。这到底是什么意思呀?”

子夏说:“老师的话含义太丰富啦!舜在位时候,在众人中推举出皋陶当宰相,投机取巧的人就都走开了;汤在位的时候,在众人中推举出伊尹当宰相,投机取巧的人也就都走开了。”

子贡问友。

子曰:“忠告而善道之,不可则止,毋自辱焉。”

曾子曰:“君子以文会友,以友辅仁。”

关于朋友之道,子游曾经说过,“子游曰:‘事君数,斯辱矣,朋友数,斯疏矣。’”在这里,孔子说得更加明白。

子贡问如何对待朋友。

孔子说:“如果朋友有缺点,就要向他提出忠告,并引导他改正;如果他不听,就不要强求。不要自取其辱。”

曾子说:“君子以文章和思想交朋友,以朋友增进仁义道德。”

君子之交淡如水,只有能交流思想,相互提醒,共同进益的人,才值交朋友。酒肉朋友不可交。

孔子太聪明了,人人都应该懂得孔子关于朋友的思想。

这堂课,对仁作了正面的规定,并通过君子、明理、行政、崇德、辨惑、修慝、达闻、交友来阐述仁的作用。

这才可谓高效课堂。

子路第十三

这也是一节研讨课，类似于论坛吧。这一课可以看成是就政治和行政问题展开讨论，附带的问题也或多或少与政治有关系。具体是：问政，问士，问仁，问才。

子路问政。

子曰："先之，劳之。"

请益。

曰："无倦。"

孔子评价子路擅长政治，子路虽然勇敢，但"子路，行行如也"，行事风风火火，却未必能持久，朱熹注："吴氏曰：'勇者喜于有为而不能持久，故以此告之。'"[1]

先之，劳之。"先"即"先天下之忧而忧，后天下之乐而乐"的"先"，凡事要以身作则，冲锋在前。"劳"即劳动，劳则思，思则善心生；逸则淫，淫则忘善，忘善则恶心生；恶心生，则乱象出。用现在的话说就是就业，统治者都非常重视就业率，就是使人有事可做。

请益。请求多些指导。

无倦。上一章孔子回答子张问政时，也用"无倦"："居之无倦，行之以忠。"无倦，即指"勤政"、"坚持不懈"。

子路向孔子咨询为政之道。

---

[1] 《四书集注》。

孔子说："以身作则，使百姓有事做。"

子路说，老师请多多指导。

孔子说："你只要按我上面说的去做，坚持不懈做下去就行了。"

"先之，劳之"，悔人"不倦"也是老师教书育人之道。

仲弓为季氏宰，问政。

子曰："先有司，赦小过，举贤才。"

曰："焉知贤才而举之？"

曰："举尔所知。尔所不知，人其舍诸？"

仲弓到季氏当宰相，就相当于现在一个地方的行政官员，当官之后可能遇到问题，他回来请教老师。这是针对一个具体官职的问题，孔子的回答也非常具体。

先有司。司，既指某种职位，如某部某司，也指管理行为，如说各司其职。"先有司"就是首先要理顺行政关系，使人能各司其职。

赦小过。赦，此处指宽容。人非草木，孰能无过，大过必惩，小过当赦。这是为官之道，古今中外皆如此。

举贤才。举，指推举，任用。贤才，德才兼备的人。

举尔所知，尔所不知，人其舍诸。举贤不避亲，用你知根知底的人，你的人有他熟知的人，同样能举荐。

仲弓当季氏的行政主管，请教孔子行政之道。

孔子说："首先是要理顺各种职务的关系，使人能各司其职；其次是要宽容下属的过失；第三是要推举任用德才兼备的人。"

仲弓问："如何发现并推举任用德才兼备的人呢？"

孔子说："从你熟知的人中推举任用。你不熟知的人，别人就不会推荐吗？"

孔子在这里说的就是人脉关系，如亲人、学生、同学、同事、朋友都是熟知的人，要从中发现德才兼备的人。

子路曰："卫君待子而为政，子将奚先？"

子曰："必也正名乎！"

子路曰："有是哉？子之迂也！奚其正？"

子曰："野哉，由也！君子于其所不知，盖阙如也。名不正，则言不顺[1]；言不顺，则事不成；事不成，则礼乐不兴；礼乐不兴，则刑罚不中；刑罚不中，则民无所措手足。故君子名之必可言也，言之必可行也。君子于其言，无所苟而已矣。"

本课开始，子路率先咨询为政之道，孔子答之以"先之、劳之、无倦"。这些都是大道理，也许子路对此早已了然于胸，子路不是想听大道理，只想听一些具有可操作性的点子。孔子就是不说，他想知道子路到底想干什么？子路拗不过老师，终于说出实情。原来是卫国君王叫孔子去当官，子路想试探老师。

子将奚先？这句式与现代粤语相同，如"先生，你行先"。即"先生你先走"。"奚"，疑问词。"先生首先有什么要求？"

孔子说首先必须正名，最少应该有个任命书之类的东西，转为公务员或迁移户口，等等，也即是要有名份。

子路心直口快，又批评起老师来。这有必要吗？老师您也太迂腐了，正什么名呀？去当您的官就是了。

阙如，这样看，别出声。

孔子有些不高兴，骂子路，结果骂出一个成语：名正言顺。你小子太张狂了，不懂就不要乱说。当官没有正式任命，说话就没有人听；没有人听你的话，你想做的事就做不成；事做不成，社会风气就会变坏；社会风气变坏，就会赏罚不分；赏罚不分，民众就会乱来。所以，当官要有任命，有了任命才能说话，说的话才能算数。君子对自己所说的话，是一点也不能马虎的。

---

[1] "名正言顺"已成为成语。

孔子说的“名不正，则言不顺；言不顺，则事不成；事不成，则礼乐不兴；礼乐不兴，则刑罚不中；刑罚不中，则民无所措手足”已成为中国官场文化。可惜，“故君子名之必可言也，言之必可行也。君子于其言，无所苟而已矣”却很少闻了。

子路问孔子：“卫国君王等待您去当宰相，您觉得应该先做什么？”

孔子说：“首先应该正名吧？”

子路说：“有必要吗？老师您也太迂腐了，正什么名呀！”

孔子说：“你小子太张狂了，不懂就不要乱说。如果名不正，说起话来便不顺。说话不顺，做起事来便不成。做不成事，便不能兴礼乐。礼乐不兴，刑罚也必不能公正。刑罚不公正，民众将会乱来！所以，君子有了名分才能说话，说的话才能算数。君子对自己所说的话，是一点也不能马虎的。”

樊迟请学稼。

子曰：“吾不如老农。”

请学为圃。

曰：“吾不如老圃。”

樊迟出。

子曰：“小人哉，樊须也！上好礼，则民莫敢不敬；上好义，则民莫敢不服；上好信，则民莫敢不用情。夫如是，则四方之民襁负其子而至矣，焉用稼！”

记得是在1973年，我第一次知道有孔子和《论语》。当时全社会都在“批林批孔”。我们在农村，听老师说孔子看不起农民，是“四体不勤五谷不分”的坏人，理由是孔子骂农民樊迟，“子曰：‘小人哉樊须也！’”世事无常，有生命力的东西总是以人们意想不到的方式呈现在人们的面前。

樊迟问仁，问崇德、修慝、辨惑，孔子都用很简单的话来回答，即使如此，樊迟还是觉得听不懂，“樊迟未达”。人生五件事，柴米油盐醋，整天满口“仁义道德”，只等待别人请你去做官。这算什么事呀？

我想，樊迟是一个很有志气的人，他想自己创业。或者，选个地方，办所学校，大家耕田种菜，解决生计问题，这样一来就不用再四处奔波，可以静下心来好好读书。

樊迟请求学习种庄稼。孔子说在这方面我不如农民，你想学习就问老农。

樊迟不放弃，请求学习养花种菜。孔子说在这方面我也比不上花农菜农，你向他们学习去。

樊迟没辙，走了，自己想办法吧。

樊迟走后，孔子对其他学生说：“樊迟这小子不是为难我嘛，我哪里懂什么耕田种菜的事呀。社会有不同分工，每个人只需做好自己分内的工作。当官的只要好礼，礼貌待人，百姓就不敢不敬重他。当官的只要尽义务，有义气，百姓就不敢不服。当官的只要讲信用，诚实待人，百姓就不敢不领情。如果这些做好了，天下百姓就会拖家带口聚集而来，自然就有人耕田种菜了，还需要你樊迟自己动手吗？”

孔子是对的，他对樊迟的教育也是成功的。

子曰：“诵《诗》三百，授之以政，不达；使于四方，不能专对；虽多，亦奚以为？”

子曰：“其身正，不令而行；其身不正，虽令不从。”

联系“樊迟请学稼”，孔子以政事为例，谈学以致用的问题。细心体会，孔子有些恨铁不成钢的感叹。孔子以培养君子为目标，心目中的理想社会是君子治理下的道德社会，君子的吃穿用度，自然都由小人供给。

《诗》在孔子心目中的地位似乎非常高，为什么？

钱穆说：“《诗》实西周一代之历史。其言治闺门之道者在《二南》。言农事富民之道在《豳风》。平天下，接诸侯，待群臣之道在《大、小雅》。《颂》乃政成治定后始作。而得失治乱之情，则《变风》、

《变雅》悉之。故求通上下之情，制礼作乐以治国而安民者，其大纲要旨备于《诗》。”[1]

孔子说：“背了《诗经》，给他官做，他做不好，不能飞黄腾达；让他到国外发展，他又不能专心致志，结果四处碰壁；这样的人再多读书又有什么用呢？”

孔子继续说：“当官的人不必什么事都亲力亲为，如耕田种菜。只要修身知礼，公正廉洁，自己就是社会的榜样，社会就会政通人和。相反，如果自己行为不端，说话就不会有人听，下命令也不会有人理会。”

这两句话合起来，就是“君子博学于文，约之以礼，亦可以弗畔矣夫！”

当代应试教育的问题，正是不能学以致用。中学开始，就围绕中考高考组织教学，知识的唯一用途就是考试。应试教育，其实是一种自生自灭的教育，偶有人才脱颖而出，并非教育之功。

子曰：“鲁卫之政，兄弟也。”

孔子回过头来议论卫国的事情。

孔子说：“鲁国和卫国的政治生态基本一样，因此，治理卫国没有什么困难。”

朱熹认为：“鲁，周公之后。卫，康叔之后。本兄弟之国，而是时衰乱，政亦相似，故孔子叹之。”[2]我却认为，孔子并非叹息，而是自信心的表白。

子谓卫公子荆“善居屋。始有，曰：‘苟合矣’；少有，曰：‘苟完矣’；富有，曰：‘苟美矣’。”

孔子讲述卫国公子荆的故事，说明何谓“其身正”。钱穆认为：

---

[1] 《论语新解》。

[2] 《四书集注》。

"因鲁亦有公子荆，故此特加一卫字。"[1]以示区别。

善居屋。改善居屋。这是人人都会遇到的问题，随着经济条件或家庭人口的改变，改善居屋是必不可少的。"孟母三迁"，为了孩子的教育而改善居屋。公子荆三次改善居屋为哪般？朱熹注："言其循序而有节，不以欲速尽美累其心。"[2]不像现代城市人一样瞎折腾。

始有。开始有自己的居屋。

少有。有少许房间安排它用，如书房之类。

富有。功能齐全的居屋。

孔子讲述卫公子荆改善居屋的故事。刚开始有自己独立的居屋，公子说："凑合吧。"第一次搬家，有少许房间可以安排做其他用途，公子说："够用了"。第二次搬家，搬到功能齐全的居屋，公子说："完美了。"

公子荆不理会居屋的条件，谁还敢就此提出过分要求？"其身正，不令而行。"

学校教育也如此。学风决定教学质量，教风决定学风，行政领导的作风决定教风。"其身正，不令而行。"

子适卫，冉有仆。子曰："庶矣哉！"

冉有曰："既庶矣，又何加焉？"

曰："富之。"

曰："既富矣，又何加焉？"

曰："教之。"

子曰："苟有用我者，期月而已可也，三年有成。"

孔子讲述自己与冉有在卫国的故事，借此回答如何治理卫国的问题。

---

[1] 《论语新解》。

[2] 《四书集解》。

适，本义到、往。

庶，此处指人口众多，物产丰富。

期月，一周年。

孔子到卫国，冉有陪同。孔子对冉有说："卫国人口众多，物产丰富。"

冉有问："既然卫国人口众多，物产丰富，那么，卫国还需要增加什么呢？"

孔子说："使百姓富有，国家强盛。"

冉有又问："使百姓富有，国家强盛之后，还需要增加什么呢？"

孔子说："兴办教育。"

孔子接着说："如果卫国用我，一年就能有所改变，三年就有所成就。"

孔子这里说的教育当属大教育，而不单指学校教育，也即是教化，就是现在所说的道德教育。人类社会的常态是，富则逸，逸则淫，淫则忘善，忘善则恶心生；恶心生，则乱象出。教育也是"劳民"的一种方式，使百姓有事做，就能减少赌博滋事，偷鸡摸狗的行为。然而，这几乎是人类社会永远也无法解决的问题。孔子的理想主义色彩在此也得到体现。

孔子的治国之道，富民强国，兴办教育。

子曰："'善人为邦百年，亦可以胜残去杀矣。'诚哉是言也！"

百年，可以是时间概念，如一百年，或很长时间、久远，等等。百年也指死亡。这句话中的"百年"，可能正是死亡的意思。善人为国捐躯，也能唤起国人的良心，胜残去杀，开天下太平之先。这样理解，就能理解孔子的说法：善人能以死唤醒民众，孔子也能用三年时间改善社会风气。

孔子说："古人云：'善人为国捐躯，也能使民众胜残去杀。'这话说得多好呀！"

胜残去杀，化民成俗，使残暴的人不再作恶，便可免于杀戮。也即是以德化民，天下太平之至。

子曰："如有王者，必世而后仁。"

孔子所说的"三年有成"是非常模糊的，成就什么？孔子没有交代。"胜残去杀"也只是人性的发现，可能是暂时的。那么"仁"呢？孔子对"仁"是非常谨慎的，《论语》里，孔子直言只有自己和颜渊能称为仁。也就是说，此处的"仁"当指"仁政"，而不是指百姓人人都遵循仁道。

钱穆沿袭朱熹的理解，不足取。钱穆认为："三十年为一世。王者起，一天下而治之，与'善人为邦'不同，然求仁道之化行于天下，亦必以三十年为期。盖旧被恶化之民，经三十年一世而皆尽；新生者渐渍仁道三十年，故其化易成。"❶

王者，朱熹注："王者谓圣人受命而兴也。"❷现代理解为得天下的人，也指国家的最高统治者，这样的人是不是圣人？难说。孔子也没有说。

孔子说："如果有王者统治国家，必然也要三十年后才能施行仁政。"

这话说得对。

"世而后仁"，也是一种教育思想。在中国，教育作为一种生产人力资源的工具受到重视，其标志是"学好数理化，走遍天下都不怕"成为社会价值观。教育唯分数论，升学率成为衡量教育的唯一指标。这是社会大变革中教育发展的常态。然而，教育不仅是一种工具，而是一种思想文化。人更不是一种工具，"世而后仁"既重视人作为工具，更重视人的仁道修养。

---

❶ 《论语新解》。

❷ 《四书集注》。

子曰："苟正其身矣，于从政乎何有？不能正其身，如正人何？"

苟，如果，假如。

孔子说："如果自己身子正，公正廉洁，严于律己，当官有什么难呢？当官之难在于自己胡作非为，为非作歹，只许州官放火，不许百姓点灯，自己身不正，又如何让别人身子正呢？"

这也是"己所不欲，勿施于人"的通俗解说。

身正不怕影子斜，不单从政如此，当老师的人更当如此，否则后患无穷。

冉子退朝。子曰："何晏也？"

对曰："有政。"

子曰："其事也！如有政，虽不吾以，吾其与闻之！"

这是一个故事，它可以看作孔子为上一句话下的一个脚注。上一句话，孔子说从政的人要先自己身子正，然后才能正人。冉有身为季氏的家宰，身不由己，可能参与一些在孔子看来不太正派的事，孔子及时提醒冉有。

然而，我怀疑这个故事的真实性。冉有为季氏宰，理应不再上学，孔子的行为，似乎有干政的嫌疑，不合孔子的行为准则。

冉子，即冉有。据说当时冉有是季氏的家宰，称冉有为冉子，说明此说可信。

晏：晚、迟。

政，事：朱熹注："政，国政。事，家事。"[1]"公事曰政，私事曰事，原有分别。"[2]

冉有下班，遇见孔子。孔子问："为什么这么晚下班？"

冉有回答："公务繁忙。"

---

[1] 《四书集注》。

[2] 陈大齐，《论语辑释》第177页。

孔子说："是季氏的私事吧？如果有公务，虽然不用我议政，但还是会让我知道的。"

孔子像是离休干部，虽然退下来，但仍然按级别享受阅读文件的权利。中国制度源远流长，令人叹为观止。

定公[1]问："一言而可以兴邦，有诸？"

孔子对曰："言不可以若是其几也。人之言曰：'为君难，为臣不易。'如知为君之难也，不几乎'一言而兴邦'乎？"

曰："一言而丧邦，有诸？"

孔子对曰："言不可以若是其几也。人之言曰：'予无乐乎为君，唯其言而莫予违也。'如其善而莫之违也，不亦善乎？如不善而莫之违也，不几乎'一言而丧邦'乎？"

《论语》里记载很多国君向孔子征求意见的例子。真实的孔子是怎么样一个人呢？现在这个故事，有点像两人边喝茶边聊天。

"言不可以若是其几也。话不能这么说。""若是其几"，如你所期望的。

"予无乐乎为君，唯其言而莫予违也。"前一个"予"读第二声 yú，指我；后一个"予"读第三声 yǔ，指给予。

兴邦、丧邦。振兴国家、颓丧国家。并非指立国和失国。一个国家如此，一个单位如此，一个人也复如此，例子太多了。

定公问孔子："一句话就能振兴国家，有吗？"

孔子回答："话不能这么说。但常言道：'当皇帝难，做臣子的也不容易。'如果皇帝知道当皇帝难，'为君难，为臣不易'这句话不就几乎能够振兴国家吗？"

定公再问："一句话就能颓丧国家，有吗？"

孔子回答："话不能这么说。但常言道：'当皇帝并不快乐，只是

[1] 鲁国国君。

他的话没有人敢违背就是了。'如果皇帝的话是正确的，别人又不违背他，这不是很好吗？可是，如果他的话是错的，别人又不敢违背，这不就几乎是'一言而丧邦'吗？"

孔子的逻辑思维能力很强，此处已有形式逻辑的影子。

叶公[1]问政。

子曰："近者说，远者来。[2]"

叶公好龙的故事："叶公子高好龙，钩以写龙，凿以写龙。于是天龙闻而下之，窥头于牖，拖尾于堂。叶公见之，奔而走之，失其魂魄，五色无主。于是叶公非好龙也，好夫似龙而非龙者也。"[3]

叶公问政于孔子，就如现今不发达地区的领导请教专家。我总是惊叹于中国文化源远流长，穷疯了，或太想成名了，逮着一人问一人，也不管人家是不是行家。

孔子的聪明在于投其所好。孔子告诉叶公，你的地方应该发展旅游业，整治好环境，包括自然环境和社会环境。环境治理好了，周围的人喜欢，人们就会不远万里而来。"说"却"悦"。如果叶公好龙的事故属实，那么孔子的建议就是鼓励叶公继续弄虚作假，搞"穿衣戴帽"之类的东西。

现在教育界的洋思中学和东庐中学，也能诠释近悦远来。当然，所谓学习洋思中学和东庐中学者，即多数为叶公好龙者。

叶公咨询孔子，问为官之道。

孔子说："为官一任，就要做到周围的人喜欢，远方的人慕名而来。"

---

[1] 楚国诸侯，原名沈诸梁字高，因为楚昭王封他到古叶邑为尹，所以史称叶公。也是成语"叶公好龙"中的叶公。

[2] 近悦远来，已成为成语。

[3] 刘向，《新序·杂事》。

子夏为莒父[1]宰，问政。

子曰："无欲速，无见小利。欲速则不达；见小利则大事不成。"

这个故事与"叶公问政"所要表达的东西差不多，我关注的是它的潜台词。叶公为叶邑尹，是主官，子夏为莒父宰，是辅助主官的宰。叶公问政，问的是区域发展大计。子夏问政，问的是如何提高行政效率。

面对子夏的问题，孔子的回答简洁明了，就是"不急躁，不贪小便宜。"理由则是"欲速则不达"，"因小失大"。

子夏到莒父当官，问孔子如何行政。

孔子说："不要急躁，速成达不到目标；不要贪小便宜，贪小利做不成大事。"

"欲速则不达"是真理。孔子已经认识这个真理。

欲速则不达，应该是教学的基本原则，比教学相长、因材施教和启发式教学更加重要。

教育是慢的艺术。

叶公语孔子曰："吾党有直躬者：其父攘羊，而子证之。"

孔子曰："吾党之直者异于是：父为子隐，子为父隐，直在其中矣。"

接"叶公问政"，这是一个有趣的对话，对话透露了叶公的"叶公好龙"性格。孔子告诉叶公，区域发展的目标是"近悦远来"。叶公听了孔子的话，就说我们那里就是这样的地方，百姓大公无私，憨厚耿直，父亲偷羊，儿子举报，已经是"近悦远来"了。

直躬者。朱熹注："直躬，直身而行者。"[2]不妥，人人皆直身而

---

1. 莒父，春秋时邑名。原为莒国领地，后属鲁，又属齐。在今山东省莒县。
2. 《四书集注》。

行。"直躬，楚叶县人也。躬，盖名。其人必素以直称者，故称直躬。"[1]可信。

孔子当即给叶公泼冷水。孔子说，我们那里的直与你们那里的直不同。父亲为儿子隐瞒过失，儿子为父亲隐瞒过失，父子互相保护，天经地义，直在其中。

叶公对孔子说，我们那里有一名叫直躬的人，他父亲偷羊，他就到官府举报。

孔子说，我们那里的直与你们那里的不同。父亲为儿子隐瞒过失，儿子为父亲隐瞒过失，天经地义，直在其中。

关于直躬者的故事："楚有直躬者，其父窃羊而谒之上。上执而将诛之。直躬者请代之。将诛矣，告吏曰：'父窃羊而谒之，不亦信乎？父诛而代之，不亦孝乎？信且孝而诛之，国将有不诛者乎？'荆王闻之，乃不诛也。孔子闻之曰：'异哉！直躬之为信也。一父而载取名焉。'故直躬之信不若无信。"[2]

孔子是对的。

学校鼓励学生向班主任举报其他学生的不良行为。现代版本的"直躬者"。

孔子为师德树立榜样。

樊迟问仁。

子曰："居处恭，执事敬，与人忠。虽之夷狄，不可弃也。"

樊迟又问仁，为什么？

孔子不是已经告诉樊迟"仁者爱人"了吗？这里的提问是不是有些多此一举？

可能樊迟就站在孔子和叶公近旁，听孔子与叶公的谈话。樊迟

---

[1] 陈大齐，《论语辑释》第180页。

[2] 《吕氏春秋·当务》。

可能认为孔子说的“父子相隐，直在其中”与仁义不相符，故有此一问。

樊迟紧接孔子的回答问：“老师，按照您的说法，我们应该如何理解仁义呢？”

恭，以不骄慢为恭。居处指平日里、平时、日常生活。居处恭，平日里待人不要骄慢。

敬，慎重对待，不怠慢不苟且。执事敬，处理公务要慎重对待，不怠慢不苟且。

孔子说：“平日里待人不要骄慢；处理公务要慎重对待，不懈怠不苟且；与人交往要忠诚。这就是仁道。恭、敬、忠是人立身的根本，即使在蛮夷之地也不能放弃。”

这后半句话似乎是专门对叶公说的。当时叶公执政的地方经常受到夷狄的滋扰。

子贡问曰：“何如斯可谓之‘士’矣？”

子曰：“行己有耻；使于四方，不辱君命；可谓‘士’矣。”

曰：“敢问其次？”

曰：“宗族称孝焉，乡党称悌焉。”

曰：“敢问其次？”

曰：“言必信，行必果；硁硁然小人哉！抑亦可以为次矣。”

曰：“今之从政者何如？”

子曰：“噫！斗筲之人，何足算也！”

子贡善问，我们已经见识过。

追问，一种有效的学习方式。当今老师不喜欢，学生不敢用。可惜。

何如斯可谓之‘士’矣。斯是什么意思？依我看，此处的“斯”就是“才”，即如何做才能称为士？

行己有耻。做事知廉耻。这太难了，当今活跃在大众视野里的知识分子很少能做到“行己有耻”。例子太多，不胜枚举。

言必信，行必果；硁硁然小人哉！抑亦可以为次矣。硁(kēng)，刚劲有力的击石声，硁硁然，硬朗的样子，固执的样子。说话算数，做事有始有终，好像不懂变通、固执己见的乡下人。

斗筲之人。指容量小的盛器。器量小的人。

噫。“痛伤之声也”。[1] 有点类似于说，别在我面前提这帮人。

子贡问老师：“人要如何做才能称为士？”

孔子说：“行为知廉耻；出使国外不辱使命。这样的人就可以称为士了。”

子贡说：“这要求太高了，有次一等的吗？”

孔子说：“宗族的人称他孝顺，乡里人称他尊老爱幼。”

子贡说：“这要求还是太高了，还有次一等的吗？”

孔子说：“说话算数，做事有始有终，好像不懂变通、固执己见的乡下人。这样的人也可以算作是次一等的士了。”

子贡问：“当今官场里头的人怎么样？”

孔子说：“别提他们！都是些器量小的人，这些人算什么士！”

静心默读上面的对话，我常常会心微笑，孔子的表现，不正如他自己所描述的士的行为吗？

子曰：“不得中行而与之，必也狂狷乎？狂者进取，狷者有所不为也。”

士有三类，第一类是“行己有耻；使于四方，不辱君命”的人；第二类是“宗族称孝焉，乡党称悌焉”的人；第三类是“言必信，行必果；硁硁然小人哉”的人。

孔子在感叹官场不足道之后，转而谈论人才培养。

孔子说到三类人：

---

[1] 《康熙字典》。

中行者，即中庸者。“子曰：‘回之为人也，择乎中庸，得一善，则拳拳服膺而弗失之矣。’子曰：‘天下国家可均也，爵禄可辞也，白刃可蹈也，中庸不可能也。’”❶所以中行者难得。

狂者，“志极高而行不掩。”❷如子路。

狷者，“知未及而守有余。”❸如原宪。

钱穆注：“伊尹圣之任，狂者也。伯夷圣之清，狷者也。狂狷皆得为圣人，惟不如孔子仕止久速之时中。时中，实时时不失于中行，实时而狂、时而狷，能不失于中道。故狂狷非过与不及，中行非在狂狷之间。”❹

孔子说：“找不到中庸之人教育之，就必须找狂狷之人。狂者能进取，狷者能有所为有所不为。”

从学校教育的角度来看待如上述三种性格的学生。学校教育只能容下“中行者”：遵守纪律，听老师话的学生。狂狷之人都为差生。这可能是六十年教育培养不出大师级人物的根本原因。

子曰：“南人有言曰：‘人而无恒，不可以作巫医。’善夫！‘不恒其德，或承之羞。’”

子曰：“不占而已矣。”

然而，不论哪一类人，都需要一个共同的品格，就是恒心。恒心培养是教育目标的根基，教育不可过于急功近利。

孔子引用俗语和经典名言来说明自己的观点。这也是论说的方法之一。思想法则变化并不大，两千多年的论证方法，至今依然在用。

巫医，古时巫与医集于一人之身，都是极其重要的工作，非有恒心的人不可胜任。

---

❶ 《礼记·中庸》。

❷❸ 《四书集注》。

❹ 《论语新解》。

不恒其德,或承之羞。《易经》恒卦九三的爻辞,全句是"九三:不恒其德,或承之羞,贞吝。象曰:不恒其德,无所容也。"恒卦彖曰:"恒,久也。刚上而柔下,雷风相与,巽而动,刚柔皆应,恒。恒,亨,无咎,利贞,久于其道也。天地之道,恒久而不已也。利有攸往,终则有始也。日月得天而能久照,四时变化而能久成,圣人久于其道而天下化成。观其所恒,而天地万物之情可见矣!"

孔子说:"南方俗语说:'没有恒心的人不能当巫医。'这话说得真好。《易经》说:'没有持久的品德修养,就可能蒙羞。'"

孔子说:"恒心是非常重要的,不必占卜就知道。"

子曰:"君子和而不同,小人同而不和。"

不能单独把"和"与"同"拿出来比较,如朱熹所谓"和者,无乖戾之心。同者,有阿比之意。"[1]反过来说"和者,有阿比之意。同者,无乖戾之心"也未尝不可。孔子用绕口令的方式说话,让人忙活了两千多年都不得要领。如果没有"君子"和"小人"在前,那么"和而不同"与"同而不和"又有什么不同呢?可见历来都是用"君子"来解释"和而不同",用"小人"来解释"同而不和",而不是相反。

在我看来,这句话的最好解释,是由孔子自己给出的。

子曰:"君子周而不比,小人比而不周。"

子曰:"君子坦荡荡,小人长戚戚。"

也许,也可以这样来理解孔子的话:

我不同意你的观点,但我尊重你的选择。这是君子的行为。

我同意你的观点,但我反对你的选择。这是小人的行为。

子贡问曰:"乡人皆好之,何如?"

子曰:"未可也。"

---

[1] 《四书集注》。

“乡人皆恶之,何如?”

子曰:“未可也。不如乡人之善者好之,其不善者恶之。”

子贡也并不能完全理解孔子关于君子和小人的说法,因此便有此问。

好人和坏人难以分别,古今相同。

孔子这个说法,也只有参考价值,并非真理。因为要判断善者和不善者的难度要比判断“乡人皆好之”大,投票就能决定乡人皆好之抑或皆恶之。

子贡问孔子:“乡里人都说他是好人,他就是好人吗?”

孔子说:“不一定。”

子贡又问:“乡里人都说他是坏人,他就是坏人吗?”

孔子说:“不一定。善良的人说他是好人,不善良的人说他是坏人,他才是好人。”

子曰:“君子易事而难说也:说之不以道,不说也;及其使人也,器之。小人难事而易说也:说之虽不以道,说也;及其使人也,求备焉。”

孔子告诉子贡如何具体识别君子和小人。

易事而难说,相处容易取悦困难。说,作悦。君子很容易与人共事,但不容易被收买,他做人做事都有自己的原则,这个原则就是道。

难事而易说,相处困难取悦容易。小人很难相处,但容易被收买,做人做事没有原则,唯利是图。

及其使人也,器之。当他做官要用人的时候,他会量才而用。

及其使人也,求备焉。当他做官要用人的时候,对人求全责备。

孔子说:“君子容易共事,不容易收买;你不按原则处事,他不会买你的账;然而当他做官用人的时候,他会量才而用,不计小节。小人则相反,他不容易共事,容易收买;只要有利可图,他就不顾原则;

然而当他做官用人的时候，对人求全责备，任人唯亲。”

其实，这就是为什么当子贡问孔子“今之从政者何如”时，孔子叹息说“噫！斗筲之人，何足算也”。

在孔子心目中，当时官场没有君子。

子曰：“君子泰而不骄，小人骄而不泰。”

孔子对子贡说，你既然觉得“君子和而不同，小人同而不和”不好理解，现在我换一个角度来说，就是“君子泰而不骄，小人骄而不泰。”

泰，通达、安舒、安宁。泰然自若。

骄，怠慢、骄傲、骄纵。骄傲自大。

孔子说：“君子安舒而不骄纵，临事泰然自若；小人骄傲而不通达，对人骄傲自大。”

钱穆注：“君子无众寡，无小大，无敢慢，故不骄。然心地坦然，故常舒泰。小人矜己傲物，惟恐失尊，心恒戚戚，故骄而不泰。然亦有不骄而未能泰者，亦有泰而或失之骄者。求不骄易，求能泰难，此又不可不知。”[1]

切实如此。

子曰：“刚、毅、木、讷，近仁。”

樊迟问仁，孔子告诉他仁者爱人。仁者爱人，看似简单，实则非常难。爱自己，爱亲友，甚至爱陌生人都不难，但是爱敌人，爱仇人就很难。此处，孔子给出一个判断仁者的近似方法。

比较孔子另一句话：

子曰：“巧言令色，鲜矣仁。”

孔子心中仁的观念非常清楚，也非常简单。仁的复杂性是由研究孔子的人忽悠出来的。

刚，刚直、刚直方正。

---

[1] 《论语新注》。

毅，果断、意志坚强。如“毅然决然”。

木，质朴、不会变通。

讷，难于表达，忍而少言。如“君子欲讷于言而敏于行”。

孔子说：“一个人能做到刚直、果断、朴实、少言，就接近于仁者了。”

子路问曰：“何如斯可谓之‘士’矣？”

子曰：“切切偲偲、怡怡如也，可谓‘士’矣。朋友切切偲偲，兄弟怡怡。”

子路走神了？这是子贡刚刚问过的问题，孔子的回答也颇为详细。如果子路生在现在，那他肯定又要骂了。子路重新问起，孔子不但没有生气，而且给出一个非常形象的说法。

切切，切磋琢磨的样子。

偲(sī)偲，相互勉励，相互督促的样子。

怡怡，喜悦欢乐的样子。

子路问老师：“人要如何做才能称为士？”

孔子说：“切磋琢磨、相互督促、喜悦欢乐样子的人，就可以称为士了。对朋友要相互切磋，相互督促；对兄弟要和颜悦色。”

与孔子对子贡说的相比，多出一项如何对待朋友。对朋友“切切偲偲”而不是同流合污。

子曰：“善人教民七年，亦可以即戎矣。”

那么，如何培养士，或一般的，教育人民呢？

善人，就如教师，教师必须有教师资格证，还明文规定了教师的职业道德。古代没有教师的称呼，善人即教师。

七年是学制，“一年视离经辨志，三年视敬业乐群，五年视博习亲师，七年视论学取友，谓之小成。”[1]

即戎。戎，戎羌，古代西部民族。即，接近、靠近、走向，如若即若离。即戎，接近戎羌，也即是同化戎羌。

孔子用一个比较极端的例子，说明七年学制的意义。

孔子说：“用七年时间对戎羌进行教育，就可以同化他们。七年教育，足以培养士了。”

子曰：“以不教民战，是谓‘弃之’。”

“孙子曰：凡用兵之法，全国为上，破国次之；全军为上，破军次之；全旅为上，破旅次之；全卒为上，破卒次之；全伍为上，破伍次之。是故百战百胜，非善之善者也；不战而屈人之兵，善之善者也。”[2]

孔子说：“不要教育百姓好战，要以仁义礼仪教育人民，便可以减少纷争，直到消灭战争。”

这也正好解释了孔子的“切切偲偲，怡怡如也，可谓‘士’矣。朋友切切偲偲，兄弟怡怡。”

看来，孔子是个和平主义者。

---

[1] 《礼记·学记》。

[2] 《孙子兵法·谋攻》。

宪问第十四

老师：孔子。

这节课除了孔子的学生之外，也有官员来听课。

内容：点评士大夫和隐士。

当然，孔子教育，秉承开放性原则，不设话题，学生可以随意提问。

宪问[1]耻。

子曰："邦有道，谷；邦无道，谷，耻也。"

"克、伐、怨、欲，不行焉，可以为仁矣？"

子曰："可以为难矣，仁则吾不知也。"

原宪是孔子弟子中的狷介之士。

宪问耻，符合原宪的身份。原宪知廉耻，故有此问。原宪所问之耻，非一般人之耻，吃饭穿衣，人之常理，与邦有道无道无关，也不关耻不耻。原宪所问之耻，是指士大夫以及孔子弟子，也即是一般应该有社会良知的人的行为。

谷，粮食的总称，士食谷，非自己种植所得，来自官府供给，即食禄，也可引申为当官。皇帝昏庸，助纣为虐，是为可耻。

孔子不是第一次说这个问题。

克、伐、怨、欲。克，好胜；伐，自夸；怨，怨恨；欲，贪欲。

---

[1] 原宪，字子思，宋人，少孔子三十六岁。清净守节，贫而乐道，孔子为鲁司寇，原宪尝为孔子宰。孔子卒后，原宪退隐，居于卫。

"克、伐、怨、欲,不行焉,可以为仁矣?"原宪可能没有认真听课,也可能是由于孔子采用个别教学,对于同一个问题,孔子总是根据提问的学生的实际情况给予回答。原宪不知道孔子对颜渊说的仁。

子曰:"克己复礼为仁。一日克己复礼,天下归仁焉。为仁由己,而由人乎哉?"

原宪所问,只是"克已",而且只是"克已"的好胜、自夸、怨恨和贪欲,离仁尚远。所以孔子给出一个很幽默的回答。

原宪问老师,什么是可耻的事情?

孔子说:"君主开明,社会有序,可以去当官享受俸禄。但如果君主昏庸,社会混乱,还去当官享受俸禄,助纣为虐,那就是可耻的事情。"

原宪再问:"一个人如果能克服好胜、自夸、怨恨和贪欲,算不算仁呢?"

孔子说:"一个人能克服好胜、自夸、怨恨和贪欲,算是难能可贵了,至于他算不算仁我就不知道了。"

子曰:"士而怀居,不足以为士矣。"

钱穆注:"居谓居室居乡。士当厉志修行以为世用,专怀居室居乡之安,斯不足以为士矣。"[1]这似乎与孔子重视孝悌相矛盾。

士而怀居,居不是居室,而是居心叵测。

孔子说:"身为士却一心只算计自己的小九九,居心叵测,结党营私,这样的人不配为士。"

这也即是,当官不为民办事,不如回家种红薯。

子曰:"邦有道,危言危行;邦无道,危行言逊。"

孔子看透社会的黑暗,用危言危行来称谓直言不讳的言论和光明正大的行为。正言是危险的,正行也难保平安。

---

[1] 《论语新解》。

孔子说:“如果社会有健全的法律体系,官府依法办事,人不会因言获罪,不会被栽赃陷害,那么人们就会说正当的话做正当的事。如果社会法律不健全,有法不依,执法不严,无法无天,官大就是法,那么即使人们做了正当的事,也不会实话实说。”

孔子时代的社会现实。

老师对待学生也是如此。如果老师一方面鼓励学生大胆发言,敢于发表自己的见解,另一方面又对学生的发言吹毛求疵,随意敷衍,结果是学生越来越不敢说话,越来越沉默寡言。特别是,课堂上老师提问学生,明明学生已经给出正确答案,老师还要加一句:“说完整。”学生往往是不情愿地重复一次。

如果学校无道,学生只能危行危言。

子曰:“有德者,必有言;有言者,不必有德。仁者,必有勇;勇者,不必有仁。”

这话很直白,可以作为教师的座右铭。

有德者,品德高尚的人。有言者,会写文章、做演讲的人。

孔子说:“品德高尚的人必定会发表自己的见解,无论邦有道还是无道,但是,会写文章、会演讲,能说会道的人却不必然品德高尚。同样,仁者必然勇敢,但勇敢的人却不必然有仁义之心。”

依我所见,有德者未必有言,因为不能言,有言者却大体上无道。

南宫适问于孔子,曰:“羿善射,奡荡舟,俱不得其死;然禹稷躬稼,而有天下。”

夫子不答。

南宫适出。

子曰:“君子哉,若人! 尚德哉,若人!”

南宫适(kuò),即南容。

南容是孔子的侄女婿。

当时正在上课，南容应当就在孔子身旁。南宫插话，抢话头，“老师，我明白，就如……”，也就是对孔子上述两句话的发挥，提供例证。孔子笑而不答。

羿善射。羿，中国神话中有穷国国君，善射箭，因迷恋弓射而不理民事，后被臣子寒浞(zhuó)所杀。

奡荡舟。奡(ào)，中国古代夏朝寒浞之子，传说中的大力士，能陆地行舟。后为夏后少康所诛。

禹稷(jì)躬稼，而有天下。躬，亲自动手。禹，大禹治水的禹，夏国君，奉舜命治理洪水，疏通江河，兴修沟渠，发展农业。稷，即后稷，专事农业，用现在的话叫做农业专家。

南容问孔子：“羿善于射箭，奡精于航行，他们通过暴力夺得权力，结果都不得好死，然而禹和稷却由于发展农业而得了天下，为什么？”

孔子没有回答。

等到南容走后，孔子才说：“什么是君子？像南容这样的人就是君子。什么是尚德的人？像南容这样的人就是尚德的人。”

对照一下孔子对樊迟的批评，当能领略孔子的教育智慧：

夫子不答，南宫适出。子曰：“君子哉若人！尚德哉若人！”

樊迟出。子曰：“小人哉，樊须也！上好礼，则民莫敢不敬；上好义，则民莫敢不服；上好信，则民莫敢不用情。夫如是，则四方之民襁负其子而至矣，焉用稼？”

孔子评价学生是非常讲究策略的。对子路，当面评价，对南容和樊迟，不当面评价。

子曰：“君子而不仁者有矣夫，未有小人而仁者也。”

这句话还是由南容引起的感叹。

孔子为什么会有此感叹？难道南容有过失行为？或者孔子由南容而想到其他弟子，如子路、公冶长，等等。人非圣贤，谁能无过？孔子曾经说过：“人之过也，各于其党。观过，斯知仁矣。”

孔子说："君子偶有不仁的行为，这是很正常的，但我从来就没有见过小人有仁义的。"

似乎有些绝对。

子曰："爱之，能勿劳乎？忠焉，能勿诲乎？"

朱熹引注："苏氏曰：'爱而勿劳，禽犊之爱也；忠而勿诲，妇寺之忠也。爱而知劳之，则其为爱也深矣；忠而知诲之，则其为忠也大矣。'"[1]"爱而勿劳，禽犊之爱也"是胡说。

自朱熹以来，大体按此理解，现代的钱穆、南怀瑾和李泽厚也按此解读，这固然没有错，但孔子说的究竟是什么意思呢？我也不知道，但我觉得可以尝试下面的理解。

勿劳，即不要打扰，使之劳顿。勿诲，诲有引诱之意，勿诲就是不要引诱，使之走上邪路。

孔子说："爱他就不要打扰他，忠于他就不要引诱他。"

从工作的角度，从行政的角度，这个解读还是可以自圆其说的。

从教育的角度，当代孩子基本没有自由，原因大多是受到以爱为名的干扰，老师的干扰，家长的干扰。

"爱之，能勿劳乎？"应该成为一条教学原则。

子曰："为命，裨谌草创之，世叔讨论之，行人子羽修饰之，东里子产润色之。"

读这句话，我想到所谓快速作文，想到所谓"跨越式教学"，想到当前学校作文教学存在的问题。我也因此理解孔子为什么要跟学生讲这件事。

浮躁是每个时代都存在的问题。

命，朝廷的命令文书。为命，为了发布一道命令。

---

[1] 《四书集注》。

裨谌、世叔、子羽、子产是春秋时郑国的四位大夫。子羽掌管外交，谓行人子羽；子产是郑国宰相，住在东里，称东里子产。

孔子告诉学生，郑国为了发布一道命令，需要经过四位大夫之手，裨谌写出草稿，并与世叔讨论定出初稿，再将初稿交由外交大臣子羽修饰，最后由宰相子产润色定稿。

孔子意在告诉学生，说话作文务必精益求精。

我想，如果我教学生作文，我将在每堂作文课上，首先让学生背诵孔子的这句话。

老师：上课。

学生：老师好。

老师：同学们好。我们作文的目标是：

学生：子曰："为命，裨谌草创之，世叔讨论之，行人子羽修饰之，东里子产润色之。"

或问子产。

子曰："惠人也。"

问子西。

曰："彼哉！彼哉！"

问管仲。

曰："人也。夺伯氏骈邑三百，饭疏食，没齿无怨言。"

孔子的说教又引来学生的追问。似乎有的学生不相信孔子的说法，这种现象经常出现在《论语》里。我常常感叹孔子教学的民主气氛，这是当代学校教学最为缺乏的精神。

或问子产。没有指明是谁问的问题，"或问"似乎含有这样的意思：照您所说，子产应当是一个很厉害很有水平的人。

子产到底是一个什么样的人呢？

彼哉！彼哉！孔子也会打马虎眼，这人嘛，这人嘛，嘿嘿。子西是什么人，孔子对他不予置评？

朱熹注："子西，楚公子申，能逊楚国，立昭王，而改纪其政，亦贤大夫也。然不能革其僭王之号。昭王欲用孔子，又沮止之。其后卒召白公以致祸乱，则其为人可知矣。彼哉者，外之之辞。"❶所谓"其后卒召白公以致祸乱"指"惠王二年，子西召故平王太子建之子胜于吴，以为巢大夫，号曰白公。白公好兵而下士，欲报仇。六年，白公请兵令尹子西伐郑。初，白公父建亡在郑，郑杀之，白公亡走吴，子西复召之，故以此怨郑，欲伐之。子西许而未为发兵。八年，晋伐郑，郑告急楚，楚使子西救郑，受赂而去。白公胜怒，乃遂与勇力死士石乞等袭杀令尹子西、子綦于朝，因劫惠王，置之高府，欲弑之。"❷

这是原因吗？

夺伯氏骈邑三百，饭疏食，没齿无怨言。伯氏，齐国大夫。朱熹注"盖桓公夺伯氏之邑以与管仲，伯氏自知己罪，而心服管仲之功，故穷约以终身而无怨言。"❸我不信。我认为是管仲夺取齐国大夫伯氏三百户，却能穷约终身而无怨言。

有学生问孔子："老师您觉得子产这人怎么样呢？"

孔子说："他为官能惠及百姓。"

又有学生问："那么您觉得子西怎么样呢？"

孔子说："这人嘛，这人嘛，嘿嘿。"

"管仲怎么样呢？"学生问。

孔子说："管仲这人嘛，他夺取齐国大夫伯氏三百户，却能穷约终身而无怨言。"

孔子是赞许管仲的。

子曰："贫而无怨难，富而无骄易。"

这话说得实在，但不全面。今天之社会，是贫富同怨，富而骄横。

---

❶《四书集注》。

❷《史记·楚世家》。

❸《四书集注》。

相比之下，却是富人不骄容易一些。

孔子说："穷人不埋怨，很难；富人不骄傲，容易。"

记得孔子与子贡有过一个对话：

子贡曰："贫而无谄，富而无骄，何如？"子曰："可也。未若贫而乐，富而好礼者也。"

回到教育。老师不埋怨差生，很难；老师不以优秀学生而骄傲，容易。

子曰："孟公绰[1]为赵魏老则优，不可以为滕薛大夫。"

孔子继续为学生点评当时的社会名流，上面说到子产、子西和管仲，现在谈论孟公绰。

通常把上半句的"赵魏"说成"赵家和魏家"，把下半句的"滕薛"说成"滕国和薛国"。究其原因，可能以为"老"不是官而"大夫"是官？

这可能不是孔子的愿意，似乎也不合句式。不如把"赵魏"当成"赵国和魏国"，而把"老"当"遗老"解。

还有一个问题，孟公绰既然已经是鲁国的大夫，为什么孔子说他不能做滕国或薛国的大夫呢？可能是孔子认为孟公绰做鲁大夫不称职吧？

造化弄人，把人放在不能人尽其才的岗位上。至少，孔子认为孟公绰不宜做大夫。

孔子说："孟公绰做赵国或魏国的国策顾问绰绰有余，但不能做滕国或薛国的大夫。"

孔子主张用人要人尽其才。

子路问成人。

---

[1] 孟公绰，鲁国大夫。

子曰："若臧武仲之知[1]，公绰之不欲[2]，卞庄子之勇[3]，冉求之艺，文之以礼乐；亦可以为成人矣。"

曰："今之成人者何必然？见利思义，见危授命[4]，久要不忘平生之言，亦可以为成人矣。"

朱熹注："成人，犹言全人。"[5]注得精准。

子路问了一个不该问的问题。老师，什么样的人才是全能的人？

孔子的回答是情绪化的。哪里有全能的人？除非集四位贤达人士的优点于一身，"智、廉、勇、艺"，再披上礼乐的外衣。这样的人哪里找？你子路提的什么问题呀。

从来就没有如此全能的人。

现在有吗？

孔子说："我们今天没有必要培养全能的人。一个人如能做到见利思义，见危授命，言而有信，信守诺言，也就可算作全能的人了。"

此处，也可以认为孔子提出一个教育目标。

孔子的教育目标是非常崇高的。

子问公叔文子于公明贾，曰："信乎，夫子不言不笑不取乎？"

公明贾对曰："以告者过也。夫子时然后言，人不厌其言；乐然后笑，人不厌其笑；义然后取，人不厌其取。"

子曰："其然！岂其然乎？"

孔子"入太庙，每事问"，现在却是私下打听别人的私事。孔子把

---

❶ 事见《左传·襄公二十三年》，"仲尼曰：'知之难也。有臧武仲之知。'杜注云：'谓能避齐祸，是武仲之知也。'"（《论语注疏》）

❷ "然则公绰盖廉静寡欲。"（《四书集注》）

❸ 鲁国卞邑大夫，"齐人欲伐鲁，忌卞庄子，不敢过卞。"（《荀子·大略》）

❹ "见危受命"已成为成语。

❺ 《四书集注》。

这件事拿到课堂来讲,可能是想告诉学生,不要道听途说,但要有怀疑态度,这是其一。其二是继续说“成人”的问题,引出“时然后言”、“乐然后笑”、“义然后取”的言行。

公叔文子和公明贾都是卫国大夫,孔子向公明贾了解公叔文子的情况。

孔子问公明贾:“别人说公叔文子平常不苟言笑,不贪财物,是真的吗?”

公明贾对孔子说:“有些言过其实了。公叔文子在恰当的时候说适当的话,所以别人不讨厌他说话;在该当快乐的时候笑,所以别人不讨厌他笑;在符合道义的时候收取财物,所以别人不讨厌他收取。”

孔子说:“是吗?真是这样吗?”

公明贾深谙官场的潜规则,把一个老谋深算的官僚刻画得栩栩如生。

子曰:“臧武仲以防求为后于鲁,虽曰不要君,吾不信也!”

孔子肯定臧武仲的知,指出“成人”应该具有如臧武仲一般的知,然而有智慧的人并不必然有道德,“智慧出,有大伪。”[1]

孔子直言不讳地表示不相信臧武仲的言行。

“臧武仲以防求为后于鲁”,这是一个故事:鲁国的大夫臧武仲因犯事出逃到邾国,向鲁国朝廷提出封自己的后人为防邑的继承人,作为交换条件,臧武仲愿意舍弃防邑,流亡国外。防邑是臧氏家族的封邑,距齐国边境很近,是一处战略要地,鲁国不能失去它,鲁国朝廷只得同意臧武仲的要求。[2]

要(yāo),要挟;胁迫。

孔子说:“臧武仲以防邑为条件要求鲁国朝廷册封他的子孙,虽

---

[1] 《道德经・第十八章》。

[2] 《左传・襄公二十三年》。

然他自己说这不是要挟朝廷，但我不相信。”

子曰：“晋文公谲而不正，齐桓公正而不谲。”

谲(jué)，“权诈也。益、梁曰谓谬欺天下曰谲。”[1]

晋文公与齐桓公，朱熹注：“二公皆诸侯盟主，攘夷狄以尊周室者也。虽其以力假仁，心皆不正，然桓公伐楚，仗义执言，不由诡道，犹为彼善于此。文公则伐卫以致楚，而阴谋以取胜，其谲甚矣。二君他事亦多类此，故夫子言此以发其隐。”[2]

朱熹强调二公“心皆不正”，与孔子的愿意明显不符。就原文论，孔子当指二公的功绩殊途同归，但齐桓公重走正道。

孔子说：“晋文公诡谲而不正义，齐桓公正义而不诡谲。”

子路曰：“桓公杀公子纠，召忽死之，管仲不死。”曰：“未仁乎！”

子曰：“桓公九合诸侯，不以兵车，管仲之力也。如其仁！如其仁！”

从“子路问成人”始，至此都是孔子与子路的对话，这是典型的对话式教学。这种教学方式的教学效率并不高，其他听课的学生容易分心他顾。

子路的这次提问很有水平，先叙述事实，再提问题。这是提问教学最难做到的事情，也是经常为研究教学的人所忽略的问题。

子路讲的故事：齐襄公为人荒淫暴虐，他的两个弟弟小白和公子纠远走他乡避祸，小白由鲍叔牙陪同到了莒城，公子纠由管仲、召忽陪同到了鲁国。至襄公死，小白和公子纠都想回国继承王位，引发战争，管仲率军在路上阻截小白，用箭射中了小白的皮带，但小白还是率先回到齐国，立为国君，即齐桓公。小白当上国君之后，派使臣到

---

[1] 《说文解字》。

[2] 《四书集注》。

鲁国，要求鲁国将公子纠就地正法，并引渡管仲和召忽。鲁国按要求杀公子纠，召忽为公子纠而自杀，管仲自愿回齐国。管仲回国后，齐桓公听鲍叔牙的建议，任用管仲为齐国宰相。（“鲍叔帅师来言曰：‘子纠，亲也，请君讨之。管、召，雠也，请受而甘心焉。’乃杀子纠于生窦，召忽死之。管仲请囚，鲍叔受之，及堂阜而税之。归而以告曰：‘管夷吾治于高傒，使相可也。’公从之。”）[1]

子路怀疑管仲的为人，认为管仲不仁。

孔子不同意子路的观点，并用事实说明为什么不同意。

孔子说的事实：是时周室衰微，唯齐、楚、秦、晋为强。晋初与会，献公死，国内乱。秦穆公僻远，不与中国会盟。楚成王初收荆蛮有之，夷狄自置。唯独齐为中国会盟，而桓公能宣其德，故诸侯宾会。于是桓公称曰：“寡人南伐至召陵，望熊山；北伐山戎、离枝、孤竹；西伐大夏，涉流沙；束马悬车登太行，至卑耳山而还。诸侯莫违寡人。寡人兵车之会三，乘车之会六，九合诸侯，一匡天下。昔三代受命，有何以异于此乎？吾欲封泰山，禅梁父。”[2]

子路说，“桓公杀公子纠，召忽陪公子纠死，管仲不死，管仲对公子纠不仁。”

孔子说：“桓公九次会盟诸侯，都不用武力胁迫，这都是管仲的功劳啊。这就是管仲的仁！这就是管仲的仁！”

孔子认为，齐桓公九会诸侯，不以武力胁迫，都得益于管仲的辅佐。

子路只想着个人的小义，孔子却着眼于天下的公理。

子贡曰：“管仲，非仁者欤？桓公杀公子纠，不能死，又相之。”

子曰：“管仲相桓公，霸诸侯，一匡天下，民到于今受其

---

[1] 见《左传·庄公八、九年》。

[2] 《史记·齐太公世家》。

赐。微管仲，吾其披发左衽矣！岂若匹夫、匹妇之为谅也，自经于沟渎，而莫之知也！”

子贡也来凑热闹，可能是分心吧？这正是对话教学经常出现的问题。对话教学的不足至今仍无法克服。也可能是子贡不同意孔子的观点。

子贡质问孔子：“桓公杀公子纠，管仲不但不陪公子纠死，还当仇人的宰相，这不是不仁吗？”

孔子说：“管仲当桓公的宰相，辅佐桓公称霸诸侯，匡正天下，百姓今天的好生活都是拜管仲所赐。如果没有管仲，我现在也成为披发左衽的夷人了。你怎么也像匹夫匹妇一般见识，召忽迫于无奈而自杀，也未可知也。

“微管仲，吾其被发左衽矣！”何晏注：“微，无也。衽谓衣衿。衣衿向左，谓之左衽。夷狄之人，被发左衽。言无管仲，则君不君，臣不臣，中国皆为夷狄，故云‘吾其被发左衽’也。”[1]

公叔文子之臣大夫僎，与文子同升诸公。

子闻之，曰：“可以为‘文’矣！”

这是本节课里孔子第二次谈到公叔文子。上一次，孔子向人打听公叔文子是否“不言不笑不取”，得到的答案是“以告者过也”。孔子不尽信。

这一次，有人告诉孔子，说公叔文子举荐自家的大夫僎到朝廷任职，同朝为官。孔子听后对公叔文子大加赞赏，说这种行为足以谥为“文”了。

关于谥号“文”。谥“文”有六种，“经纬天地曰文，道德博闻曰文，学勤好问曰文，慈惠爱民曰文，愍民惠礼曰文，锡民爵位曰文。”（锡通“赐”，即给予、赐给。）[2]

---

[1] 《论语注疏》。

[2] 《逸周书·谥法解》。

孔子这一称赞，并经朱熹的评价，竟然使公叔文子的行为延续了两千多年，得到发扬光大。朱熹引注："洪氏曰：'家臣之贱而引之使与己并，有三善焉：知人，一也；忘己，二也；事君，三也。'"[1]

"秘书现象"即是公叔文子行为的当代版本。

子言卫灵公之无道也。康子曰："夫如是，奚而不丧？"

孔子曰："仲叔圉治宾客，祝鮀治宗庙，王孙贾治军旅。夫如是，奚其丧？"

由公叔文子的道德行为而说到卫灵公的无道。

孔子在课堂上公开批评卫灵公，季康子表示不解，因为卫灵公确实把卫国治理得不错，孔子却说卫国的发展得益于其大臣的才能。

卫灵公无道，从何说起？据说孔子在卫国时，不但受到卫灵公的冷处理，供吃喝而不任用，而且还让孔子陪卫灵公的夫人南子招摇过市，引来子路的不满，"子见南子，子路不说。夫子矢之曰：'予所否者，天厌之！天厌之！'"孔子曾经骂卫灵公"吾未见好德如好色者也。"

孔子说卫灵公无道，不排除是私人恩怨。

仲叔圉(yǔ)，即孔文子，卫大夫，擅长外交。

祝鮀(tuó)，卫国大夫，能言善辩，擅长内政，尤其精于意识形态，搞宣传的行家里手，后被当为佞人的典型。

孔子向学生诉说卫灵公的无道，旁听的季康子质问道："卫灵公既然无道，卫国为什么不亡国呢？"

孔子说："卫灵公善用贤才，孔文子辅佐外交，祝鮀处理内政，王孙贾掌管军队，有这样的贤臣治国，卫国怎么会亡国！"

子曰："其言之不怍，则为之也难！"

---

[1] 《四书集注》。

这话当是孔子对季康子的批评。季康子质问孔子，自以为没有君主，国家就会灭亡。孔子说这是大言不惭。

怍(zuò)，羞惭。

为之也难，“之”指“其言”。

孔子说：“一个人说话都不知道羞惭，那么要他实现诺言就难了。”

陈成子弑简公。孔子沐浴而朝，告于哀公曰：“陈恒弑其君，请讨之！”

公曰：“告夫三子。”

孔子曰：“以吾从大夫之后，不敢不告也。君曰‘告夫三子’者?”

之三子告，不可。

孔子曰：“以吾从大夫子后，不敢不告也！”

孔子向学生报告一件自己亲身经历的事情：“甲午，齐陈恒弑其君壬于舒州。孔子三日齐，而请伐齐三。公曰：‘鲁为齐弱久矣，子之伐之，将若之何?’对曰：‘陈恒弑其君，民之不与者半。以鲁之众加齐之半，可克也。’公曰：‘子告季孙。’孔子辞，退而告人曰：‘吾以从大夫之后也，故不敢不言。’”[1]

想想这个场面。齐国发生政变，君王被杀，孔子精心准备来见哀公，要求出兵讨伐齐国。哀公不敢作主，让孔子去报告孙氏三家，孙氏三家否决了孔子的提案。孔子很郁闷，见人就说，“自从我当大夫以来，有事我都不敢不报嘛。”

不要忘记这个时候孙氏三家之一的季康子就坐在课堂上，听孔子授课。这也可以看作孔子当面发泄对孙氏三家专权的不满。

三子，即鲁大夫孟孙、叔孙、季孙三家。

---

[1] 《左传· 哀公十四年》。

陈成子，齐国大夫陈桓。

陈成子发动政变，杀死简公。孔子沐浴斋戒上朝，建议哀公："陈恒弑齐君，请大王出兵讨伐齐国。"

哀公说："你跟孙氏三家说去。"

孔子说："自从我当大夫以来，有事我都不敢不向您报告，现在您让我去跟孙氏三家说吗？"

孔子不得不向孙氏三家提出请求，遭到孙氏三家的反对。孔子很郁闷，见人就说，"自从我当大夫以来，有事我都不敢不报嘛。"

子路问事君。子曰："勿欺也，而犯之。"

孔子很郁闷，子路更郁闷。

子路问孔子，既然君主如此行事，那么我们如何侍奉君主呢？

孔子说："不要欺瞒，而可以犯颜直谏。"

孔子似乎也在说大话，难道嘟嘟喃喃"以吾从大夫以后，不敢不告也"就是犯颜直谏？不知道子路心里怎么想？

子曰："君子上达，小人下达。"

这句话的解读，大致可以归为两个版本：

"本为上，谓德义也。末为下，谓财利也。言君子达于德义，小人达于财利。"❶

"形而上者道也，形而下者事也。君子事道故上达，小人事事故下达。孔子曰：'中人以上可以语上，中人以下不可以语上。'"❷

然而，联系上文，这句话应当是孔子回答子路关于如何事君的问题的继续。

孔子说："君子宁可冒犯颜直谏之失，也要把自己的观点上达，而不是四处散布，造成混乱。"

---

❶ 何晏，《论语注疏》。

❷ 陈祥道，《论语全解》。

我认为如此解读能够自圆其说，至少也是符合人性的。

按照孔子的定义，现在已很少有君子了。

子曰："古之学者为己，今之学者为人。"

这句话仿佛是说今天中小学教育的事情。

从学校教育来说，今天有多少学生是为自己读书的？

舆论宣传，最流行的一句话，就是"为中华民族之崛起而读书"，时下"崛起"被换成"复兴"。

作为个体的学生，那就是为父母读书，为爷爷奶奶读书。

还都是为别人而读书。不知道孔子的原意是不是如此。

历史上，为自己所需而随意解读孔子的意思，可谓众说纷纭。如果把"学者"理解为现代汉语的"学者"，那么我比较认同何晏的注解："正义曰：此章言古今学者不同也。古人之学，则履而行之，是为己也。今人之学，空能为人言说之，己不能行，是为人也。范晔云：'为人者冯誉以显物，为己者因心以会道也。'"[1]

今天活跃在各行各业的学者大致如此。一个真实的故事：某日，某专家到某中学听某老师的课，课后评课，专家指出教师教学的诸多不足。末了，该教师诚恳地请求专家上一节示范课，专家大怒，曰："国家队游泳教练就一定游快过运动员吗？"结果不欢而散。

孔子说："古代的学者为修身而学，今天的学者为治人而学。"

孔子到底在说谁呢？是批评还是表扬？

蘧伯玉[2]使人于孔子。

孔子与之坐而问焉，曰："夫子何为？"

对曰："夫子欲寡其过而未能也。"

---

[1] 《论语注疏》。

[2] 周卫蘧瑗，字伯玉。年五十，知四十九年之非。《二十四孝》有"卫蘧伯玉。敬上知非。夜车止阙。见信宫闱。"

使者出。

子曰:“使乎!使乎!”

这里孔子给学生讲一个故事,故事说到三个人,蘧伯玉、使者和孔子。蘧伯玉是卫国大夫,他派使者来探望孔子,孔子关心地询问蘧伯玉的近况,使者说:“我家主人想减少自己的过失,但他总是不能做到。”使者走后,孔子惊呼:“使者啊,使者!”

蘧伯玉是孔子非常敬重的朋友,孔子几次到卫国都住在他家。

我感觉,孔子是赞蘧伯玉使者的忠诚,并把蘧伯玉及其使者作为今之学者的典型。

子曰:“不在其位,不谋其政。”

曾子曰:“君子思不出其位。”

孔子在《论语·泰伯第八》里说过同样的话,因此包括朱熹在内的人大体上用“重出”来解读,然而,除了“重出”之外就没有别的意思吗?

联系上下文,其意思是不一样的。

《论语·泰伯第八》:

子曰:“笃信好学,守死善道。危邦不入,乱邦不居。天下有道则见,无道则隐。邦有道,贫且贱焉,耻也。邦无道,富且贵焉,耻也。”

子曰:“不在其位,不谋其政。”

这是告诫学生不要干预政治,要静心读书,完善自我。

此处不同,根据钱穆的注解,此时蘧伯玉应该是一位年过百岁的老翁,赋闲在家。“伯玉始见于《春秋》鲁襄公十四年,其时已在大夫之位,且又名成见敬于时。越此八年,孔子始生。孔子适卫主其家,伯玉当踰百龄之寿矣。”[1]按照孔子“七十而从心所欲不踰矩”的标准,蘧伯玉的行为已经出位,因此,当孔子讲完这个故事,就使者说蘧

❶ 《论语新解》。

伯玉"夫子欲寡其过而不能也"的话，不免感叹，"何必呢？都退下来了，就不要管那些政治的事情了。"有批评劝告之意。

曾子就在孔子身旁，插话说，就是嘛，君子思考政治问题不要超出自己的职权范围。

师徒一唱一和，好不热闹。

子曰："君子耻其言而过其行。"

子曰："君子道者三，我无能焉：仁者不忧，知者不惑，勇者不惧。"

子贡曰："夫子自道也！"

孔子显然不喜欢学生评论自己的老朋友，因为这是不孝不敬之举，因此，他换一副面孔，教训起自己的学生来了。孔子说，曾子你别口花花了，蘧伯玉的事不是你应该插嘴的，"君子应该以言过其实为耻"。

孔子接着说："君子应该有三种品格：仁者不忧，知者不惑，勇者不惧。但我一件也不具备，我没有资格评论蘧伯玉。"

子贡再也听不下去，就说："老师您也不必自谦了，'仁者不忧，知者不惑，勇者不惧'说的正是您呀！"

这是对自己老师的吹捧。

子贡方人。子曰："赐也贤乎哉？夫我则不暇！"

子曰："不患人之不己知；患其不能也。"

子曰："不逆诈，不亿不信，抑亦先觉者，是贤乎！"

子贡拍马屁拍到马蹄子上。孔子认为子贡的毛病是"方人"，何谓"方人"？何晏注："子贡多言，尝举其人伦以相比方。"[1]不妥。如果这样理解"方人"，那么孔子才是"方人"的典型。"一部《论语》，孔

---

[1] 《论语注疏》。

子方人之言多矣，何以曰‘夫我则不暇’？”[1]

“《释文》曰：郑本作‘谤人’”[2]也即是子贡喜欢诽谤他人来标榜自己。我觉得这个解读更合孔子的原意，这也可以从孔子接下来的两句话中体会得到。

孔子发现子贡总爱批评别人，就对子贡说：“子贡，你以为你就贤能吗？喜欢揭别人的短。我就没有像你那样的闲工夫。”

孔子接着说：“你不要总是埋怨别人不了解你，不重用你，你要担心的是自己有没有本事。”

孔子说：“不要预先怀疑别人欺诈，不要臆想别人不诚实，但倘若遇到别人欺诈和不诚实，也能及时发觉，这样的人才是贤者。”

难，除非是圣者。

微生亩谓孔子曰：“丘，何为是栖栖者欤？无乃为佞乎？”

孔子曰：“非敢为佞也，疾固也。”

子曰：“骥不称其力，称其德也。”

或曰：“以德报怨，何如？”

子曰：“何以报德？以直报怨，以德报德。”

微生亩，鲁国隐士，南怀瑾先生说他是道家隐士。[3]其实类似于乡村里的乡绅，能说会道，除了会说些看破红尘之类的话外百无一用。

孔子通过这个故事，向学生阐述一个人如何对待社会和他人的问题，那就是：“骥不称其力，称其德也”，“以直报怨，以德报德。”

栖，也作棲，栖栖指忙忙碌碌，惶惶不可终日或孤寂零落的样子。

佞人，巧言谄媚的人。也即是用花言巧语、低三下四博取官员欢

---

[1] 钱穆，《论语新解》。

[2] 陈大齐，《论语辑释》第200页。

[3] 《论语别裁》。

心的人。

或曰，指微生亩的问话。

一天，微生亩遇见孔子，对孔子说："孔丘，你为何如此惶惶不可终日？难道你想成为一个巧言谄媚的人吗？"

"不是我想成为一个巧言谄媚的人，老毛病，改不了啰。"孔子笑呵呵地说："称为骥的马，人不称赞它的力量，而是称赞它的德性。你也积点口德吧。"

微生亩说："那你为何不以德报怨？还咒我呢？"

孔子说："那我又如何报德呢？我是以直报怨，以德报德。"

人性似乎没有多大变化，微生亩看不惯孔子的行为，以为走穴，认为孔子是四处忽悠人，是佞人。

学者走穴，古已有之。

子曰："莫我知也夫！"

子贡曰："何为其莫知子也？"

子曰："不怨天，不尤人，下学而上达。知我者，其天乎！"

微生亩的冷言冷语，诱发孔子的哀怨，产生矛盾心态。

孔子曾经两度告诫学生：

子曰："不患人之不己知，患不知人也。"

子曰："不患人之不己知，患其不能也。"

而今即感叹世人不理解自己。

子贡不理解，很困惑，老师今天怎么了？怎么也埋怨起别人来了？子贡于是质问孔子："老师为何也说不被世人理解？"

孔子说："我不怨天，不尤人；我周游列国了解民情，向朝廷反映真实情况，却遭世人误解。罢了，罢了，只有老天理解我了！"

此处的"下学而上达"与"君子上达，小人下达"联系起来理解，即"君子下学而上达，小人下学而下达"。我想，孔子也有意引导学生如何对待社会的误解。

平常心读《论语》，孔子也是常人，渴望得到社会的承认，偶尔发点牢骚，更显《论语》的真切。

公伯寮[1]愬子路于季孙。

子服景伯[2]以告，曰："夫子固有惑志于公伯寮，吾力犹能肆诸市朝。"

子曰："道之将行也欤？命也；道之将废也欤？命也。公伯寮其如命何！"

这是孔子报告另一个故事。

愬(sù)，告发、诽谤。

肆，古时处死刑后陈尸示众。

其如，怎奈、无奈。

据说，当时公伯寮和子路同为季孙氏的家臣，子服景伯是大夫。

公伯寮在季孙面前诽谤子路。因何事诽谤，没有明说。子服景伯将此事报告孔子，说由于公伯寮的诽谤，季孙已开始怀疑子路，不信任子路。子服景伯对孔子说："我还有能力将公伯寮处死，你意下如何？"

孔子说："道之将行，命运使然；道之将废，也是命运使然。公伯寮怎奈何得了命运？"不要计较了，顺其自然吧。

同窗邀宠，古今皆然。况且孔子也知道子路性格急躁，得罪人在所难免。孔子曾经预言子路将不得好死，因此发生在子路身上的任何事情都不会令孔子感到意外。于是，孔子用一句似是而非的话打发子服景伯，三方都不得罪。

朱熹注："愚谓言此以晓景伯，安子路，而警伯寮耳。圣人于利害

---

[1] 公伯寮，鲁人，孔子的学生。也有认为伯寮不是孔子弟子的，我当他是孔子弟子。

[2] 子服景伯，子服氏，景谥，伯字，鲁大夫。

之际，则不待决于命而后泰然也。”[1]

以当时孔子的地位论，此解实在高估了。

子曰：“贤者辟世，其次辟地，其次辟色，其次辟言。”

子曰：“作者七人矣！”

有感于弟子相争，世人相残，孔子对学生提出忠告，这与他“用之则行，舍之则藏”是一脉相承的。此处说得更具体。

辟，即避。

辟世、地、色、言，何晏注：“‘贤者辟世’者，谓天地闭则贤人隐，高蹈尘外，枕流漱石，天子诸侯莫得而臣也。‘其次辟地’者，未能高栖绝世，但择地而处，去乱国，适治邦者也。‘其次辟色’者，不能豫择治乱，但观君之颜色，若有厌已之色，于斯举而去之也。‘其次辟言’者，不能观色斯举矣，有恶言乃去之也。”[2]

作者七人，“作”指“已辟者”。“七人”，说法不一。何晏引三组，第一组：长沮，桀溺，丈人，石门，荷蒉，仪封人，楚狂接舆；第二组：伯夷，叔齐，虞仲，夷逸，朱张，柳下惠，少连；第三组：伯夷、叔齐、虞仲，辟世者；荷蓧、长沮、桀溺，辟地者；柳下惠、少连，辟色者；荷蒉、楚狂接舆，辟言者，并认为“七当为十字之误也。”[3]其实七人究竟是谁只有孔子知道，当指孔子知道的七位隐士，也就是有这样的人，他们能知所进退，避人锋芒，不求闻达于世，但求修身养性。

孔子说：“贤能的人能过隐居生活；不能过隐居生活的，也能选择合适的居所；没有条件迁居的，也能察言观色，避人锋芒。”

孔子说：“这样的人我已经见识过七人。”

我好奇的是，微生亩是否在孔子见识过的七人之列？

子路宿于石门。

---

[1] 《四书集注》。

[2][3] 《论语注疏》。

晨门曰："奚自？"

子路曰："自孔氏。"

曰："是知其不可而为之者欤？"

子路也报告自己遇到被人误解的事例。

晨门，古时负责开关城门的守门人，就如当今的门卫。

子路说："有一次我出差住在石门，守门人问我：'你师从谁呀？'我说：'我师从孔子。'守门人说：'就是那个知其不可为而为之的孔子吗？'"

知道孔子"知其不可为而为之"的人至少应该是一个智者，智者而愿为守门人，当是一位避世的隐士，如微生亩者。

看来，孔子的行为在当时并不为智者所理解。

子击磬于卫。

有荷蒉而过孔氏之门者，曰："有心哉，击磬乎！"既而，曰："鄙哉，硁硁乎！莫己知也，斯己而已矣！'深则厉，浅则揭。'❶"

子曰："果哉！末之难矣。"

这是孔子讲的另一个故事。

磬(qìng)，古代乐器，用石或玉雕成，悬挂于架上，击之而鸣。

荷蒉(hé kuì)，荷指担、挑；蒉指用草做的器物，如扫帚之类。

鄙，闭目塞听，蔽固不通，此处作"固执"解。

硁硁(kēng)，击磬的声音，其音透露出击磬者的内心世界，也即食古不化的个性。

斯己而已矣，斯作连词，意思是"则"、"就"。

---

❶ 《诗经·邶风·匏有苦叶》，原诗如下："匏有苦叶，济有深涉。深则厉，浅则揭。有弥济盈，有鷕雉鸣。济盈不濡轨，雉鸣求其牡。雝雝鸣雁，旭日始旦。士如归妻，迨冰未泮。招招舟子，人涉卬否。人涉卬否，卬须我友。"

如何理解“深则厉，浅则揭”是理解这个故事的关键，何晏注：“此《卫风·匏有苦叶》诗，以衣涉水为厉。揭，揭衣也。荷蒉者引之，欲令孔子随世以行己，若过水，深则当厉不当揭，浅则当揭而不当厉，以喻行己，知其不可，则不当为也。”[1]

这个注解不合《卫风·匏有苦叶》的原意，属望文生义的解读。诵读此诗，感觉是：无论水深水浅，都要渡河相会，不必犹豫。

一天，孔子在卫国击磬作乐。一位挑草器的人经过门口，不禁脱口而出：“这击磬的人是一位有心人。”他停下脚步倾听，自言自语：“太固执了，都在磬声里。没人知道你，可是你应该了解自己呀。不必犹豫，好像过河，水深就踩着石头过去，水浅就撩起衣服过去，没有过不去的坎。”孔子知道这事后说：“说得对，只是世事难料呀。”

荷蒉者感叹于孔子不敢作敢为。

子张曰：“《书》云：‘高宗谅阴，三年不言。’何谓也？”

子曰：“何必高宗？古之人皆然。君薨，百官总己以听于冢宰三年。”

子曰：“上好礼，则民易使也。”

子张阅读《尚书》，可能也是孔子预先布置的预习吧？他看到不明白处，拿来问老师。

现在教学，老师也要求学生先预习。所不同的是，孔子的学生提问题，老师答；现在则是老师提问题，学生做答。两种方式，学生学习的主动性是不相同的。

谅阴，指皇帝居丧。很形象的词，自己把自己谅在一边，不理朝政，不问俗务。

君薨，“天子死曰崩，诸侯曰薨，大夫曰卒，士曰不禄，庶人曰死。”[2]可见“君薨”指诸侯之死。

---

[1] 《论语注疏》。

[2] 《礼记·曲礼》。

总己，总是自己做好分内的事。

子张阅读《尚书》，书中说到“高宗谅阴，三年不言”，子张不明白是什么意思，就拿来问孔子：“老师，《尚书》里‘高宗谅阴，三年不言’是什么意思？”

孔子说：“书里不是单指高宗，古时候人们都这样做。它的意思是，君王逝世，接班的人要守孝三年，在这三年里，官员都要各司其职，听命于宰相。”

孔子进一步指出，这就是礼节，“上层官员都遵守礼节，民众就容易指挥了。”

子路问君子。

子曰：“修己以敬。”

曰：“如斯而已乎？”

曰：“修己以安人。”

曰：“如斯而已乎？”

曰：“修己以安百姓。修己以安百姓，尧舜其犹病诸。”

孔子的学生经常问什么是君子，孔子也几乎是有问必答，但每次回答又有所侧重，其他如“问仁”、“问成人”等等也是如此，因此形成一种有趣的教学现象，不同学生问同一个问题，或同一位学生在不同时间问同一个问题，孔子则因势利导，因材施教。

此处，子路为什么又问什么是君子呢？

在这堂课上，子路曾经问过什么是成人，孔子给出高低两种标准。按照这样的标准，管仲当然是成人，然而，管仲却甘当仇家的宰相，也即是民间说的“认贼作父”。孔子不但不批评管仲的行为，反而质问有谁比管仲做得更好？力挺管仲。

同时，孔子指出“君子上达，小人下达”，曾子则说“君子思不出其位”。

堂课上，孔子还介绍别人批评他不顺应自然而行“不可为”之事。

这些可以就是诱发子路问什么是君子的原因。

敬，“君子敬以直内，义以方外。”[1]这应该是孔子关于“敬”的含义。修己以敬，也即是以非常严肃、庄重、恭敬的态度，加强自身的思想修养。

安，“和好不争曰安。”[2]修己以安人，修己以安百姓，也即是通过提高自身修养影响周围的人乃至惠及一方，达到社会和谐。

朱熹引注：“程子曰：‘君子修己以安百姓，笃恭而天下平。惟上下一于恭敬，则天地自位，万物自育，气无不和，而四灵毕至矣。此体信达顺之道，聪明睿智皆由是出，以此事天飨帝。’”[3]我以为此解甚好。

子路问孔子怎样做才能称为君子。

孔子说：“君子要以严肃恭敬的态度加强思想修养。”

子路问：“这样做就够了吗？”

孔子说：“君子要通过自身修养来影响周围的人，达到邻里和睦，和谐相处。”

子路问：“这样做就够了吗？”

孔子说：“君子要通过自身修养影响一方百姓，就这一点来说，尧舜都难以做到。”

原壤夷俟。

子曰：“幼而不逊悌，长而无述焉，老而不死，是为贼！”

以杖叩其胫。

孔子告诉子路，尧舜都难以做到“修己以敬，修己以安人，修己以安百姓”，子路并不相信，孔子再讲两个普通人的故事，说明“修己以敬，修己以安人，修己以安百姓”之难。

---

[1] 《易经·坤卦》。

[2] 《谥法》。

[3] 《四书集注》。

第一个故事是关于原壤的。原壤是孔子的发小，有一次可能是饿了，或者是身无分文了，便伸开双脚坐在路中间等人施舍。孔子路过，看见老朋友堕落到这个地步，用拐杖轻轻叩击他的小腿，边叩边说："原壤啊，你小时候就不懂照顾兄弟姐妹，长大了又不学无术，可偏偏你又命那么长，老而不死，你真是害人啊！"

夷俟，展足箕坐。

贼，不劳而获，害人财物。

原壤作为孔子的发小，不以孔子为榜样而至于堕落，"修己"何其难。孔子以杖叩其胫，就是要他站起来，"修己以敬"，好好做人。

《诗·鄘风》云："相鼠有皮，人而无仪。人而无仪，不死何为？相鼠有齿，人而无止。人而无止，不死何俟？相鼠有体，人而无礼。人而无礼，胡不遄死？"

阙党童子将命。或问之曰："益者与？"

子曰："吾见其居于位也，见其与先生并行也。非求益者也，欲速成者也。"

第二个例子是关于阙这个地方某个团体的一个年轻人的故事。一次，阙党一个年轻人随其先生到孔子家送信，有人问孔子："这年轻人有发展前途吗？"

孔子看了看年轻人，说："我看他坐在先生的位子上，进出与先生并肩而行，不懂礼数，好出风头，他不是一个追求发展的人，倒像是一个好走捷径的人。"

孔子指出，无论年老年少，都不容易做到"修己以敬，修己以安人，修己以安百姓"。

卫灵公第十五

这篇的篇名叫做“卫灵公”。卫灵公是谁?

“九年,襄公卒。初,襄公有贱妾,幸之,有身,梦有人谓曰:‘我康叔也,令若子必有卫,名而子曰‘元’。’妾怪之,问孔成子。成子曰:‘康叔者,卫祖也。’及生子,男也,以告襄公。襄公曰:‘天所置也。’名之曰元。襄公夫人无子,于是乃立元为嗣,是为灵公。”[1]

卫灵公是卫国国君,系卫襄公之贱妾所生。可能因为这个原因,史上多称其胡作非为,荒淫无耻。孔子称卫灵公为无道之君,并把他42年的统治归功于他的贤臣。

我还是把它当作一节课的内容。

卫灵公问陈于孔子。孔子对曰:“俎豆之事,则尝闻之矣;军旅之事,未之学也。”

明日遂行。在陈绝粮,从者病莫能兴。

子路愠见曰:“君子亦有穷乎?”

子曰:“君子固穷,小人穷斯滥矣。”

这是我们非常熟悉的上课方式了,以故事引出问题。

历来把第一个“陈”字解读为“军师行伍之列”,据此说卫灵向孔子请教军队陈兵布阵之法。个中原因,可能是孔子自己说“军旅之事,未之学也。”如此一来,孔子显然是被卫灵公驱逐出境的。

---

[1] 《史记·卫康叔世家》。

俎豆，古代祭祀、宴会时盛肉类等食品的两种器皿，此处指“奉祀”。

故事发生在孔子旅居卫国的时候。卫灵公向孔子请教军队陈兵布阵的方法。

孔子说：“奉祀之事，我知道一些；军旅之事，我还没有学过。”

卫灵公大怒，决定把孔子逐出卫国。

第二天，孔子带领弟子离开卫国。到了陈国的时候，他们已钱尽粮绝，弟子们饿得连站起来的力气都没有。

子路觉得孔子不应该那样对卫灵公说话，老师是学过军事的，是会陈军布阵的，为什么不告诉卫灵公呢？现在倒好，弄得大家饿的饿病的病。子路找到孔子，不高兴地说：“老师，君子也有如此受穷的吗？”

是啊，君子能受穷吗？颜渊不是很穷吗？颜渊虽穷，却能“不改其乐”。子路连这点苦都受不了吗？

孔子从回忆中转过神来，对学生说：“君子固然也有穷的时候，但不会像小人那样穷则胡作非为。”

听完孔子的话，子路有什么感觉？

子曰：“赐也，女以予为多学而识之者与？”

对曰：“然，非与？”

曰：“非也，予一以贯之。”

孔子提问子贡。子路说我学过军事，应该懂得用兵打仗之事，“子贡，你觉得我是因为多学习才有见识吗？”

子贡回答说：“是，难道不是吗？”

孔子说：“当然不是，我的见识不是多学得来的。道之所得本于学，学之所求即在道，明白了这个道理，就能融会贯通。”

学理是相通的。

子曰："由，知德者鲜矣。"

子路你明白了吗？卫灵公问如何陈兵布阵，目的无非是征战。战争将使生灵涂炭，非君子之所为。君子要做到修己以敬，修己以安人，修己以安百姓。我们不能助纣为虐。

孔子对子路说："子由啊，你要知道现在有道德的君主不多了。"

何晏注解："此一章言子路鲜于知德。言君子固穷，而子路愠见，故谓之少于知德也。"[1]朱熹也持同样的观点。

我认为不妥，故有上述解读。

子曰："无为而治者，其舜也与。夫何为哉，恭己正南面而已矣。"

纵观现在的国际形势，诸侯割据，群雄并起，民不聊生。国内则是大夫专权，鲜廉寡耻，礼崩乐坏。

孔子说："从古到今，能做到无为而治的君王，就只有舜帝了。他怎么治理国家呢？那就是修身以敬，知人善任，运筹帷幄于无形。"

孔子总是试图从历史中寻找解决现实问题的良策。

子张问行。

子曰："言忠信，行笃敬，虽蛮貊之邦行矣；言不忠信，行不笃敬，虽州里行乎哉？立则见其参于前也；在舆则见其倚于衡也。夫然后行。"

子张书诸绅。

子张不解。老师对卫灵公撒谎，却说自己的言行"一以贯之"，错的是卫灵公，因为卫灵公是无道之君。撒谎有理？

子张问孔子，人在社会行走，究竟应该怎么做？

孔子知道子张的疑问，他告诉子张："只要说话有忠信，行事能笃

[1] 《论语注疏》。

敬，即使在蛮夷之邦也能一帆风顺。否则，就是在礼仪之邦也寸步难行。建功立业之前要参透忠、信、笃、敬；日常行为当中要依靠忠、信、笃、敬。要怀忠信笃敬之心在前，行事在后。”

听到这里，子张赶紧把“言忠信，行笃敬”写在自己的腰带上，须臾不离身。

蛮貊(mò)，蛮，古南方小国；貊，古北方小国。“蛮貊”即未开化的地方，泛指少数民族。

州里，五家为邻，五邻为里，五党为州，州有二千五百家。此处，“州里”指文化比较发达的地区，文明之都，道善之都，等等。孔子自以为是教化世人的智者。

立，指立身处世，建功立业。

在舆，比喻行事，行动，行为等具体作为。

子曰：“直哉史鱼！邦有道如矢；邦无道如矢。君子哉蘧伯玉！邦有道则仕；邦无道则可卷而怀之。”

卫国有两位大夫，他们的行为是我们的榜样。

一位是史鱼史鰌(qiū)大夫，他以耿直敢言、公正无私著称。卫国贤良蘧伯玉，灵公不用，反而重用不肖之人弥子瑕。史鱼骤谏，灵公不听。史鱼临死时对儿子说：“吾在卫朝不能进蘧伯玉，退弥子瑕，是吾为臣不能正君也，生而不能正君，则死无以成礼，我死，汝置尸牖下，于我毕矣。”他儿子遵照遗嘱治丧。灵公前来吊唁，闻知实情，道：“是寡人之过也。”随之进蘧伯玉而用之，退弥子瑕而远之。

另一位是蘧伯玉，就是那位“年五十，知四十九年之非”的蘧伯玉。伯玉“直己而不直人”，内直外宽，严以律己，宽以待人。

孔子说：“史鱼是一位耿直的大夫，邦有道也好，邦无道也好，他的言行永远像射出的箭一样直。蘧伯玉是一位君子，邦有道，他出来做官，为国效力；邦无道，他韬光养晦，退隐山林。”

他们两位大夫正是“言忠信，行笃敬，夫然后行”的典范。

子曰："可与言而不与之言，失人；不可与言而与之言，失言。知者不失人，亦不失言。"

"言忠信，行笃敬"还是比较抽象的，史鱼和蘧伯玉，毕竟不是一般人，只可敬而远之，却难以效仿复制。

具体而言，学生如何做到"言忠信，行笃敬"呢？

一个是言论方面的，说话要谨慎。与人交往，应该说的话不说，不应该说的话却乱说。如中人以上，可以语上，是可与言，而不与言，是失于彼人也。若中人以下，不可以语上，而己与之言，则失于己言也。

孔子说："可以对他说的话却不说，则无法得到他的信任；不可以对他说的话却告诉他，则是失言。只有智者，既不失人，也不失言。"

话不可以随便乱说。

子曰："志士仁人，无求生以害仁，有杀身以成仁。[1]"

另一个是行为方面的，生死事小，失节事大。

孔子说："志士仁人，面对死亡不应该贪生怕死，为求生存而伤害仁义；应该视死如归，为成就仁义而牺牲自己。"

"知者不失人，亦不失言"演变成为老奸巨猾的人的做人信条。

"志士仁人，无求生以害仁，有杀身以成仁"则成为黑白两道有为之人的座右铭。

子贡问为仁。

子曰："工欲善其事，必先利其器。居是邦也，事其大夫之贤者，友其士之仁者。"

子贡很聪明，老师由行讲到仁，指出如何在生命和仁义之间作出选择，"杀身以成仁"固然伟大，但没有意义，人死何以为仁？

---

[1] "志士仁人"、"杀身成仁"都已成为成语。

老师，在不付出生命代价的情况下，我们如何才能找到为仁的方法呢？

子贡你说得对，我们必须先找到为仁的方法，就像工匠要完善自己的作品，必须首先找到先进的工具一样，巧妇难为无米之炊嘛。

孔子说："就为仁而言，无论我们到哪个国家，都要师从这个国家的贤达大夫，向他们学习；都要同这个国家的志士仁人交朋友。"

后人把"工欲善其事，必先利其器"比喻为要完成一件工作，必须做好充分准备。学校教育则将此比喻为：学习知识、形成技能和培养能力，首先必须掌握方法。

颜渊问为邦。

子曰："行夏之时，乘殷之辂，服周之冕，乐则韶舞。放郑声，远佞人。郑声淫，佞人殆。"

不与国君谈军事，只谈无为而治，谈个人修养。国家怎么办？国家制度怎么建立？国家怎样治理？

颜渊提出自己的问题。

孔子说："首先要推行夏朝的历法。"夏历是天文与农事物相最为契合的历法，合太阴，尊天理。殷历以夏历十二月为正月，周历以夏历十一月为正月，均不可取。推行夏历，使人能顺应天理。

"其次要奉行殷朝的经济政策。"辂即官车。殷辂由木所造，质素用俭，便于民间使用，借以建设道路，发展经济，改善民生。

"第三要实行周朝的礼制。"周有九服：侯、甸、男、采、卫、蛮、夷、镇、蕃，以分服者之等次，以明尊卑之礼数。

"第四要施行舜帝时期的文化政策。"《韶》乐尽善尽美，既能怡悦身心，又可净化社会风气。"要查禁郑国的音乐，驱逐佞人。因为郑国的音乐是靡靡之音，使人淫乱，佞人妖言惑众，危害社会安定。"

颜渊毕竟是孔子的高足，孔子回答也与众不同，全面又深刻。

子曰:"人无远虑,必有近忧。[1]"

回到卫灵公的问题上来,我们不能一味地迎合他的喜好,协助他发动战争。如果我们为卫灵公出谋划策攻打齐国,那到了齐国我们又该怎么做?

我们不能只考虑眼前的利益,不要为眼前的困难而怨天尤人,要全面地考虑问题,未雨绸缪。

孔子对学生说:"人无远虑,必有近忧"呵。

子曰:"已矣乎!吾未见好德如好色者也。"

算了吧,卫灵公好色,这是出了名的,其他人也好不到哪里去。孔子说:"当今社会,我就没有见过爱好道德修养如爱好美色的人。"

"食色,性也。"爱好美色是人的本性,也是人的即时追求和眼前利益,人无远虑,正如好色不好德,必有近忧。

人啊,能做到好德如好色,已属罕见。

子曰:"臧文仲,其窃位者与!知柳下惠之贤而不与立也。"

转入本课的第二个问题。问题开始于孔子对臧文仲的评价。

臧文仲是臧武仲的爷爷,历事鲁国庄公、闵公、僖公和文公四位君主,当了50多年的大官,子孙也多为鲁国的大官。孔子对臧氏家族似乎没有什么好感,在《宪问第十四》中,孔子质疑臧武仲的行为,认为臧武仲要挟鲁国君主。("臧武仲以防求为后于鲁,虽曰不要君,吾不信也。")在《公冶长第五》中,孔子质疑臧文仲的行为,认为臧文仲为大龟建造庙宇不明智。("臧文仲居蔡,山节藻棁,何如其知也!")现在又批评臧文仲"占着茅坑不拉屎",阻碍了柳下惠的仕途。

柳下惠,何许人也?柳下惠,鲁国展禽,做过大夫,封邑柳下,后

---

[1] "人无远虑,必有近忧"已成为成语。

隐遁，被认为是遵守道德的典范，民间流传最广的是他“坐怀不乱”的故事。孔子说柳下惠贤，孟子称“柳下惠，圣之和者也”。但除了“坐怀不乱”，好像没有什么事迹流传下来。

透过孔子对公叔文子的评价，我们也许可以理解他为什么批评臧文仲？

“公叔文子之臣大夫僎，与文子同升诸公。子闻之曰：‘可以谓文矣。’”(《论语·宪问第十四》)公叔文子举荐自己的私人秘书同朝为官，孔子对此大加赞赏。臧文仲明知柳下惠贤良，却不举荐他做官，所以孔子说他不仁。

孔子说：“臧文仲是窃位者？明知柳下惠贤良，却不愿推荐他同朝为官。”

爱屋及乌。

子曰：“躬自厚而薄责于人，则远怨矣。”

臧文仲对待柳下惠的态度，有柳下惠自身的原因。臧文仲和柳下惠是同时代的人，同在鲁国当官，文仲官大，大概居司寇之职；柳下惠官小，大概为士师，柳是臧的下属。柳下惠对臧文仲多有批评，其中之一是，臧文仲令国人祭祀一种叫做“爰居”的海鸟，柳下惠批评臧文仲“无故而加典，非政之宜”，“难以为仁且智也”[1]，是迂阔而不知政要的表现。

下属批评长官，自然不会有好下场。所以，孔子对学生们说：“严以律己，宽以待人，就能远离怨恨。”

孔子滑头否？

子曰：“不曰‘如之何如之何’者，吾末如之何也已矣。”

这堂课上得有些郁闷。竟然没有学生提出问题。

同学们怎么了？你们都没有问题了吗？不提问题怎么学习呢？

---

[1] 《国语·鲁语上》。

你们读书不质疑，我都不知道该怎么办了。

孔子说："不问'如之何如之何'的人，我对他也没有办法了。"

不问如之何如之何的人只有两类，一类聪明绝顶，一类愚笨无双。

这是一条教学原则，更是一条难以实现的教学原则。有多少老师能够教出能问如之何如之何的学生？当学生会问如之何如之何之时，学生也就达到主动学习状态。连孔子都感叹他的学生不能问如之何如之何的问题，何况后学者。

子曰："群居终日，言不及义，好行小慧，难矣哉！"

孔子的学生比人们想象的要复杂得多，当今学校的学生，特别是差生的行为，竟然也发生在孔子的课堂上。

有的学生搞小团体，整日在一起搬弄是非，不讲道义，耍小聪明，难怪学习上不能问如之何，这样下去怎么会有好结果呢？

孔子说："一天到晚聚在一起，搬弄是非，耍小聪明，难啊！"

知识分子三五成群，不务正业；饱食终日，无所用心；雕虫小技，折腾百姓。难难难！

子曰："君子义以为质，礼以行之，孙以出之，信以成之。君子哉！"

子曰："君子病无能焉，不病人之不己知也。"

子曰："君子疾没世而名不称焉。"

子曰："君子求诸己，小人求诸人。"

子曰："君子矜而不争，群而不党。"

子曰："君子不以言举人，不以人废言。"

孔子由大夫不举贤，反思自己学生的行为，学生不争气也是事实。

这可怎么得了，便有了这课堂上的即席发挥。这太熟悉了，老师正上课，几个学生捣乱，老师停下课来教训学生。正是这场景。

孔子说："读书人做事要以道义为出发点，讲究礼节，谦虚谨慎，言而有信，如此善始善终，才是真君子。"

"读书人要担心的是自己有没有能力，有没有真本事，而不是埋怨别人不认识你，不重用你。"

"人生苦短，不要计较目前的利益，人无远虑必有近忧。读书人最不爽的事是，死后没有名声。"

"凡事要反思自己，从自己身上寻找原因，不要推脱责任，动辄责怪别人，那是小人的行为。"

"读书人要加强自身修养，内有诗书气自华。要恭敬守节，与人无争；要广交朋友，但不结党营私。"

"要学会分析，不要轻信任何人。不要因为一个人能说会道就举荐他，也不要因为一个人的外表而否定他说话的价值，人不可貌相。"

子贡问曰："有一言而可以终身行之者乎？"

子曰："其恕乎！己所不欲，勿施于人。"

老师，关于君子，您已经说很多了，道理我们都明白，可否有简洁明了的做法？一句话，一个字，或者一个动作？

子贡问孔子："老师，有没有一个字，能指导一个人一生的言行，成就一位君子？"

孔子说："这个'恕'字可以吧？也就是说，自己不想要的，切不要强迫别人去要。"

关于这个观念，没有人说得比孔子更好的了。然而，几乎没有一个人能做到"己所不欲，勿施于人"，孔子也做不到。后世继承孔子事业的老师，更是人人都无法做到。一个对数学深恶痛绝的老师，却要求学生一定要学好数学。典型的例子。

我更喜欢子贡的说法，子贡曰："我不欲人之加诸我也，吾亦欲无加诸人。"我不想别人强迫我做的事，我也不会强迫别人去做。虽然孔子认为子贡做不到，但我认为它比"己所不欲，勿施于人"更容易做好。

孔子的有些说法是很矛盾的。他说子贡做不到“我不欲人之加诸我也，吾亦欲无加诸人”，却要求君子能做到“己所不欲，勿施于人”，以子贡的贤尚且做不到的事，遑论其他人。

莫非，子贡并不是孔子眼中的君子？

子曰：“吾之于人也，谁毁谁誉？如有所誉者，其有所试矣。斯民也，三代之所以直道而行也。”

“己所不欲，勿施于人。”谈何容易。老师，您著《春秋》，褒美贬恶，又作何种解释呢？孔子急了，这班坏小子就爱在鸡蛋里面挑石头。

孔子说：“对于别人，我诋毁了谁？我赞誉了谁？我所赞誉的人，都是实至名归的，现代人的品格，都是从夏、商、周的耿直中继承而来的。”

如作：斯民也，三代之所以，直道而行也。现代人啊，只要继承夏、商、周的优良传统，就能直道而行了。

子曰：“吾犹及史之阙文也，有马者借人乘之。今亡矣夫！”

没有想到历史上对这句话的解读竟然如此纷纭。其实大可不必费事，联系上句来理解便可，甚至于最为妥帖。可能朱熹也是这个意思，“愚谓此必有为而言。盖虽细故，而时变之大者可知矣。”[1]

孔子在学生面前公开否认自己随意评价别人，特别是对古人的评价，都是“如有所誉者，其所有试矣”。但事实上，古人的事或是有史书记载，或是口口相传，其真实性也是大有疑问的，孔子对学生说：“我也看到史书上有留空的地方，不能辨认真假，如‘有马者借人乘

---

[1] 《四书集注》。

之'就不知道是什么意思，所以，今天对古人的评价也难免有错。"

朱熹的"必有为而言"，可能就是指孔子的自我检讨。

这是符合孔子的行事风格的。

子曰："巧言乱德，小不忍则乱大谋。"

是啊，饭可以随便吃，话不可以随便讲，不清楚的东西不要随便解释，任意发挥。巧言令色鲜于仁，而巧言亦为世人所好，当官的喜欢听奉承话，百姓喜欢听吹牛话，信口开河，混淆是非，搞乱社会公德，搅乱人心。

"君子欲讷于言而敏于行。"

所以，凡事要学会忍，忍得住寂寞，忍得住冤屈。

孔子说："花言巧语，品德必乱；小不忍让，必乱大谋。"

子曰："众恶之，必察焉；众好之，必察焉。"

却不可随波逐流，人云亦云。人人都骂他是恶棍，可他却是个大善人；人人都赞他是道德模范，但他却是衣冠禽兽。

现代人已被大工业绑架，工业大生产，引导大众的爱好，追求时尚，喜新厌旧。

认识一个人，要"视其所以，观其所由，察其所安"。

大众不喜欢的东西，要研究，为什么不喜欢？

大众爱好的东西，要研究，为什么爱好？

媒体上批判的东西，要研究，为什么批判？

媒体上鼓吹的东西，要研究，为什么鼓吹？

孔子说："人人都厌恶的人，必须审察；人人都喜好的人，也必须审察。"

人如此，事亦然。小不忍，则乱大谋。

子曰："人能弘道，非道弘人。"

人有病，天知否？

从众是人的本性，这个本性决定了人的基本社会形态，道把众人凝聚起来，“人外无道，道外无人”，这说的是人道。然而孔子可能不单指人道，还包括天道。人是主动的，人能弘扬道德，能利用天道为自己服务，人认识天道本身就是对道的弘扬，从这个意义上说，不是道弘扬人。

孔子说：“人能弘扬道，而不是道弘扬人。”

从天道而言，人只是天道的一个对象，与其他对象不同的是，人能适应并利用天道，如天气预报，如风能发电，而教育是人能弘扬天道的基础。

教育使人怀疑上帝的存在。

子曰：“过而不改，是谓过矣。”

人之过，也是天道之意，“人谁无过，过而能改，善莫大焉。”[1]过而不改，是人欲，是真过，屡教不改，则为恶。

孔子说：“有过失而不改正的人，才是真正的过失。”

指人，不是指过失本身。

这话，孔子对学生说，也对自己说，更可能是师生共勉之辞。

子曰：“吾尝终日不食，终夜不寝，以思，无益，不如学也。”

曾几何时，我也终日不吃不喝，不歇不寝，独自思考，结果是昏昏沉沉，毫无收获。这是为学之过，我放弃了。“入太庙，每事问”，学与问，好学而已。则也即是“学而不思则罔，思而不学则殆。”

孔子说：“我尝试过整天不吃不睡地思考问题，结果发现这无益于问题的解决，还不如读书学习。”

孔子的教学思想之一：冥思苦想不如问学。

---

[1] 何晏，《论语注疏》。

又此前，孔子说过："不曰'如之何如之何'者，吾末如之何也已矣。"

构成一个完整的学习方法指导。

子曰："君子谋道不谋食。耕也，馁在其中矣；学也，禄在其中矣。君子忧道不忧贫。"

人分上中下，社会有分工，"劳心者治人，劳力者治于人。"

读书人以谋求大道为己任，不谋求吃喝。一个读书人不务正业，耕田种地，注定要挨饿；只要认真读书，学有所成，面包会有的，官也是有得当的。君子要担心是否得道，而不是担心是否贫困。"朝闻道，夕死可矣。"

谋，心思为谋，作谋求解。

馁，饥饿。

谋道不谋食，忧道不忧贫。

孔子对学生说："君子谋求大道而不讲究吃喝。你们去耕田种地，不饿死才怪。用心读书吧，书中自有俸禄。君子要担心道不成而不是担心贫困。"

子曰："知及之，仁不能守之，虽得之，必失之。知及之，仁能守之，不庄以莅之，则民不敬。知及之，仁能守之，庄以莅之，动之不以礼，未善也。"

然而，忧道不能只挂在嘴上，要落实到行动之中。想到一个好点子，却不能用于正经处，结果是得到了的，终究也要失去；虽然能用于正经处，却不能正确对待利益关系，也不会得到别人的尊敬；虽然能用于正经处，也能正确对待利益关系，但做法不符合礼数，也是不妥的。

同样，一个天资聪颖的学生，品行不端，虽然成绩很好，但终究不能成才；虽然行为端庄，但对待学习态度不认真，也不会得到别的学生的尊敬；虽然行为端庄，学习态度认真，但对同学和老师没有礼貌，也不是一个好学生。

凡事，不但要能创新，还要能用仁心坚守，严肃认真，礼貌待人，否则好心也会办坏事。

孔子说："想得到，不能以仁守，得到的，必失去；想得到，能以仁守，不善待，不会得到百姓的尊敬；想得到，能以仁守，能善待，不守礼数，也不是好想法。"

子曰："君子不可小知，而可大受也；小人不可大受，而可小知也。"

大智若愚。

君子忧道不忧贫，不讲究吃穿，不计较得失，因此不可以小事考验他，而可能让他担当重任。小人正相反。但是小事做不好的人，谁又能让他担当重任呢？孔子究竟是说什么？

评价一个君子，不能拘泥于生活小事，要从大处着眼，观察他处理重大事件的能力。评价一个普通人则不同，不能要求太高，只要能居家生活，柴米油盐，精打细算过好日子，就不错了。

朱熹说："盖君子于细事未必可观，而材德足以任重；小人虽器量浅狭，而未必无一长可取。"[1]此言极是。

孔子说："君子不可斤斤计较，要勇于承担重任；普通人不能承担重任，要精打细算过好生活。"

应试教育注重知识细节，忽视人的目标，不利于培养君子。

子曰："民之于仁也，甚于水火。水火，吾见蹈而死者矣，未见蹈仁而死者也。"

当一位老者突然昏倒在大街上，你敢上前搀扶吗？这是一位电

❶ 《四书集注》。

视节目主持人发出的提问。

水火无情，其害甚于虎；一个社会，民众视仁义甚于水火，没有人敢做好事。

孔子时代已是如此。人性，不单美哪个族群，不单恶哪个社会。小人可小知，不可大受，仁者爱人，小人爱己，小人视仁甚于水火。

有感于此，孔子对学生们说："当今社会，民众害怕仁义，视仁义之害甚于水火。可是，我见过跳进水里淹死的，见过玩火被烧死，却没有见过行仁义而被害死的。"

小子要"谋道不谋食，忧道不忧贫"。

蹈水火而死，小人；蹈仁义而死，君子，志士仁人；小人多，君子少，能见蹈水火而死者，未能见蹈仁而死者。

孔子之叹，长叹，两千五百年不绝。

子曰："当仁不让于师。"[1]

行仁义不会死人的，仁行是光明正大的事，当勇往为之，不必待师，不必谦让。

老师也不是圣人，句句是真理。老师说错的，要敢于指出，敢于坚持真理，不必为师隐讳，不必谦让。

教学是民主的，没有一种思想具备批评的豁免权，思想就是思想，思想没有绝对的权威，如果你的思想优于老师的思想，说出来，不必谦让。

孔子说："做好事不必让给别人。"

孔子，教学民主化的先哲。

子曰："君子贞而不谅。"

贞，正也，坚定。

谅，信也。

---

[1] "当仁不让"已成成语。

当然，君子不能巧言令色，指鹿为马，颠倒黑白。要坚持人间正道，遵循天道。

敢于质疑，不可轻信。“我思故我在。”

孔子说：“同学们有要坚定的信念，不可轻信谣言。”

子曰：“事君，敬其事而后其食。”

“臣事君以忠。”属下对领导要忠诚。好歹已是臣属，禄在其中，忠诚成为一种义务，一种维护利禄的手段。

事君，未能事君之时，想当官，如果要事君。“学也，禄在其中矣。”这是不够的。所以首先要敬重职位，保住乌纱帽，禄才在其中。

事君，也是对待工作的态度。同学们，失业是实实在在的威胁，敬业，而后讲待遇。

孔子说：“为君王工作，敬业爱岗，才能禄在其中。”

“学也，禄在其中矣。”

“事君，敬其事而后其食。”

“不在其位，不谋其政。”

做官也做人也罢，都一样的道理。

子曰：“有教无类。”

孔子把学生分成三类：上智、中人、下愚。

教育不分上中下。人，无论高低贵贱，都要接受教育。

孔子说：“只有教育的需要，没有身份的差别。”

有教无类，不仅仅指让所有人都接受教育，而且更重要的是指，对所有学生都一视同仁，给予最合适的教育。

老师喜欢教优秀学生，不喜欢教差生，是对有教无类思想的最大讽刺。

面对不同的学生，如何教学？因材施教。

“有教无类”和“因材施教”构成孔子教育教学思想的两大基本原则。

两千五百多年后的中华大地，“有教无类”和“因材施教”依然是我们追求的目标。

子曰：“道不同，不相为谋。”

教育毕竟是一种社会的异化力量。教育使学生的个性得到发展，走不同的道路，为不同的利益集团服务，分道扬镳，甚至成为敌人。

孔子说：“各人所走的道路不同，就不能相互谋划了。”

朱熹似乎有不同的理解。朱熹注：“不同，如善恶邪正之异。”[1]思想不同，就不能在一起谋事？这无疑是荒谬的，与孔子的思想不想符。子曰：“君子敬而无失，与人恭而有礼，四海之内，皆兄弟也。”

有教无类，不是结党营私。

子曰：“辞达而已矣。”

这就很有意思了，它显示出孔子的教学机智。

师傅领进门，修行靠个人。孔子说过，“不曰‘如之何，如之何’者，吾未如之何也已矣。”既然教学只是“辞达而已”，不问如之何的学生是难以把握的。

孔子说，我上面说到的观点，“话只能说这些，”它们只是理论上的东西，实践上如何还需要同学们去探索，去发挥。

教育是慢的艺术，没有悟的过程，学习就不牢固。

过度教育，只能加速教育的异化。

辞达而已，教学的最高境界。

师冕见，及阶，子曰：“阶也。”及席，子曰：“席也。”皆坐，子告之曰：“某在斯，某在斯。”

---

[1] 《四书集注》。

师冕出。子张问曰:“与师言之,道与?”

子曰:“然。固相师之道也。”

正在上课,发生一件事。

乐师冕来拜访孔子。冕是一个盲人。孔子出门迎接。孔子搀扶冕,到门口,孔子说:“这是门槛。”到客厅,孔子说:“这是坐席。”待大家都坐定,孔子给冕介绍自己的学生:“某人在您左边,某人在您右边。”不厌其烦。乐师冕摸摸这个,又摸摸那个。

乐师冕走后,子张问孔子:“老师,您刚才接待乐师的言行也是道吗?”

孔子说:“是呀。这就是辅助盲人乐师之道。”

扶弱助残,孔子身先践行。

孔子的学生都干什么去了?围观一对老头,一老一残?

或者,乐师冕地位崇高,必须孔子亲自接待?从子张的问话推测,这是比较可信的。也即,孔子的学生没有资格接待乐师冕。

礼多,有时也繁琐。

繁文缛节。

季氏第十六

这章由"子曰"变成"孔子曰",有什么讲究吗?

这是一节品德课。

季氏将伐颛臾[1]。

冉有、季路见于孔子曰:"季氏将有事于颛臾。"

孔子曰:"求!无乃尔是过与?夫颛臾,昔者先王以为东蒙主,且在邦域之中矣,是社稷之臣也。何以伐为?"

冉有曰:"夫子欲之,吾二臣者皆不欲也。"

孔子曰:"求!周任有言曰:'陈力就列,不能者止。'危而不持,颠而不扶,则将焉用彼相矣?且尔言过矣。虎兕出于柙,龟玉毁于椟中,是谁之过与?"

冉有曰:"今夫颛臾,固而近于费。今不取,后世必为子孙忧。"

孔子曰:"求!君子疾夫舍曰欲之,而必为之辞。丘也闻有国有家者,不患寡而患不均,不患贫而患不安。盖均无贫,和无寡,安无倾。夫如是,故远人不服,则修文德以来之。既来之,则安之。今由与求也,相夫子,远人不服而不能来也;邦分崩离析而不能守也。而谋动干戈于邦内。吾

---

[1] 颛臾,国名,鲁国的附属国。

恐季孙之忧，不在颛臾，而在萧墙之内也。”

沿用孔子上课的一贯作风，先讲一个故事。这故事比较沉重，讲到战争与和平，国家文化建设，人的品德，等等。

兕(sì)，野牛。柙(xiá)，木笼。

季氏准备出兵征伐颛臾。

冉有和子路同在季氏当大官，他们来向孔子透露相关消息。

冉有说：“老师，季氏和颛臾可能有事发生。”

子路说：“是的，老师，季氏要对颛臾用兵。”

孔子说：“冉求，你不觉得你有些过分吗？颛臾在哪里？它是先王分封管理东蒙的宗主国，目前仍然属于鲁国的管理范围，颛臾人都是鲁国的臣民，为什么要征伐颛臾？”

冉有说：“季氏想征讨颛臾，我们两人都不想，可是，我们是季氏的下属，我们也没有办法呀。”

孔子说：“冉求，你别推脱。你不记得周任说过的话吗？‘尽职尽责，无能者下。’国家有危险你不能护持，国家被颠覆你不能扶持，要你这个宰相干什么？你说得太过分了。老虎和野牛从笼中逃走，龟壳和宝玉在柜中毁坏，这是谁的错？”

冉有说：“您看现在的颛臾，政权稳定，城墙坚固，又紧邻费国，今天不把它拿下，后代子孙必有隐患。”

孔子说：“你个冉求！我最痛恨说假话的人了，明明是你的主意，你还找托辞。据我所知，无论是国家还是家庭，人不怕钱少就怕不平均，不怕贫穷就怕不安定。财产平均了，人就不觉得贫困；和睦相处了，人就不觉得钱少；生活安定了，人就不会倾轧。也就是说，如果外国人或别人对我们不服气，我们就要反思，就要加强文化建设来吸引人，人来了，还能安心留下来。可现在，冉求啊，子路啊，你们辅佐季氏，外国人因不服气而不来往，国内人心涣散，社会分崩离析，你们不但不能使国家安宁，还想发动内战。我告诉你们，季孙要担忧的，不在颛臾，而在他们兄弟之间。”

孔子曰："天下有道，则礼乐征伐自天子出；天下无道，则礼乐征伐自诸侯出。自诸侯出，盖十世希不失矣；自大夫出，五世希不失矣；陪臣执国命，三世希不失矣。天下有道，则政不在大夫。天下有道，则庶人不议。"

故事反映什么问题呢？在国家层面。季氏作为地方诸侯，无权作出战争决定，而现在竟然作出讨伐颛臾的决定，显示鲁国权力已经旁落。大而论之，则是王朝已经名存实亡，各诸侯国互相征战，各诸侯国内部则是权臣专横跋扈。

从这个故事中，孔子得出的第一个结论是："天下有道，国泰民安，则文化、政治和军事政策都由国家统一制定，令行禁止；天下无道，兵荒马乱，国家政策无法贯彻执行，地方诸侯擅权，挟主行令。"

孔子说："纵观历史，如果国家政策出自诸侯，诸侯擅权，那么不出十世国家就会丧失；如果国家政策出自大夫，权臣干政，那么不出五世国家就会丧失；如果国家政策出自陪臣，家臣执政，那么不出三世国家就会丧失。"

这是历史的教训，"天下有道，国家政权不会落入大夫之手；天下有道，百姓不会非议国家政权。"

孔子的说法有根据吗？那么分权制呢？国家政策法令也由总统颁布。

天下有道，是指政通人和，法度严明。

孔子曰："禄之去公室，五世矣；政逮于大夫，四世矣；故夫三桓之子孙，微矣。"

据此推算，诸侯擅权，已经历鲁宣、成、襄、昭、定五世；大夫干政，已经历季武子、悼、平、桓子四世；季氏三兄弟为桓公之子，属第五世，已到强弩之末。

孔子说："中央没有财权，诸侯擅权，已经历五世；大夫干预政事也有四世了，现在的季氏三兄弟是桓公的后代，已经是第五世了，他们很快就将衰微。”

这不是赌气的话吗？

孔子由诸侯擅权，进而分析社会发展的规律。

中国古代政权更替是没有数学规律的。

孔子曰：“益者三友，损者三友。友直，友谅，友多闻，益矣。友便辟，友善柔，友便佞，损矣。”

冉有、子路看到不到历史发展的趋势，协助季氏征讨颛臾，试图通过战争挽救其衰败的命运。冉有和子路之过，在于交朋不慎。

从这个故事中，孔子得出的第二个结论是：“有益的朋友有三类，有害的朋友也有三类。正直、宽容、博学的朋友是益友；脾气暴躁、优柔寡断、花言巧语的朋友是损友。”

冉有和子路与什么损友相交呢？

孔子曰：“益者三乐，损者三乐。乐节礼乐，乐道人之善，乐多贤友，益矣。乐骄乐，乐佚游，乐宴乐，损矣。”

孔子由交友而讲到娱乐，讲到人要注意生活细节。

此处有十一个“乐”字，除“礼乐”的“乐”读 yuè，指礼乐的音乐外，其他“乐”字均读 lè，指快乐。

“道”不作“讲”、“说”解，而作“导”解，指“引导”。

快乐有损有益，声色之乐，精神之乐，娱乐与品德息息相通。

孔子说：“有益的娱乐有多种，有害的娱乐也有多种。以礼乐节制为乐，以导人向善为乐，以多交益友为乐，这是有益的娱乐；以骄奢淫逸为乐，以恣意放纵为乐，以吃吃喝喝为乐，这是有害的娱乐。”

两千五百多年了，人性竟然如此相似。传统也？现代也？

三益乐：乐节、乐导、乐多贤；三损乐：乐娇、乐佚、乐饮宴。今日也然。

从教育角度看，乐娇、乐佚、乐饮宴是儿童不成熟之乐，乐节、乐导、乐多贤是君子之乐，教育就是要把学生从损乐之态导向益乐之态。

孔子曰："侍于君子有三愆：言未及之而言，谓之躁；言及之而不言，谓之隐；未见颜色而言，谓之瞽。"

愆(qiān)，过失。

这是对故事中的"君子疾夫舍曰欲之，而必为之辞"的发挥。孔子告诫学生，对君子说话要注意分寸。

向上级领导汇报工作，抢先发言，或抢话头，或时常打断别人的发言，这是犯急躁的过失；轮到自己发言，却吞吞吐吐不肯说，这是犯隐讳的过失；不管领导高兴不高兴，脸色好看不好看，滔滔不绝地说，这是犯睁眼瞎的过失。

孔子说："侍候君子常犯三种过失：没让你说话你抢话说，这叫急躁；让你说话你不肯说，这叫隐讳；不顾君子脸色好不好看，滔滔不绝地说，这叫睁眼瞎。"

闻过则改，无论对谁，说话时都要避免犯这三种过失。要注意倾听，不要抢话说；要知无不言，不要隐瞒想法；要观颜观色，不要做睁眼瞎。

从教育的角度看，老师对待学生也应该如此。

孔子曰："君子有三戒：少之时，血气未定，戒之在色；及其壮也，血气方刚[1]，戒之在斗；及其老也，血气既衰，戒之在得。"

故事里，冉有和子路是主张伐颛臾。冉有曰："今夫颛臾，固而近于费。今不取，后世必为子孙忧。"这是好斗。

孔子由此发挥出来，说君子三戒，说戒的理由，但没有说如何戒。

---

[1] 血气方刚，已成为成语。

孔子说："君子应当有三戒：青少年血气未定，要戒好色；中年人血气方刚，要戒好斗；老年人血气既衰，要戒好得。"

孔子用"血气"来划分人的一生，青少年、中年和老年。好色、好斗、好得，血气使然，人皆如此；戒色、戒斗、戒得，志气使然，君子养志气，遵三戒。

岂止君子有三戒，此三戒，人人都应修持。

孔子曰："君子有三畏：畏天命，畏大人，畏圣人之言。小人不知天命而不畏也，狎大人，侮圣人之言。"

畏，敬畏。狎，戏谑。

冉有和子路不听孔子劝告，无力阻止季氏伐颛臾，颛臾为季氏吞并。冉有为人处事，对人对事多有冒犯，对孔子的冒犯更是家常便饭。

孔子由此引发出"敬畏"的问题。

孔子说："君子应当有三种敬畏：一要敬畏天命，二要敬畏位高权重的人，三要敬畏圣人说的话。小人不知天高地厚，天不怕地不怕，戏谑位高权重的人，侮辱圣人的话。"

俗话说，举头三尺有神明。

敬畏，人就有了依托，有了归属感，无有恐惧。

教育，既要教人勇往直前，亦应教人有所敬畏。

孔子曰："生而知之者，上也；学而知之者，次也；困而学之，又其次也；困而不学，民斯为下矣。"

有的人是天才，生而知之，不学而知，能畏，能戒，不愆，这是优等学生；有的人是贤才，学而知之，一学就会，亦能畏，亦能戒，亦不愆，这是良等学生；有的人是专才，困而知学，学而能知，或能畏、或能戒、或不愆，这是及格学生；有的学生是蠢材，困而不学，学而不知，不畏，不戒，愆尤，这是差生。

冉有屡教不改，不畏，不戒，愆尤，是差生。

“我非生而知之者，好古，敏以求之者也。”

同学当切记。

孔子说：“人的学习能力可以分为四类：生来就知道的，是一流的人；学然后知道的，是二流的人；遇到困难才去学习的，是三流的人；遇到困难都不学习的人，是最差的人。”

多数人是遇到困难才学习的。

孔子曰：“君子有九思：视思明，听思聪，色思温，貌思恭，言思忠，事思敬，疑思问，忿思难，见得思义。”

做孔子的学生真难。

眼见不能为实，非礼勿视，视了，就得想明白。我看明白了吗？

听见不能为真，非礼勿听，听了，就得辨真伪。我听清楚了吗？

脸色不能严厉，对人对己，事前事后，我的表情温和吗？

举止不能倨傲，对上对下，人前人后，我的行为谦恭吗？

言论不背圣言，不违天理，我说话忠诚吗？

事业不辱使命，不事敷衍，我做事敬业吗？

有疑问就想如何向人请教，独学无友则孤陋寡闻。

有怒气就想一想生气的前因后果，世事艰难，血气方刚戒之在斗。

有所得就想得之是否合理，富与贵是人之所欲也，不以其道得之不处也。

孔子说：“同学们，君子要反思九件事：看见了要反思是否看明白；听到了要反思是否听清楚；会客要反思脸色是否温和；待人要反思态度是否谦恭；说话要反思是否忠诚；工作要反思是否敬业；遇到疑难问题要反思是否向人请教；生气的时候要反思前因后果；见到好处要反思是否该拿。”

孔子曰：“见善如不及，见不善如探汤。吾见其人矣，吾闻其语矣。隐居以求其志，行义以达其道。吾闻其语矣，未见其人也。”

“九思”会不会使人战战兢兢，裹足不前呢？教育要培养什么人呢？

“见贤思齐焉，见不贤而内自省也。”这是基本要求。

不可能要求每一位学生都像颜渊、曾子，不可能要求每一位学生都成为志士仁人，古今中外，志士仁人并不多见。

孔子说：“看到别人做善事，就迫不及待也要做善事；看到别人施恶行，就避之如不及。这样的人我听说过，也亲眼见过。为了追求自己的志向，隐居修炼；为了达到自己的道德，行侠仗义。这样的人我听说过，但没有亲眼见过。”

齐景公有马千驷，死之日，民无德而称焉。伯夷叔齐饿于首阳之下，民到于今称之。其斯之谓与？

例如，齐景公，以幼继位，得益于宫廷政变。虽有治国之才，但贪图享乐。贵为国君，富甲一方，他死的时候，百姓评价他无德。百姓因为齐景公的不善而嫌弃他。

伯夷、叔齐不同，兄弟让国，只为孝道，他们虽然穷困潦倒，饿死他乡，但百姓至今仍然在称颂他们的事迹。百姓因为伯夷叔齐的善而铭记他们。

历史自有公论，公道自在人心。

孔子说，齐景公拥有千乘之国，死后，百姓称他无德；伯夷叔齐饿死在首阳山下，百姓至今称赞他们。这其中的道理是什么呢？

“九思”既是反思，也应思之在前。

陈亢[1]问于伯鱼[2]曰：“子亦有异闻乎？”

---

[1] 陈亢，字子亢，陈国人，孔子学生，比孔子小40多岁。

[2] 鲤，字伯鱼，孔子的儿子。

对曰："未也。尝独立，鲤趋而过庭。曰：'学诗乎？'对曰：'未也。''不学诗，无以言。'鲤退而学诗。他日又独立，鲤趋而过庭。曰：'学礼乎？'对曰：'未也。''不学礼，无以立。'鲤退而学礼。闻斯二者。"

陈亢退而喜曰："问一得三，闻诗，闻礼，又闻君子之远其子也。"

这堂课孔子对学生提出许多要求，陈亢怀疑老师是否自己能够做到。陈亢不如子路耿直，不敢直接质问老师，"亢以私意窥圣人，疑必阴厚其子。"[1]

陈亢偷偷问孔子的儿子伯鱼："伯鱼，老师教给你什么学习秘诀吗？"

伯鱼说："没有呀。记得有一次我回家时，父亲站在家里不知道想什么，我怕惊动他，悄悄溜了进去，没想到被父亲发现。父亲问我：'你学过《诗经》吗？'我说：'没有'。父亲说：'不学《诗经》，你就没有发言权。'从此以后，我就认真学习《诗经》。又有一次，父亲还是站在同样的地方思考问题，我更加小心翼翼地溜了进去，结果还是被父亲发现。父亲又问我：'你学过《周礼》吗？'我说：'没有。'父亲说：'不学《周礼》，你就无法在社会立足。'从此以后，我就认真学习《周礼》。就这么两次，我也不知道是不是学习秘诀。"

下课后，陈亢高兴地对其他同学说："我问伯鱼一个问题，得知三件事：一是老师要伯鱼读《诗经》；二是老师要伯鱼学《周礼》；三是老师教学没有私心，对儿子和对我们一视同仁。"

在《论语·述而第七》里，孔子自己曾经做过表白：子曰："二三子以我为隐乎？吾无隐乎尔！吾无行而不与二三子者，是丘也。"

看来，不止陈亢怀疑孔子教学有私心，其他学生也曾提出同样的问题。

---

[1] 《四书集注》。

问题可能出在教学方法上，孔子实施因材施教。从公民享受教育权利的角度讲，因材施教的确是不公平的，但从人的个体学习的角度讲，因材施教是最公平的。看似矛盾的因材施教，却能达到教育效能的最大化。

邦君之妻，君称之曰夫人，夫人自称曰小童；邦人称之曰君夫人，称诸异邦曰寡小君；异邦人称之亦曰君夫人。

就在快下课的时候，孔子突然想起什么，他对学生说："同学们，告诉你们一个称呼的问题。国君的结发妻子，国君自己称她为夫人，夫人自称小童，国人称她为君夫人；对外国称她为寡小君，外国人也称她为君夫人。这是一礼节，大家一定要记住，特别不要把国君的妾也称为君夫人。"

这是教学过程中经常出现的问题，教育无小事，课堂何处不教育。孔子重视教育细节，此处也是一个例证。

这节课有些沉闷，可能是孔子一开始就狠狠地批评冉有和子路，使其他学生不敢出声。

平日里温良恭俭让，涉及战争与和平，就换了一副面孔。

阳货第十七

这节课，孔子的学生恢复了往日的精彩。

犀利的对话。

阳货[1]欲见孔子，孔子不见，归孔子豚。

孔子时其亡也，而往拜之，遇诸涂。

谓孔子曰："来！予与尔言。"曰："怀其宝而迷其邦，可谓仁乎？"

曰："不可。"

"好从事而亟失时，可谓知乎？"

曰："不可。"

"日月逝矣，岁不我与。"

孔子曰："诺。吾将仕矣。"

孔子照例以故事引入课题。

阳货，就是那位相貌酷似孔子的阳虎，孔子曾因此在匡国遭围攻，险些送命。阳货是季氏的家臣，权力很大，孔子说他"陪臣执国命"，乱党乱国。

阳货召见孔子，孔子不从，不见他，他便遣人给孔子送来烤乳猪。君子送礼，礼尚往来。孔子瞅阳货不在家，前往阳家回访，不料在路上遇见阳货。阳货有意为之。

---

[1] 阳货，名虎，字货，季氏的家臣。

阳货堵住孔子，对孔子说："来得正好，咱哥俩聊几句。"

阳货说："你是研究仁学的大家，我问你，一个人胸怀雄才大略，在国家迷乱之际，却不拯救国家于水火，这个人可以算仁义吗？"

孔子说："不可以。"

阳货说："一个人喜欢工作，很有事业心，但却总是错失良机，这个人可以算有智慧吗？"

孔子说："不可以。"

阳货说："光阴似箭，日月如梭，时不我待啊，希望你能把握时机。"

孔子说："好的，我会考虑走仕途的。"

故事说的是，季氏权臣劝说孔子当官，孔子不堪其烦，顺其意答应当官。

子曰："性相近也，习相远也。"

孔子和阳货，性相近也，习相远也。

孔子，至圣先师；阳货，乱臣贼子。孰是孰非，史有定论。

性，本性，天命之谓性。孔子用"相近"来概括人的本性，不分善恶。

习，习惯，人为之谓习。孔子用"相远"来概括人的习惯，不分美丑。

这是孔子教育的基本命题。

性相近，教育不是抑恶扬善，也不是扬善防恶，教育是中庸。习相远，说明教育的可能性，肯定教育在人的成长过程中的作用。

孔子说："人的本性是相近的，习惯则千差万别。"

子曰："唯上知与下愚不移。"

性相近，习相远，也有例外，那就是天才与白痴。天才与白痴，不是善与恶，不是美与丑。天才和白痴，习善为善，习恶为恶，不可移。

孔子说："生而知之者，上也；学而知之者，次也；困而学之，又其次也；困而不学，民斯为下矣。”上知并非生而知之者，下愚也不是困而不学者。上知和下愚，就是天才和白痴。

钱穆先生说，“惟上知不可使为恶，下愚不可与为善，故为不可移。”[1]那是钱先生的观点，不是孔子的想法。

孔子补充说：“只有天才和白痴秉性难移。”

天才和白痴如何教育，是教育中的大难题。孔子提醒我们，要特别慎重对待天才和白痴的教育，否则会出乱子。

希特勒，爱因斯坦是两个典型的例子。

子之武城，闻弦歌之声。

夫子莞尔而笑，曰：“割鸡焉用牛刀？”

子游对曰：“昔者偃也闻诸夫子曰：‘君子学道则爱人，小人学道则易使也。’”

子曰：“二三子！偃之言是也。前言戏之耳。”

孔子带领学生到武城游学的事。是时，子游是武城的行政长官。孔子师生所到之处，都能听到弦歌之声。

孔子笑眯眯地说，“杀鸡哪里用得上牛刀？”治理这么个小地方，何须用弦歌之礼教育百姓？

子游听了老师的话，感到委曲，心想这不都是您教的吗？子游对孔子说：“老师，这可是您教我的呀。您以前说过：‘君子学道就能爱人，小人学道就容易统治。’”您忘记了吗？

孔子看到子游急了，便对随行的学生说：“同学生，子游说得对，无论地方大小，都要对百姓进行礼乐教育。我刚才只是开个玩笑而已。不必当真。”

这里，孔子采用案例教学，很成功。

也可以看作过程评价，如果子游不反驳，就不会有“偃之言是也”

[1] 《论语新解》。

的评价。

公山弗扰[1]以费畔，召，子欲往。

子路不说，曰："末之也已，何必公山氏之之也。"

子曰："夫召我者而岂徒哉？如有用我者，吾其为东周乎？"

这堂课的第二个故事。

这里"召"字大有文章。谁召孔子？《史记·世家》认为是季氏召孔子，《论语注疏》则认为是公山弗扰召孔子。我持《史记·世家》的观点。

徒，徒劳。

公山弗扰在季氏做官，执掌费邑，是弗邑的行政首长。他与阳货一起绑架季桓子，宣布弗邑独立。季氏急召孔子商议对策，主张派孔子赴弗邑做说服工作。孔子有意前往。

子路知道此事后很不高兴，质问孔子："老师，您没有地方可去了吗？您何必因公山弗扰叛变而为季氏做说客呢？"

孔子说："你以为季氏召我，我就白干吗？我是想，如果他用我的思想，我就可以借此恢复周朝的礼制。"

孔子终究没有去成，公山弗扰之畔也由孔子组织平定。事见《左传·定公十二年》。

子路不是在季氏做官吗？他为什么对孔子的行为不高兴？

子张问仁于孔子。

子曰："能行五者于天下，为仁矣。"

请问之。

曰："恭、宽、信、敏、惠。恭则不侮，宽则得众，信则人任

[1] 季氏官员，执掌费邑。

焉,敏则有功,惠则足以使人。"

孔子耻于与阳货为伍,阳货认为孔子不爱国,不仁,孔子也承认不仁。然而,当公山弗扰在弗邑闹事时,孔子则准备应季氏之请赴弗邑当说客。

何谓仁?子张又患糊涂了。

子张问孔子:"老师,您把我们都搞糊涂了,究竟什么才算是仁呢?"

孔子说:"一个人能做好五件事,就可以算仁了。"

子张问:"哪五件事?"

孔子说:"这五件事就是:恭、宽、信、敏、惠。恭,就是恭敬,恭敬待人就不会招来侮辱;宽,就是宽容,宽容他人就能够得到大众的支持;信,就是诚信,对人诚信就能够得到他人的信任;敏,就是敏锐,敏锐就能通达事理,获得成功;惠,是惠泽,惠泽就能使人知恩图报,易于做事。"

恭、宽、信、敏、惠,中国人的文化基因。

佛肸[1]召,子欲往。

子路曰:"昔者由也闻诸夫子曰:'亲于其身为不善者,君子不入也。'佛肸以中牟畔,子之往也,如之何!"

子曰:"然。有是言也。不曰坚乎,磨而不磷;不曰白乎,涅而不缁。吾岂匏瓜也哉?焉能系而不食?"

佛肸闹事,在中牟宣布独立,并派人请孔子过去帮忙。孔子有意前往。此事又让子路知道,又是子路出面阻拦。

子路说:"老师,我以前听您说过:'君子不与做坏事的人交往,不去他管辖下的地方。'如今佛肸在中牟闹事,属不善之举,您却想应召前往,这到底是怎么回事呀!"

---

[1] 佛肸(bìxī),晋大夫赵简子的家臣,为中牟宰。

孔子说:“是的,我是说过这样的话。然而,俗话也说,真金不怕火炼,坚硬的东西磨也磨不薄;洁白的东西染也染不黑。难道我只能做一个葫芦瓜,挂在瓜藤上,中看不中用?”

孔子要的是出污泥而不染。

子路忘记了吗?孔子专做“不可为而为”之事。

子曰:“由也,女闻六言六蔽矣乎?”

对曰:“未也。”

“居!吾语女。好仁不好学,其蔽也愚;好知不好学,其蔽也荡;好信不好学,其蔽也贼;好直不好学,其蔽也绞;好勇不好学,其蔽也乱;好刚不好学,其蔽也狂。”

子路两次劝阻孔子前往动荡地方公干,理由看似冠冕堂皇,季氏专权,不仁不义,不值得为其做事;佛肸谋反,不忠不孝,不值得与其为伍。但在孔子看来,这些都不成理由,君子要“知其不可为而为之”。

子路缺乏见识,因为他疏于学习。

孔子对子路说:“子路啊,你知道六种品德和与之相伴的六种弊端吗?”

子路说:“不知道,您好像没有教过我们吧?”

孔子说:“你坐好,我告诉你。

满口仁义道德,却不学无术,这样的人是愚蠢的;

自视才高八斗,却不学无术,这样的人是放荡的;

盲目自信自我,却不学无术,这样的人是狡黠的;

喜欢直来直去,却不学无术,这样的人是难缠的;

崇尚勇悍果敢,却不学无术,这样的人是捣乱的;

为人刚愎自用,却不学无术,这样的人是狂妄的。

子路,你要切记。”

学识被认为是最根本的因素,这种思想已成为中华文化的基因。

因此国人重视知识教育。

应试教育的社会文化基础。

子曰："小子！何莫学夫诗？诗，可以兴，可以观，可以群，可以怨。迩之事父，远之事君。多识于鸟兽草木之名。"

学识首先是诗。"不学诗，无以言"是孔子要他儿子学诗的理由。

为什么"不学诗无以言"？

孔子说："同学们，你们何不学习《诗经》？学诗有很多好处。诗，可以抒发感情，可以了解社会，可以凝集人心，可以讽刺不平。近的来讲，诗可愉悦父母；远的来讲，诗可以侍奉君王。一般地，学诗还可以学会很多鸟兽草木的名称。"

此处又间接说明孔子教育没有偏私，他对学生说的，比对他儿子说的还要仔细。

子谓伯鱼曰："女为周南召南矣乎？人而不为周南召南，其犹正墙面而立也与？"

孔子提问儿子伯鱼，检查他学习《诗经》的情况。

孔子早已布置伯鱼预习《诗经》，如何检查预习结果呢？孔子只挑出其中的两首来提问。

孔子问伯鱼："你研读过《诗经》中的《周南》和《召南》这两首诗吗？你要知道，一个人不研读《周南》和《召南》，他就如面墙而立，没有见识，不学无术。"

孔子为什么如此重视《周南》和《召南》？

《周南》和《召南》是《诗经·国风》开头两集，《周南》有诗十一首，《召南》有诗十四首，钱穆认为，"《二南》皆言夫妇之道，人若并此而不知，将在最近之地而一物不可见，一步不可行。"[1]

---

[1] 《论语新解》。

孔子教育，注重人的日常行为规范。

基础文明教育，乃义务教育之根本。

子曰："礼云礼云，玉帛云乎哉？乐云乐云，钟鼓云乎哉？"

同样的，礼乐并不是表面功夫，不是做给人看的把戏。国家和平稳定时大谈仁义礼乐，国家混乱动荡时强调个人安危。

子路并不理解孔子的礼乐思想。

"不学礼无以立。"

孔子再次强调礼乐的本质。

孔子说："总是说礼呀礼呀，什么是礼？礼不是穿衣戴帽，披金戴银，衣着光鲜；时刻念叨乐呀乐呀，什么是乐？乐不是吹拉弹唱，锣鼓喧天，歌舞升平。"

"礼之所贵者，在于安上治民。""乐之所贵者，贵其移风易俗。"[1]

这是礼乐之本。

素质教育也然，不是吹拉弹唱就是素质教育。

子曰："色厉而内荏[2]，譬诸小人，其犹穿窬之盗也与？"

窬(yú)，穿墙壁为洞以求入室行窃，或从墙上爬进屋行窃。

孔子骂谁呢？

似无所指，但历代官僚，则大致如此，色厉而内荏。

孔子说："以凶猛掩饰内心无能的人，如果要用小人来比喻，那大概就如穿墙壁为洞入室行窃盗贼吧？"

这比喻十分恰当，色厉内荏者，生怕被人凿穿其真实面目。

这是孔子劝其学生认真读书学习的反面人物的表现。

孔子批评没有真才实学，又极欲表现的人。

---

[1] 何晏，《论语注疏》。

[2] "色厉内荏"已成为成语。

子曰："乡原，德之贼也。"

这是另一类人，老好人。

什么是乡原？"阉然媚于世也者，是乡原也。"[1]阉然，曲意逢迎的样子。

孔子说："曲意逢迎讨人欢心的人，是道德败坏的人。"

朱熹说："夫子以其似德非德，而反乱乎德，故以为德之贼而深恶之。"[2]

此注妥当，教育者当谨记。

子曰："道听而涂说[3]，德之弃也。"

孔子对子路的关注无处不在。从子路身上，孔子总能发挥些话题。

听风就是雨，随之即广而告之；入耳不入心，害人又害己。

辨明是非，是道德修养的基础。

孔子说："随便听到的东西就到处传播的人，是违背道德的人。"

流言，始于道听；道听，缘于不明。

子曰："鄙夫可与事君也与哉？其未得之也，患得之；既得之，患失之。苟患失之，无所不至矣。[4]"

这话还与子路有关，劝孔子勿赴国难，只为孔子的名声。

孔子说："能与如此庸恶陋劣之人同朝为官吗？这种人官位没有得到之前，生怕得不到，官位到手又怕失去。为了保住官位，无所不用其极。"

小则吮痈舐痔，大则弑父与君。

---

❶ 《孟子·尽心章句下》。

❷ 《四书集注》。

❸ "道听涂(途)说"已成为成语。

❹ "患得患失"已成为成语。

孔子描述了人类社会的正常生态：患得患失。

人太多，僧多粥少，一个职位，几十、几百、甚至千人争，难度可想而知，“患得之”；争到了，过五关斩六将，何其艰难，“患失之”。患得患失，造成部门品德败坏。

堪忧。

子曰：“古者民有三疾，今也或是之亡也。古之狂也肆，今之狂也荡；古之矜也廉，今之矜也忿戾；古之愚也直，今之愚也诈而已矣。”

由色厉内荏、阉然媚世、道听涂说、患得患失，孔子痛心的是世风日下、人心不古、今非昔比。

当今社会，人的毛病，古代人有的，现代人不但有，而且表现得更突出，坏的更坏。

孔子说：“古人有三种毛病，现在人这三种毛病表现得更糟糕。古代狂人不拘小节，肆意而为，但狂者进取；现代狂人胆大妄为，浪荡不羁，且意志消沉。古代骄傲的人傲然屹立，廉洁自守；现代骄傲的人无理取闹，忿戾满腹。古代愚人心无芥蒂，憨厚直率；现代愚人心存奸诈，挟私妄作。这是明摆的事实啊！”

愚人，作不识字、没有文化的人。不识字的人并不是没有智慧的人。

子曰：“巧言令色，鲜矣仁。”

面对如此众多的社会弊端，同学们应该怎么办？

孔子再一次告诫自己的学生，要少说多做，“君子讷于言而敏于行。”

孔子说：“同学们，巧言令色的人，是没有什么仁爱之心的。”

子曰：“恶紫之夺朱也，恶郑声之乱雅乐也，恶利口之覆邦家者。”

奇装异服的流行，泱泱大国，居然没有自己的民族服饰。五颜六色的染发，“紫之夺朱”。靡靡摇滚的传播，民乐衰落，全民非诚勿扰，超女又超男，“郑声之乱雅乐”。学者走穴，巧言令色，以是为非，以非为是，以贤为不肖，以不肖为贤，“利口之覆邦家”。

变革时期的社会的真实写照。同学们要辨别是非，不为时尚所迷惑。

孔子说：“我厌恶紫色夺走了红色，厌恶郑国的淫乐扰乱雅乐，厌恶恶俗成正统。我厌恶巧言令色致使国破家亡的人。”

我亦厌恶。

子曰：“予欲无言。”

子贡曰：“子如不言，则小子何述焉？”

子曰：“天何言哉？四时行焉，百物生焉，天何言哉？”

孔子突然感觉自己说话太多，而且多说无益，不但说话没有人听，还要被别人误解，有时甚至自己的学生也产生误解。面对现实，孔子感觉非常无奈，“我真不想再说了。”孔子如是说。

孔子的“欲无言”，不是不说话，而是不想评论自然，不想评论社会，不想评论人生。“罢了罢了，我累了，不想再说了。”

子贡一听急了，“老师，您别这样，如果您不再说，那我们又能说什么呢？我们如何继承您的学说呢？”

孔子一听乐了，“苍天说过了什么？然而，四时更替，百物枯荣，春去又冬来，夏种待秋收。苍天说过了什么？”

子贡啊，你是越学越糊涂了，你不记得我曾经说过的话了吗？“君子欲讷于言而敏于行。”巧言令色要不得。

孺悲[1]欲见孔子，孔子辞以疾。将命者出户，取瑟而歌。使之闻之。

孔子还真有不说的时候，装病不见客。

来者何人？孺悲，受鲁哀公派遣，跟孔子学丧礼。中央政府公派定向代培生，自然是与众不同，为人骄傲自满。

一天，孺悲想见孔子，孔子借口生病，不愿见他。孔子叫学生把孺悲送到门外，自己抚琴而歌，让孺悲站在门外听歌学习。

我不是想见就能见的，你姑且听之，学得好与不好，那是你的造化。

这是孔子惩戒教育的手段？

宰我问："三年之丧，期已久矣。君子三年不为礼，礼必坏；三年不为乐，乐必崩。旧谷既没，新谷既升，钻燧改火，期可已矣。"

子曰："食夫稻，衣夫锦，于女安乎？"

曰："安。"

"女安则为之！夫君子之居丧，食旨不甘，闻乐不乐，居处不安，故不为也。今女安，则为之！"

宰我出。子曰："予之不仁也！子生三年，然后免于父母之怀。夫三年之丧，天下之通丧也。予也有三年之爱于其父母乎？"

宰我就是宰予，此人可能比较懒散，因为，宰予昼寝。子曰："朽木不可雕也，粪土之墙不可圬也。于予与何诛！"

不过这个人还是很有想法的，他想跟老师讨论守丧期限问题。

没有想到，又是遭老师的一顿臭骂。尽管如此，宰我的想法还是符合社会潮流的。

---

[1] 孺悲，鲁国人。

宰我问孔子："老师，三年的丧期是不是太长了？您想，君子三年不行礼，这礼就坏了；君子三年不行乐，这乐也就没了。三年的丧期可不可改为一年呢？在一年时间里，旧谷吃完了，新谷已收仓了，钻燧取火的方式也改变了。一年丧期已经够了。"

孔子说："为父母守孝一年后，你就吃稻米，穿锦衣，你心安不安？"

宰我说："我心安呀！"

孔子说："既然你心安，那你就改嘛。君子处于丧期，是因为吃饭觉得不香，娱乐觉得不乐，生活觉得不安，所以才甘愿守孝三年。如今既然你心安，那你就把丧期改了吧。"

宰我走后，孔子说："宰予不仁义。孩子也要出生三年之后才离开父母的怀抱，三年丧期，是天下的惯例。宰予是不是也能为其父母守孝三年呢？"

我觉得孔子并不守旧，他虽然批评宰我，但也没有当面反对修改丧期，因为"夫君子之居丧，食旨不甘，闻乐不乐，居处不安，故不为也。"

丧期并不是法律。个人根据自己的实际情况决定，未尝不可。

现在南方闽南地区的丧期普遍为四十九天。

子曰："饱食终日，无所用心，难矣哉！不有博弈者乎，为之犹贤乎已。"

孔子对宰我的问题还耿耿于怀，白天睡大觉，吃饱了撑着，不学好的，专门问些不该问的问题。

孔子说："饱食终日，无所用心，真难啊！既然如此，不如学习打牌下棋，这总比没有事做好些。"

的确如此。

差生教育问题是当代教育最艰难的问题。学业差，品德差。然而教育评价又以学业为基本内容，为了应付，教师每天都要用大量的时间对付差生的学习，疲于奔命，却几乎没有效果。按孔子的说法，倒不如就让差生学习打牌下棋，让他们有事做，不捣乱。弄不好，出几个桥牌高手也说不定。

子路曰："君子尚勇乎？"

子曰："君子义以为上。君子有勇而无义为乱，小人有勇而无义为盗。"

听到这里，子路又插话了。打什么牌？下什么棋？还不如练练武术，强身健体，培养尚武精神。

子路问："老师，君子崇尚勇敢吗？"

孔子说："君子以义为准则。君子有勇无义，就会犯上作乱；百姓有勇无义，就会沦为盗贼。"

读书人干起坏事来，比谁都狠。

笔杆子杀人见尸不见血。

高科技犯罪防不胜防。

子贡曰："君子亦有恶乎？"

子曰："有恶：恶称人之恶者，恶居下流而讪上者，恶勇而无礼者，恶果敢而窒者。"

曰："赐也亦有恶乎？"

"恶徼以为知者，恶不孙以为勇者，恶讦以为直者。"

讪，诽毁。"徼，抄也。抄人之意，以为己有。"❶

培养君子是孔子教育的基本目标，现在孔子又说"君子有勇而无义为乱"，这是怎么回事呢？

子贡可能有些不明白。记得孔子也曾经说过："苟志于仁矣，无恶也。"君子无恶吗？

子贡问孔子："老师，君子也有厌恶别人吗？"

---

❶ 《康熙字典》。

孔子说："当然有。君子厌恶在背后讲人坏话的人，厌恶居下级而诽谤上级的人，厌恶勇敢而无礼的人，厌恶果敢而压制言论的人。"

孔子反问子贡："你也有厌恶的人吗？"

子贡说："我厌恶抄袭别人成果却以为有智慧的人，厌恶粗暴却以为勇敢的人，厌恶攻讦别人却以为耿直的人。"

师生一唱一和，颇为精彩。

子曰："唯女子与小人为难养也，近之则不孙，远之则怨。"

孔子的学生都是男生，孔子的君子、志士、仁人，见不到女人的身影。《论语》里提到女人，一是泛指的父母，"父母在不远游"，那是孝；二是南子，卫国国王卫灵公的夫人，"子见南子，子路不说。夫子矢之曰：'予所否者，天厌之！天厌之！'"孔子不得已而为之，那是忠；三就是这一句中的"女子"。钱穆说此"女子"是指家中的妾[1]，我认为不是，但也不可以认为"女子"是指一般的天下女人。"女子"是很正式的称呼，应当是指如南子一类的女人，她们有姿色，好搬弄是非。

"小人"是《论语》论述的主要对象，与"君子"对称，以烘托"君子"的特质。"小人"是男人的一部分，包括樊迟，樊迟给老师出难题，专挑老师不懂的东西提问，孔子称他："小人哉，樊迟也。"

孔子说："只有女子和小人最难侍候。你亲近他们，他们就放肆；你疏远他们，他们就怨恨。"

被误读的孔子，这是一例。孔子有先见之明，明知会被小人误读，他还是要告诉学生，"唯女子与小人为难养也"，你们要小心侍候。

子曰："年四十而见恶焉，其终也已。"

孔子为自己做一个辩护，我为什么不想见阳货？阳货都那么大

[1] 《论语新解》。

年纪了，还做那么多令人厌恶的事情，他改不了。

同学们，要趁早改掉自身的毛病，人过四十，毛病就改不了，就完蛋了。

孔子说："年过四十还令人厌恶，那他就走到尽头了。"

张爱玲说，出名要早。

微子第十八

这是一节很特别的课，孔子专门向学生介绍一些特殊的社会名流、隐士，介绍他们与自己的关系。他们中很多人跟现代中国人并没有太多关系，如何没有孔子，没有多少人会记起他们。

孔子很坦率。

微子去之，箕子为之奴，比干谏而死。

孔子曰："殷有三仁焉。"

这个故事有些惨烈，微子被驱逐，箕子被奴役，比干被杀。走的走，囚的囚，杀的杀，孔子称赞他们是仁人。

据说，微子是纣王的同父异母哥哥。纣王无道，微子数次劝谏，纣王不听，被纣王驱逐出朝廷；箕子，纣王的伯父，规劝纣王无效，迫于纣王的淫威，装疯卖傻，被纣王贬为奴隶；比干是纣王的叔父，誓死苦谏纣王从善，被纣王剖腹挖心而死。

孔子评价说："殷朝有三位仁人。"

三位仁人的出发点相同，为社会免遭涂炭，劝纣王从善。三人的命运却全然不同，微子退隐，逍遥自在；箕子坐牢，卧薪尝胆；比干被杀，杀身成仁。

孔子的仁义，不看结果，只看动机。

柳下惠为士师，三黜。

人曰："子未可以去乎？"

曰："直道而事人，焉往而不三黜？枉道而事人，何必去父母之邦。"

柳下惠，孔子曾经为其打抱不平，"子曰：'臧文仲，其窃位者与！知柳下惠之贤而不与立也。'"

柳下惠，三次被罢官，确实有才能。现代人三次被罢官的人并不多，官至极致的，就只有邓公了。"士师"，大致说就是司法部长吧。

柳下惠三次当司法部长，三次被罢免。有人问他，"先生难道无处可去吗？如此恋栈？"

柳下惠说："我是一个一条道走到底的人，到哪不被三次罢官？如果我要枉法迎合他人，那我又何必离开自己的国家？"

柳下惠能屈能伸，不用则隐。

在孔子心里，柳下惠也是仁人。

齐景公待孔子。

曰："若季氏则吾不能，以季、孟之闲待之。"

曰："吾老矣，不能用也。"

孔子行。

孔子跟学生说，"我自己又如何呢？"

孔子到齐国的时候，齐景公在如何对待孔子问题上犯难。

齐景公私下里对人说："要我像鲁国君子对待季氏家族一样待他，我做不到。我可以像季氏和孟氏对待他一样的规格待他。"

是家臣，而不是卿大夫。孔子千里迢迢到齐国寻找发展机会，结果只给人当家臣，自然不愿意。

齐景公只好老实相告："先生，我已老朽，我不能用您了。"

孔子马上收拾行装走人。离开齐国，继续寻找发展机会。

齐人归女乐，季桓子受之。三日不朝，孔子行。

归，作"馈"，赠送。

女乐，歌姬舞女。

史料记载，此事发生在孔子任鲁国大司寇而行摄相事的时候，孔子充分展现其比较全面的治国安邦才能，引起各诸侯国的恐惧。齐国人率先下手，用美人计离间鲁国君臣关系，将孔子逼走。[1]

齐国人选一批歌姬舞女送给鲁国君主，鲁国大臣季桓子替为接收。鲁国君臣耽于女色，三日不理朝政，孔子愤而辞官，离开鲁国。

邦有道则仕，邦无道则走。

楚狂[2]接舆歌而过孔子曰："凤兮！凤兮！何德之衰？往者不可谏，来者犹可追。已而，已而！今之从政者殆而！"

孔子下，欲与之言。趋而辟之，不得与之言。

孔子离开鲁国，到了楚国。在楚国的路上，孔子遇到一位高人，楚狂，楚国隐士。此人清楚孔子的作为，可能也是惺惺相惜吧，他想劝孔子放弃对政治理想的追求。

马车行走在楚国的道路上，车旁突然出现一位狂士，对着孔子而歌："凤啊，凤啊！你怎么如此无德呀？过去的事情已经无法挽回，未来的事情依然可有作为。算了吧，算了吧！现如今当官的人都是非常危险！"

孔子急忙下车，想与隐士讨论，先生，请留步，咱俩聊聊。隐士见状，匆匆离开，不想与孔子说话。

当时知道孔子思想的人，不可能是普通人。狂狷之士。

长沮、桀溺耦而耕，孔子过之，使子路问津焉。

沮曰："夫执舆者为谁？"

子路曰："为孔丘。"

---

[1] 《史记·鲁周公世家》。

[2] 楚狂，楚国隐士。

曰："是鲁孔丘与？"

曰："是也。"

曰："是知津矣。"

问于桀溺，桀溺曰："子为谁？"

曰："为仲由。"

曰："是鲁孔丘之徒与？"

对曰："然。"

曰："滔滔者天下皆是也，而谁以易之？且而与其从辟人之士也，岂若从辟世之士哉？"

耰而不辍。

子路行以告。

夫子怃然曰："鸟兽不可与同群，吾非斯人之徒与而谁与？天下有道，丘不与易也。"

耰(yōu)，覆种。

马车继续往前走，不觉迷了路。正巧，不远处有两位老人在犁田，孔子叫子路过去问路。结果子路碰了一脸子灰。

孔子又遇到隐士，这回是两人，一唱一和，当着子路的面调侃孔子。孔子应该是认识他们的，一个叫长沮，另一个叫桀溺。

孔子迷路经过某地，看见长沮、桀溺在犁田，便叫子路过去问路。

子路问长沮："老先生，我们迷路了，往渡口的路怎么走？"

长沮问："你为谁驾车呀？"

子路说："车上是我的老师，孔丘。"

长沮问："是鲁国的孔丘吗？"

子路说："正是。"

长沮说："孔丘知道路应该怎么走。"

子路没有办法，转而问桀溺："老先生，我们真的迷路了，请您告诉我，往渡口的路怎么走？"

桀溺抬头盯住子路问："你是谁呀？"

子路回答说："我是仲由。"

桀溺问："就是鲁国孔丘的学生仲由吗？"

子路说："是。"

桀溺说："当今天下浊浪滔滔，谁能力挽狂澜改变它呢？你与其跟随逃避政治人事纷争的人，岂不如跟随远离尘世的隐士？"

说罢，两人继续犁田，不再理会子路。

子路回到车上，把经过跟孔子说了，孔子怅然失望地说："鸟兽不可能同群，我和他们不是同道中人，如果大家都像他们一样，浊浪滔滔的社会靠谁来改变？如果天下太平，我也不想改变它呀。"

为不可为而为之事的孔子。

子路从而后，遇丈人，以杖荷蓧。

子路问曰："子见夫子乎？"

丈人曰："四体不勤，五谷不分。孰为夫子？"

植其杖而芸。子路拱而立。止子路宿，杀鸡为黍而食之，见其二子焉。

明日，子路行以告。

子曰："隐者也。"

使子路反见之。至则行矣。

子路曰："不仕无义。长幼之节，不可废也；君臣之义，如之何其废之？欲洁其身，而乱大伦。君子之仕也，行其义也。道之不行，已知之矣。"

蓧，用竹做的除草工具。

子路遇见的老人，孔子并不认识。

一个知道孔子的老人，一定有些见识。

子路挨骂，不是老人的错，是子路不合时宜。

"先生，您刚才是否看见一辆马车经过这里？"这样问话，会不会好一些？

老人是好人，好吃好住，招待子路。子路即不然，反而数说老人的不是。

子路与孔子失去联系，四处找孔子。见一老人，用拐杖扛一根除草用的蓧。子路上前打听老师的下落："先生，请问您见到我的老师吗？"

老人说："四体不勤，五谷不分，称什么老师？"

老人说罢，用力把拐杖插在地上，自顾除草。

子路拱手而立，不敢动弹。见天色已晚，老人留下子路过夜，做糯米鸡招待子路，还让自己的两个儿子作陪。

第二天，子路找到孔子，向孔子报告昨天遇见的事情。

孔子说："他是一位隐士。你赶紧回去找他。"

子路回到老人的家，老人已不知去向。

子路回到孔子身边，发起牢骚来："有能力不当官是不义气的。老人让两个儿子陪我吃饭，这说明他知道长幼的礼节是不可废除的，既然如此，君臣的义气又如何能废除呢？君子当官，是一种道义。我终于看清楚了，就是因为有太多像老人一样的人，伦理道德才无法施行。"

这可以看作子路对隐士的批评。

逸民：伯夷、叔齐、虞仲、夷逸、朱张、柳下惠、少连。

子曰："不降其志，不辱其身，伯夷、叔齐与！"

谓："柳下惠、少连，降志辱身矣。言中伦，行中虑，其斯而已矣。"

谓："虞仲、夷逸，隐居放言。身中清，废中权。我则异于是，无可无不可。"

孔子理解子路的牢骚，因为子路可能并不了解像丈人这些人的特点。

孔子告诉子路，这些人可以称为逸民，就是有意离开主流社会的人。这样的人很多,其中最著名的有伯夷、叔齐、虞仲、夷逸、朱张、柳下惠、少连。

孔子说,他们大致可以分成三类:

第一类:不降低意志,不屈辱身份,保持自己的理想和人格。如伯夷和叔齐。

第二类:降低意志又屈辱身份,但说话凭良心,合人伦;做事守规矩,得人心。如柳下惠和少连。当然,能做到这样也就不错了。

第三类:避世隐居,放言直陈是非,且能洁身自好,不谋求世间利益。如虞仲和夷逸。

孔子最后说:"我和他们不同,对我来说,没有什么绝对的东西。"

这正是孔子"君子不器"思想的表现。

和而不同。

大师挚适齐,亚饭干适楚,三饭缭适蔡,四饭缺适秦。鼓方叔入于河,播鼗武入于汉,少师阳、击磬襄入于海。

鼗(táo),长柄摇鼓,俗称拨浪鼓。

逸民通常是一个人的自觉行为,是一种生活方式,几乎每个社会都存在逸民。另外还有一种人,由于社会动荡,他们迫于生计,流离失所。

孔子由逸人而想到鲁国流失的艺术家:

大乐师挚走了,去了齐国;亚饭干乐师走了,去了楚国;三饭缭乐师走了,去了蔡国;四饭缺乐师走了,去了秦国。还有鼓手方叔到了黄河一带,摇拨浪鼓的武到了汉水一带;大乐师的副手阳和击磬的襄则流落到海滨一带。

隐的隐,走的走,难怪孔子那么忧心忡忡。

周公谓鲁公曰:"君子不施其亲,不使大臣怨乎不以。故旧无大故,则不弃也。无求备于一人。"

施，作怠慢、遗弃。

孔子自言自语，反复念叨鲁公受封鲁国时，周公对鲁公的遗训：孔子为鲁国的衰落而哀伤。

周公对鲁公说："君主不要遗弃亲戚，不要使大臣埋怨受到忽视。对于故交好友，如无大奸大恶，不要嫌弃。不要求全责备于人。"

情真意切，孔子的课堂，是真实生活的场所。

周有八士：伯达、伯适、仲突、仲忽、叔夜、叔夏、季随、季騧。

周朝为什么能兴旺？

孔子问学生？

孔子自己回答说："因为周朝有八位著名人物，受到周公的重用。他们是：伯达、伯适、仲突、仲忽、叔夜、叔夏、季随、季騧。"

可现在，人才流失，社会将如何发展？

孔子以这样的方式结束本节课。

子张第十九

这是一节考评课。

主持人:孔子。孔子一言不发,任凭学生发言。

参加人员:孔子学生。

内容:学生自定内容。

子张曰:"士见危致命,见得思义,祭思敬,丧思哀,其可已矣。"

"士"是什么?士是人。除此之外,其含义很难搞清楚。

"战士",简单说就是兵,就是以打仗为职业的人,它与知识联系不多。"勇士"、"男士"、"女士"也是这类人。

博士、硕士和学士,指的是知识分子。

我想,子张的"士"指"读书人",甚至可能指涉的范围比读书人还小,指孔子的学生,或者包括子张的学生。

课一开始,就由子张指出读书人应该做什么的问题。教育为本,德育为先,古今中外,概莫能外。

子张说:"一个读书人,要能够挺身而出,见危授命;能够见利思义,廉洁奉公;祭祀要恭敬,治丧要哀伤。这是最基本的要求。"

"见利思义,见危授命"是孔子对成人的界定,子张移植于士,要求高于孔子。

现在对学生的要求似乎低得多。

人格底线不断下移,何时才是底?

子张曰："执德不弘，信道不笃，焉能为有？焉能为亡？"

周礼有六德：知、仁、圣、义、中、和。

"执德"非"抓住"德。德即得，由读书修行而得。然而，有得而不能弘扬，洁身自好，如此有德，对大众何益？朱熹说："有所得而守之太狭，则德孤。"[1]

今天信仰佛教，明天改从基督。信仰不笃实，就谈不上信仰，所信仰的道也形同虚设。朱熹说："有所闻而信之不笃，则道废。"[2]

子张说："学生修德不能弘扬，信仰不能坚定，这样的人读书不读书又有什么要紧呢？"

广而言之，一个有德不弘，信仰不笃的人，对社会文化的发展是没有什么好处的。

子张一开始就对学生提出自己的主张：

士要见危致命，见得思义；要祭思敬，丧思哀；不要执德不弘，信道不笃。

子夏之门人问交于子张。

子张曰："子夏云何？"

对曰："子夏曰：'可者与之，其不可者拒之。'"

子张曰："异乎吾所闻：君子尊贤而容众，嘉善而矜不能。我之大贤与，于人何所不容？我之不贤与，人将拒我，如之何其拒人也？"

子夏的学生出来问子张："师叔（师伯？），我们已经记下您的教导，现在请问，我们应该如何结交朋友呢？"

子张反问道："你们的老师子夏怎么说呢？"

"我们老师说：'能交的朋友就交，不能交的朋友就拒绝。'"子夏的学生回答。

---

[1][2] 《四书集注》。

子张说："我从我的老师听到的说法与你说的不同，我的老师说：君子既要尊重贤才，又要宽容大众；既要嘉奖能工巧匠，又要同情能力不足的人。如果我有大贤德，那么我有什么理由容不下人？如果我没有大贤德，别人将拒绝和我交往，我又如何能拒绝别人呢？"

子张是辩论的高手。

子夏曰："虽小道，必有可观者焉；致远恐泥，是以君子不为也。"

子夏不一定同意子张的观点。或许"可者与之，其不可者拒子"看起来是小道，但却有其可取之处，小道不可不慎，否则错把大奸大恶之徒当成朋友，交朋事小，害义事大，为实现所谓远大目标而损害道义，那不是君子应有的行为。

子夏说："生活技能虽然是小道，却是必不可少的。但如果因为它们而妨碍远大目标，那就不是君子应有的行为。"

子曰："君子谋道不谋食。耕也，馁在其中矣！学也，禄在其中矣。君子忧道不忧贫。"

子夏曰："日知其所亡，月无忘其所能，可谓好学也已矣。"

亡，读无，作"没有"。

这是子夏阐述读书学习的观点，与子张略有不同。子夏从小处着眼，谋小道，不害大道。这与孔子的"入大庙每事问"的思想是一脉相承的。

子夏说："什么是好学呢？一个人每天都知道自己不知道的，每月都不忘记自己已知道的，这个人就可以算是好学了。"

子曰："君子食无求饱，居无求安，敏于事而慎于言，就有道而正焉，可谓好学也已。"

反思。在教学方面，对曾子"吾日三省吾身"的补充。

不止是好学，应当可谓善学了。

子夏曰："博学而笃志，切问而近思，仁在其中矣。"

好学只是学问的基础，是表层的东西。

由好学而博学，由博学而笃志，坚定信念，是高一层的东西。

由笃志而切问，反求诸己；由切问而近思，"己所不欲勿施于人。"

仁自在其中。

子夏说："通过博览群书而坚定信念，通过解剖自己而反思行为，仁就自在其中了。"

子曰："吾尝终日不食，终夜不寝，以思，无益，不如学也。"

颇具可操作性的教育思想。

子夏曰："百工居肆以成其事，君子学以致其道。"

学习不是一朝一夕的事情，终身学习，才有"朝闻道夕死可矣"的体验。学习必有所凭，博采众长，心有所安，道必有成。

这和其他行业的工作是一样的，事有专攻，老农精耕细作，工匠巧夺天工，君子格物致知、学以致道。

子夏说："各行业工匠长聚作坊以完成艺术作品，君子终身博学以求伦理道德。"

子曰："君子谋道不谋食。耕也，馁在其中矣；学也，禄在其中矣。君子忧道不忧贫。"

子夏曰："小人之过也必文。"

文，文章饰物。

子曰："君子坦荡荡，小人长戚戚。"君子光明磊落，不忧不惧，襟怀坦荡。小人患得患失，忙于算计，心情不宁，牢骚满腹。

所以，君子闻过即改，"过则勿惮改"；小人反之，有过失必找借口推脱，找理由掩饰，找别人受过。

子夏说："小人有过失必设法掩饰。"

整容、美容。子曰："唯小人与女人难养也。"

子夏曰："君子有三变：望之俨然，即之也温，听其言也厉。"

子夏以孔子为标准要求学生，不切实际。

"子温而厉，威而不猛，恭而安。"子夏以为是"三变"，想当然。

孔子一以贯之，不变。变的是对待孔子的人。

君子也宜一以贯之，不变。

莫非子夏说的是："在外人眼里，君子有三种特征：远看很威严，走近却温良恭俭让，听他说话也很受鼓舞。"

那么，伪君子呢？

子夏曰："君子信而后劳其民，未信，则以为厉己也；信而后谏，未信，则以为谤己也。"

厉，作"欺压"。

这是子夏对孔子诚信思想的发挥。子曰："人而无信，不知其可也。大车无輗，小车无軏，其何以行之哉？"

强调"信而后"不一定可取。"信"是双方的，诚信也需要互信，互信才是根本。如果无法使人信，是否就什么都不做呢？

子夏强调"信而后劳民"、"信而后谏君"，从学校教育角度看是非常重要的。

一个老师要教育学生，必须先要建立学生对自己的信任，当学生对自己有了信任，就会接受自己的指导，哪怕再难的任务，学生也会乐在其中。当学生不信任自己的时候，就会认为自己是在与他们作对，自己的一切指导都会被认为是找麻烦。学生会设法与自己作对。

同样，学生也要学习诚信，在老师心中建立信任，使老师真正信任自己，相信自己的言行。如果老师对自己的信任不够，就会怀疑你在找茬。

子夏说:“君子只有得到民众的信任,才能领导民众。民众不信任你,就会认为受到你的欺压。只有取得领导的信任,才能对领导提意见,否则会被领导认为你是在毁谤。”

子夏曰:“大德不踰闲,小德出入可也。”

踰,超过。

对照子张开头提出的要求:“子张曰:士,见危致命,见得思义,祭思敬,丧思哀,其可已矣。”子夏可能觉得子张有些迂腐,因此提出大方向要正确,具体手段可以变通;大错不要犯,小毛病可以容忍。

子夏说:“一个学生,大德不能逾越,小的过失就不要追究了。”

周公谓鲁公曰:“君子不施其亲,不使大臣怨乎不以。故旧无大故,则不弃也。无求备于一人。”

君子学以致用。

子游曰:“子夏之门人小子,当洒扫、应对、进退,则可矣。抑末也,本之则无。如之何?”

子夏闻之曰:“噫!言游过矣!君子之道,孰先传焉?孰后倦焉?譬诸草木,区以别矣。君子之道,焉可诬也?有始有卒者,其惟圣人乎!”

子游对子夏的教育方式有意见,提出批评。

这很有意思。现在的家长就反对学校安排值日学生洗厕所,这类事还闹到媒体上。家长的理由就如子游说的,“抑末也,本之则无”。所以,现在一般小学都请了保洁员,学生大体上变成了小少爷。

子游称为细枝末节的“洒扫、应对、进退”正是教育的根本,现在称为基础文明教育,可惜现在都难以见到。

洒扫,扫地、除尘,就是搞卫生。“黎明即起,洒扫庭除”。

应对,待人接物,与人交往。

进退,知所进退,当止即止。

子游说："子夏教育学生，就教些洒扫应对进退的东西。虽然这些东西是必须要学习的，但它们都不过是些细枝末节的东西，不是培养君子的根本。这样下去可怎么办呀？"

子夏听了子游的批评，回应说："子游啊，你错了。教育有先后，先教什么？后教什么？哪些应该教？哪些不应该教？都是有规律的。就像草木，也是有分别的。教育怎么能不分先后难易呢？那不是误人子弟吗？循环渐进，才是圣人教人之道。"

子游就如现在的无厘头教育改革家。

子夏曰："仕而优则学，学而优则仕。"

子夏继续说明他的观点。人的禀赋不同，教育引导人走不同的道路，有的当官，有的从商，有的做学问，还有的像我一样当老师。天下大道自有人继承。

子夏说："好官才会研究学问，张扬道德。学习好的学生也才会当官。"

官场也会有一些道德文章都一流的人才。

今非昔比，今不如昔！

子游曰："丧致乎哀而止。"

子游没有和子夏争论下去，他换了一个话题，关于办丧事的问题。子张提出"丧思哀"，宰我认为三年丧期太长，应该改革，改成一年。子游提出自己的主张，就是治丧要适可而止，不可铺张。

子游说："办丧事，有了哀伤就可以了。"

不知道主持考评课的孔子有何表示？

是不是子游的主张改变了传统的丧期？不得而知。

子游曰："吾友张也，为难能也。然而未仁。"

子张对学生提出很高的要求，子游是赞赏的。然而，在子游眼里，子张只是做了难能可贵的事，知难而进，但子张并未达到仁的境界。

子游说："我的朋友子张，实在难能可贵了，然而他并没有达到仁的境界。"

孔子也并未给子游以仁的头衔。

不仁之人妄评他人不仁，究竟是啥玩意！

曾子曰："堂堂乎张也，难与并为仁矣。"

曾子附和子游的观点，语气却似风凉话。难怪孔子也并未许曾子以仁的头衔。

堂堂，高大伟岸，俗话"摆架子"。

曾子说："是啊。堂堂的子张，我们是很难与他共行仁道了。"

忌妒？天忌英才，人也然。

曾子曰："吾闻诸夫子：人未有自致者也，必也亲丧乎！"

曾子借孔子的名义阐述自己关于教育的观点。

人是懒惰的，主动学习的人并不多。这是教育的最大难点。

人总是选择性地工作，未能自愿尽心尽力，除非是自家人死了，不得已尽力而为之置办丧事。

曾子说："我听老师说过，人都未能自愿致力于工作，除非是为自己父母办丧事。"

教育就在于使人能成为"自致者"。

孔子在何处说过这样的话？

曾子是不是信口开河？把鸡毛当令箭。

曾子曰："吾闻诸夫子：孟庄子之孝也，其他可能也；其不改父之臣与父之政，是难能也。"

那么，何谓"难能"呢？曾子举例说孟庄子的所作所为就是"难能"。

这里有问题。孔子说“父在观其志，父没观其行，三年无改于父之道，可谓孝矣。”曾子说如孟庄子一样，这样的孝其他人也能做到，唯独孟庄子当官之后留用其父的老臣，继续其父的政策措施，这样的孝才是难能可贵的，别人难以做到的。

曾子说：“我听老师说过，孟庄子的孝道，其他人也能做到，但他留用其父的下属，不改变其父的政策，却是难能可贵的。”

孔子在何处说过这样的话？曾子是不是有意奉承孔子？

孝并不是当官者属专有。

曾子的说法，不也巧言令色？

孟氏使阳肤[1]为士师，问于曾子。

曾子曰：“上失其道，民散久矣。如得其情，则哀矜而勿喜[2]。”

曾子向大家报告一件事。曾子有一名学生，叫阳肤，孟氏家族找他任司法首长。阳肤找曾子征求意见，出谋划策。

曾子说：“由于政府无道，社会混乱，民心早已丧失。作为司法首长，如得破获案情，则当怜悯犯者的不得已，而非庆幸自己的能力。”

朱熹引注：“民之散也，以使之无道，教之无素。故其犯法也，非迫于不得已，则陷于不知也。故得其情，则哀矜而勿喜。”[3]

很对。

子贡曰：“纣之不善，不如是之甚也。是以君子恶居下流，天下之恶皆归焉。”

曾子认为人犯法并非都出于自愿，大下无道才是人犯法的主要原因。

---

[1] 阳肤，曾子的学生。

[2] “哀矜勿喜”已成为成语。

[3] 《四书集注》。

子贡对此有同感。人都爱走极端，说好的把你捧上天，说差的把你按倒在地下，再踏上一脚。当一个人走背运的时候，什么脏水都往他身上泼。所以，君子不要甘居下位，与不善者同流合污。

子贡接住曾子的话头，感叹说："纣王固然不善，但也没有如世人说的那么坏。因此，同学们处事要慎重，不要与不善的人同流合污，避免世人把一切恶名安在你身上。"

子贡说得真切。古代如是，今天更甚。

子贡曰："君子之过也，如日月之食焉：过也，人皆见之；更也，人皆仰之。"

那么，学生应该如何认识人的过失呢？对待过失的态度又应该如何呢？

孔子早已说过"过则勿惮改"，子贡对此进行发挥。

子贡说："人无完人，有过失在所难免。但君子的过失，应如日蚀月食一样自然，人人得以见之；有过必改，改过也如日蚀月食一样自然，不遮遮盖盖，使人人得以仰之。"

子曰："君子求诸己，小人求诸人。"

卫公孙朝问于子贡曰："仲尼焉学？"

子贡曰："文武之道，未坠于地，在人。贤者识其大者，不贤者识其小者，莫不有文武之道焉。夫子焉不学？而亦何常师之有？"

子贡举例说明学习的方式方法，就是"无常师"。没有固定的老师，"三人行必有吾师焉，择其善者而从之，其不善者而改之"。

有一次，卫国大夫公孙朝问子贡："先生，您的老师仲尼是向什么人学习的？"

子贡说："文武之道还没有流失，还在民间保留着。从上到下，贤才认识大的方面，一般人认识小的方面，他们都继承文王和武王的传统。我的老师何处不能学习呢？他学贯古今，谁又是他的老师呢？”

用现在的说法，学习古今中外人类一切先进的文化遗产。

“无常师”，却演变成为儒家学派。孔子知否？

叔孙武叔语大夫于朝，曰：“子贡贤于仲尼。”

子服景伯以告子贡。

子贡曰：“譬之宫墙，赐之墙也及肩，窥见室家之好。夫子之墙数仞，不得其门而入，不见宗庙之美，百官之富。得其门者或寡矣。夫子之云，不亦宜乎！”

这个故事涉及好些人，有名字的人有叔孙武叔，他是鲁国大夫；子服景伯，他是子贡的同学，孔子弟子，与叔孙武叔同朝为官，也是鲁国大夫。

有一天，叔孙武叔在朝上对一帮大臣说：“子贡比孔子有能力，有水平。”

子服景伯当时没说什么，可能有些不服气吧。事后，子服景伯把当时的情况告诉子贡。

子贡笑呵呵地说：“我拿围墙作比喻吧。我家的围墙只有肩高，站在墙外就能把家里的东西一览无余。我们老师家的围墙有几十尺高，找不到门径，就无法目睹其宗庙之美，无法了解如百官一般的财富。当今社会，能找到门径的人或者已经太少了，叔孙武叔如此说，也就难怪了。”

子贡既维护老师的声誉，又不露声色地嘲笑叔孙武叔，并对老同学子服景伯的不作为提出批评。

故事是说给子张和子夏的学生听的。目的性非常明显，就是下面的事情。

叔孙武叔毁仲尼。

子贡曰：“无以为也，仲尼不可毁也。他人之贤者，丘陵也，犹可踰也；仲尼，日月也，无得而踰焉。人虽欲自绝，其何伤于日月乎？多见其不知量也！”

子贡指出，叔孙武叔是在诋毁孔子，攻击我们的老师。

子贡说：“叔孙武叔的诋毁是不会有结果的，仲尼是诋毁不了的。他人的贤达如丘陵，容易逾越；仲尼的贤达如日月，谁能逾越日月？一个人想自己与日月隔绝，对日月有什么伤害呢？同样，一个人想自绝于仲尼思想之外，那只能说明他自不量力罢了。”

子贡说的不假，两千五百多年了，孔子的思想依然充满无穷的魅力，影响所及，遍及海内外。

陈子禽谓子贡曰：“子为恭也，仲尼岂贤于子乎？”

子贡曰：“君子一言以为知，一言以为不知，言不可不慎也。夫子之不可及也，犹天之不可阶而升也。夫子之得邦家者，所谓立之斯立，道之斯行，绥之斯来，动之斯和。其生也荣，其死也哀，如之何其可及也。”

陈子禽，即陈亢。系孔子的学生，不知道为什么，他对老师多有怀疑。他也不直接向老师提出疑问，而是问同学：两次问子贡，一次问伯鱼。

问伯鱼，是怀疑孔子是不是给自己儿子补习功课，传授学问的秘诀。陈亢问于伯鱼曰：“子亦有异闻乎？”

问子贡，第一次是怀疑孔子是不是四处找官当，子禽问于子贡曰：“夫子至于是邦也，必闻其政，求之与？抑与之与？”

第二次问子贡，有拍子贡马屁的嫌疑，对孔子则有些大不敬了。

子禽听了子贡对孔子声誉的维护，插话说：“师兄，你也不用谦虚了。你只是谦虚罢了，仲尼哪里比得上你贤达呢？”

不得了了，连自己的同学都这么说。子贡批评子禽：“子禽啊！你一开口，别人就知道你肚子里的料是半斤还是八两，你说话可要慎重啊！”

“我们老师是不可企及的。他之不可企及，就如不可用梯子登天一般。”子贡说：“我们老师治国，那可以说是让民立，民就立；导民行，民就行；安抚民，民就来；劝说民，民就和。他活着，百姓感到光荣；他死了，百姓感到哀伤。这样的人，我们如何能够企及呢？”

这是否也预示着孔子将遭人误解？

尧曰第二十

这一节课。

老师：孔子。

学生：孔子弟子。

内容：讲一段历史，一些政治主张，和一条人的行为准则。

孔子上课，喜欢由事例引出结论，这章也不例外，只是事例由历史替代。

尧曰："谘！尔舜！天之历数在尔躬。允执其中。四海困穷，天禄永终。"

舜亦以命禹。曰："予小子履，敢用玄牡，敢昭告于皇皇后帝：有罪不敢赦。帝臣不蔽，简在帝心。朕躬有罪，无以万方；万方有罪，罪在朕躬。"

周有大赉，善人是富。

"虽有周亲，不如仁人。百姓有过，在予一人。"

谨权量，审法度，修废官，四方之政行焉。

兴灭国，继绝世，举逸民，天下之民归心焉。

所重：民、食、丧、祭。宽则得众，信则民任焉，敏则有功，公则说。

孔子说，今天我们先讲权力继承的历史。

尧帝让位，举行大典。尧帝主持大典仪式："舜啊，治理国家的重任将落在你身上，这是上天的安排！你要真诚地保持中正，行中庸之道。如果在你的治理下,四海民生困穷,上天将永远终止你的权力。”

舜帝让位,同样举行禅让大典,舜帝主持:“禹啊,治理国家的重任将落在你身上,这是上天的安排!你要真诚地保持中正,行中庸之道。如果在你的治理下,四海民生困穷,上天将永远终止你的权力。”

禹发表就职演说:“苍天在上,小子敢用黑牛向您发誓,并昭告列代帝后:凡有罪者,不敢擅赦;不敢蒙蔽上天,唯天命是从;我若有罪,不要累及万方民众;万方民众有罪,罪责在我。”

时间来到周朝,上天将治理天下的大任赐予周公。周公制《大赉》,培养人才。周公说:“虽然有周亲,不如有仁人;如果百姓有过错,那都是我的错。”

周公采取一系列措施以稳定政权,安定人心。

这些措施包括:

谨慎处理中央与各诸侯国的分权,审定法律规范,修改不合理的官僚制度,确保政令畅通。

复兴被打败的国家,延续被断绝的世族,任用被遗弃的贤才,确保民心归顺。

发展经济,注重民生,重点是确保人民的温饱和丧祭。

营造宽松的政治环境,建立诚信的社会文化,鼓励人民勤劳致富,使人民安家乐业,和谐相处。

子张问于孔子曰:“何如斯可以从政矣?”

子曰:“尊五美,屏四恶,斯可以从政矣。”

子张曰:“何谓五美?”

子曰:“君子惠而不费,劳而不怨,欲而不贪,泰而不骄,威而不猛。”

子张曰:“何谓惠而不费?”

子曰:“因民之所利而利之,斯不亦惠而不费乎?择可劳而劳之,又谁怨?欲仁而得仁,又焉贪?君子无众寡,无小大，无敢慢，斯不亦泰而不骄乎？君子正其衣冠，尊其瞻视，俨然人望而畏之，斯不亦威而不猛乎？”

子张曰：“何谓四恶？”

子曰：“不教而杀谓之虐；不戒视成谓之暴；慢令致期谓之贼；犹之与人也，出纳之吝，谓之有司。”

关于如何从政，孔子已有很多论述。此处说从政，是从历史发展的角度说的，与第一章“学而时习之不亦说乎”相契合。

孔子讲完历史，子张当即发问，如何继承历史，开创新的政治文明？

子张问孔子：“老师，如你所说，就当前的社会现实，我们如何从政呢？”

孔子说：“遵循五种美德，摒弃四种恶习，那就可以从政了。”

子张问：“什么是五种美德呢？”

孔子说：“五种美德就是：惠而不费，劳而不怨，欲而不贪，泰而不骄，威而不猛。”

子张问：“什么叫‘惠而不费’？”

孔子说：“因势利导，人民觉得什么有利就引导他们做什么，这不就是惠而不费吗？选择人民能做的事让人民做，谁又会埋怨呢？想要仁政而又得到仁政，还有什么好贪呢？无论人多人少，也无论大人小孩，都不敢怠慢，这不是就泰而不骄吗？整齐的衣冠，尊严的仪容，俨然而令人望而生畏，这不就是威而不猛吗？”

子张问：“什么是四种恶习呢？”

孔子说：“不教人是非，但人一旦有错，就大呼小叫，喊打喊杀，这叫做虐；不事先告诫，却随时索要成果，这叫做暴；有意扣压指令使工作不能如期完成，这叫做贼；许诺给人的利益，出纳时就缩水，这叫做小气。”

虐、暴、贼、小气，就是人的四种恶习。为政者必戒之。

子曰："不知命，无以为君子也。不知礼，无以立也。不知言，无以知人也。"

这是一堂短暂的课。逝者如斯矣，从尧、舜、禹到周公，天下为公的政治文化逐渐式微，到如今，天下无道，礼崩乐坏。

只有学会做人，才能谈得上如何从政。

孔子对学生说："不认识宇宙万物运行变化的规律，不知天命，就不能成为君子。不知礼数，不懂礼仪，就无法在这个世界立足；不知圣人之言，不懂语言文化，就不能懂得人的行为。"

"孔子曰：君子有三畏：畏天命，畏大人，畏圣人之言。"知天命，所以畏天命；知礼，所以畏大人；知言，所以畏圣人之言。

这是儒家学说之本，也是孔子教育的根本。

《论语》就这么读完了。

孟轲的书叫《孟子》，荀况的书叫《荀子》，孔丘的书为什么不叫《孔子》?

任何解释都只是解释。

我把《论语》当作教育手册。教育学生，教育孩子，教育自己。

参考资料

[1] (宋)朱熹.四书集注[M].长沙:岳麓书社,1993.
[2] (魏)何晏注,(宋)邢昺疏.论语注疏(十三经注疏)[M].北京:北京大学出版社,2000.
[3] 钱穆.论语新解[M].北京:生活·读书·新知三联书店,2002.
[4] 李泽厚.论语今读[M].北京:生活·读书·新知三联书店,2004.
[5] 南怀瑾.论语别裁[M].上海:复旦大学出版社,2007.
[6] 陈大齐.论语辑释[M].北京:华夏出版社,2010.
[7] (汉)郑玄注,(唐)孔颖达疏.礼记正义[M].北京:北京大学出版社,2000.
[8] 王国轩,王秀梅注译.孔子家语[M].北京:中华书局,2009.
[9] (汉)司马迁.史记[M].北京:中华书局,1982.
[10] (周)左丘明传,(晋)杜预注,(唐)孔颖达正义.春秋左传正义[M].北京:北京大学出版社,2000.
[11] (魏)王弼注,(唐)孔颖达疏.周易正义[M].北京大学出版社,2000.

图书在版编目(CIP)数据

我的《论语》/ 郑俊盛著. —杭州：浙江大学出版社，2011.9
ISBN 978-7-308-09136-7

Ⅰ.①我… Ⅱ.①郑… Ⅲ.①儒家②《论语》—研究 Ⅳ.①B222.25

中国版本图书馆 CIP 数据核字(2011)第 193891 号

我的《论语》

郑俊盛 著

责任编辑 余健波
封面设计 张作梅
出版发行 浙江大学出版社
(杭州市天目山路 148 号 邮政编码 310007)
(网址：http://www.zjupress.com)
排　　版 浙江时代出版服务有限公司
印　　刷 杭州杭新印务有限公司
开　　本 880mm×1230mm 1/32
印　　张 10.5
字　　数 294 千字
版 印 次 2011 年 9 月第 1 版 2011 年 9 月第 1 次印刷
书　　号 ISBN 978-7-308-09136-7
定　　价 25.00 元

浙江大学出版社发行部邮购电话 (0571)88925591